ENTRE A RECLUSÃO
E A LIBERDADE
ESTUDOS PENITENCIÁRIOS

JOÃO LUÍS DE MORAES ROCHA
(Coordenador)

ENTRE A RECLUSÃO E A LIBERDADE
ESTUDOS PENITENCIÁRIOS

VOLUME I

Colaboração:

Ana Catarina Sá Gomes
Isabel Tiago Oliveira
Bruno Caldeira
Ana Miguel
Paula Tavares
Sofia Alexandra Morais Silvério

ALMEDINA

TÍTULO:	ENTRE A RECLUSÃO E A LIBERDADE ESTUDOS PENITENCIÁRIOS
AUTOR:	JOÃO LUÍS DE MORAES ROCHA
EDITOR:	LIVRARIA ALMEDINA – COIMBRA www.almedina.net
LIVRARIAS:	LIVRARIA ALMEDINA ARCO DE ALMEDINA, 15 TELEF. 239 851 900 FAX 239 851 901 3004-509 COIMBRA – PORTUGAL livraria@almedina.net LIVRARIA ALMEDINA CENTRO DE ARTE MODERNA GULBENKIAN RUA DR. NICOLAU BETTENCOURT, 8 1050-078 LISBOA – PORTUGAL TELEF. 217 972 441 cam@almedina.net LIVRARIA ALMEDINA ARRÁBIDA SHOPPING, LOJA 158 PRACETA HENRIQUE MOREIRA AFURADA 4400-475 V. N. GAIA – PORTUGAL arrabida@almedina.net LIVRARIA ALMEDINA – PORTO RUA DE CEUTA, 79 TELEF. 222 059 773 FAX 222 039 497 4050-191 PORTO – PORTUGAL porto@almedina.net LIVRARIA ALMEDINA ATRIUM SALDANHA LOJAS 71 A 74 PRAÇA DUQUE DE SALDANHA, 1 TELEF. 213 570 428 FAX 213 151 945 atrium@almedina.net LIVRARIA ALMEDINA – BRAGA CAMPUS DE GUALTAR UNIVERSIDADE DO MINHO 4700-320 BRAGA TELEF. 253 678 822 braga@almedina.net
EXECUÇÃO GRÁFICA:	G.C. – GRÁFICA DE COIMBRA, LDA. PALHEIRA – ASSAFARGE 3001-453 COIMBRA Email: producao@graficadecoimbra.pt JANEIRO, 2005
DEPÓSITO LEGAL:	219743/04

Toda a reprodução desta obra, por fotocópia ou outro qualquer processo, sem prévia autorização escrita do Editor, é ilícita e passível de procedimento judicial contra o infractor.

PREFÁCIO

Prólogo, antelóquio ou prefácio é o escrito que apresenta a obra aos leitores. Venha praxe de cortesia, serve de síntese do escrito e permite justificações, confissão de erros e falhas.

Quando este discurso preliminar é redigido por outrém que não o autor, redunda, no mais das vezes, esta vetusta tradição em elogio que o público lê numa atitude de suspicácia.

As linhas que introduzem esta obra constituem sobretudo uma confessa justificação, porquanto de insuficiências, erros e falhas o leitor deles dará conta.

Durante cerca de três anos o subscritor destas linhas, por razões profissionais, contactou quotidianamente e de forma estreita com o sistema prisional português. Esta aproximação permitiu ouvir todos os intervenientes, ver as circunstâncias concretas do dia a dia carceral, conhecer algumas dificuldades estruturais e conjunturais do sistema, lidar de perto com as carências e especificidades do quotidiano prisional e, amiúde, constatar a ausência de reflexão fundamentada sobre os múltiplos aspectos desta instituição total.

Para além de raras e honrosas excepções, em regra incidindo sobre aspectos muito específicos, não existem entre nós estudos penitenciários e o discurso que sobre o tema se instalou prima pelo desconhecimento. Discurso meramente opinativo, potenciado e alimentado pela comunicação social em que se troca o saber pela divulgação fácil e porventura errónea, exibe-se o cortejo das opiniões mais infundamentadas, confundindo-se o público com palavras e ideias soltas que só aparentemente ou por mero acaso se adequam à realidade dos factos.

Da forma mais inconsequente põe-se em causa o sistema prisional, denigre-se os diversos intervenientes numa espiral de sensacionalismo. Nesse vórtice cometem-se grandes injustiças e elaboram-se erros crassos, destes últimos resultam, de forma avulsa, feridas para o sistema e para os vários intervenientes no quotidiano prisional que podem deixar marcas tão inconsequentes como nefastas.

O sistema penitenciário não é nem nunca será perfeito, ele constitui uma forma lamentável de intervenção do Estado. Embora lamentável é, neste momento histórico, necessário à sociedade e tudo indica que nos anos que se avizinham continue a ser e de forma potenciada a resposta a determinado tipo de desvio, dito de criminal.

Anquilosado, o sistema prisional português debate-se com problemas crónicos como seja o da sobrepopulação prisional. Mas este é apenas um dos problemas, sendo o mais facilmente mensurável e, portanto, evidente. Poderá não ser o mais grave – ou percebido como tal –, em termos de consequências na população prisional e na sociedade. Recorde-se, por exemplo, o alastramento da droga e da sida nos estabelecimentos prisionais, a insuficiência de cuidados médicos ou a insegurança face os demais encarcerados, a constituir preocupação bem mais nefasta do ponto de vista da população reclusa. Na perspectiva de quem trabalha intra-muros, a crónica carência de meios, a falta de incentivos, a incompreensão e o desvalor a que são votados por uma sociedade acobertada e negligente ou propositadamente míope em relação à realidade prisional... E, por outro prisma, a elevada taxa de reincidência, a insegurança decorrente da menor eficácia dos sistemas de controlo social, a constituir uma preocupação crescente numa perspectiva exterior aos muros da prisão.

Detectar as disfunções, actuar sobre as causas das falhas, torna-se assim um imperativo para o sistema prisional. De outra forma, a acção mais não é do que um esforço cego, adiando-se sucessivamente qualquer reforma consequente. E, adite-se, corre-se o risco de introduzir pseudo soluções que mais contribuirão para o desgaste do sistema prisional vigente.

O esforço e o empenhamento da grande maioria dos operadores do sistema penitenciário e judiciário, numa área carente, nos mais diversos planos, e cronicamente desajustada à actualidade, é num conspecto geral baldado. São batalhas quotidianas, esforços sempre repetidos, canceiras sucessivas, sem recompensa que não seja a de se ter feito o melhor que era possível fazer... sabendo-se que não está bem.

Nos inícios do ano de 2002, a Direcção-Geral dos Serviços Prisionais, dando execução ao disposto no n.º 3, do art. 57.º do Decreto-Lei n.º 265/79, de 1 de Agosto, numa atitude inovadora entre nós, procedeu a uma investigação sobre as licenças de saída prolongada, vulgo saídas precárias.

Essa investigação teve início em 2002, tendo encerrado a fase da recolha no terreno em meados desse mesmo ano.

Desse trabalho resultou um manancial de informação que permitiu a elaboração de diversos estudos, quatro dos quais estão inseridos no presente volume, o primeiro de dois.

Cada um destes quatro estudos é autónomo em relação ao conjunto dos dois volumes. Essa autonomia deriva da diversidade dos seus co-autores. Pese os benefícios da auto-suficiência de cada um dos estudos, será possível surpreender na respectiva fase introdutória de cada um alguma repetição, foi um risco assumido e imposto pela coerência interna de cada trabalho.

O presente volume reúne alguns estudos que em comum têm por objecto a realidade penitenciária recolhida na aludida investigação e, ainda, um outro que neste tomo os precede, sobre a legislação penitenciária. Não se empreende, assim, um estudo sistemático sobre o tema penitenciário, aborda-se apenas alguns dos seus aspectos.

Neste primeiro tomo, agregam-se os seguintes estudos:

Notas sobre a legislação penitenciária portuguesa.
Moraes Rocha & Catarina Sá Gomes

Reclusões, números e interrogações.
Moraes Rocha & Isabel Tiago Oliveira

Motivação para o regresso.
Moraes Rocha, Bruno Caldeira, Ana Miguel & Paula Tavares

Não voltar...
Moraes Rocha & Ana Miguel

Determinante rede social nas saídas precárias.
Moraes Rocha & Sofia Silvério

Reflectir sobre o penitenciário é um risco tão grande quanto a multiplicidade de temas, enfoques e problemas que aquela realidade encerra. Não existe uma prisão, existem prisões.

Entre o Estabelecimento Prisional de Vale de Judeus e a cadeia da Horta não são só a dimensão dos muros que diferem, tudo é diferente. E, cada recluso é um mundo, cada equipe prisional um universo, cada director um director. O "gradão" bate de forma diferente em cada estabelecimento prisional e, de forma diversa no mesmo estabelecimento, dependendo da concreta ocupação, isto é, das pessoas que em determinado lapso de tempo o habitam.

Este pano de fundo, de alguma forma simultaneamente multifacetado, cinzento e indefinido para a generalidade dos observadores, confere uma opacidade pertinaz, avessa a abordagens voluntariosas.

Cientes do risco, estes estudos assumem-se como um esforço de racionalização. Uma forma de abordar o tema penitenciário que vá para além do aparente, que procure causas e sentidos. Que abra caminhos do mesmo passo que reconheça o desconhecimento, muitas vezes reconhecer a ignorância é o primeiro degrau do conhecimento.

Esta colectânea de estudos não seria possível sem co-autoria. A sua diversidade e extensão exigiram dedicação, dispêndio de tempo e profundidade de análise que o signatário não comportava a sós. Foi uma necessidade mas também uma honra e um prazer contar com a participação dos co-autores que pela sua diversa formação profissional, permitiu uma maior riqueza de análise.

Que o esforço de racionalização seja útil para elevar o debate sobre o penitenciário é o desiderato sincero dos autores, que possa servir para melhorar as condições de trabalho no sistema penitenciário e tornar útil, para o recluso e para a sociedade, o tempo de reclusão são a ilusão do subscritor destas linhas.

Ericeira, 2004

João Luís de Moraes Rocha

ALGUMAS NOTAS SOBRE DIREITO PENITENCIÁRIO

João Luís de Moraes Rocha
Juiz Desembargador

Ana Catarina Sá Gomes
Assistente Estagiária da F.D.U.L.

INTRODUÇÃO

Escrever sobre direito penitenciário num país onde quase não existe reflexão sobre o tema, constitui um grande risco. Risco porque a não sedimentação do saber propicia maior número de erros. Erros que a vastidão do assunto pode fazer multiplicar.

Com efeito, ou se elege um tema específico, circunscrito, ou, então, pretendendo fornecer um conspecto geral sobre direito penitenciário, é-se confrontado com uma multiplicidade de assuntos que entroncam em diversos ramos do direito, nomeadamente direito penal, processual penal, administrativo, trabalho,...

Para se fornecer uma ideia geral sobre o direito penitenciário importaria, primeiro, circunscrever o seu conceito, indagar sobre a sua natureza, enunciar os princípios que o informam – enquadrando-os no acervo de regras internacionais, nomeadamente as Regras Penitenciárias Europeias –, revelar as suas fontes.

Num segundo momento, importaria analisar a relação jurídica penitenciária, dando ênfase aos direitos e deveres dos reclusos, o papel e importância do controlo jurisdicional da actividade penitenciária.

Um outro bloco de temas seria aquele referente às prestações penitenciárias, isto é, o trabalho penitenciário, a formação, a cultura, o desporto, a assistência sanitária, a assistência religiosa, a assistência social.

Importaria estudar os estabelecimentos penitenciários, seu conceito, classes, tipos, delinear a respectiva organização, conhecer o tipo e atribuições dos respectivos funcionários e demais pessoal que lá trabalha.

Enquadrando os estabelecimentos prisionais, cumpria delinear a orgânica da Direcção-Geral dos Serviços Prisionais, saber da articulação desta com aqueles. E seguiria o regime dos estabelecimentos prisionais, os tipos, a execução de tarefas e propósitos que pressupõe cada tipo de regime.

E, depois, encetar a análise do que se poderia denominar de percurso penitenciário, do ingresso à saída, o que implicaria abordar um número elevado de assuntos: comunicação dos presos, visitas, recebimento de objectos, as queixas, o regime disciplinar, etc.

Cumpriria, também, referir casos específicos como seja o dos presos preventivos, dos inimputáveis, dos doentes terminais, entre outros.

De particular importância no domínio do penitenciário, o tratamento penitenciário justificaria um maior desenvolvimento, destacando-se, caso se entendesse inseri-las neste conspecto, as saídas precárias prolongadas e a liberdade condicional.

Além de todos estes assuntos, existe um outro núcleo de temas que pela sua proximidade com o direito penal e processual penal tem merecido alguma atenção por parte da doutrina, são os que se reportam à execução *stricto senso* das penas privativas de liberdade, neste particular poder-se-ia encetar pelos pressupostos e a natureza jurídica da execução penal, passar para a análise da execução material da pena de prisão, referir o seu controlo judiciário, resguardar um capítulo para as garantias processuais que envolvem a execução das penas privativas de liberdade.

Abarcar ainda que sucintamente todo este manancial, também ele apenas referido de forma sintética e selectiva, implicaria um estudo volumoso que não está nos intentos dos autores do presente escrito.

Pretende-se, singelamente, fornecer uma breve introdução a alguns aspectos do direito penitenciário. Importava, no primeiro volume dos Estudos Penitenciários, fornecer, ainda que de uma forma esparsa e introdutória algumas ideias que presidem à penologia – esta entendida no seu sentido amplo, abrangendo além do estudo da pena, o direito penitenciário –, referindo alguns institutos em particular, pela importância que assumem no quotidiano prisional.

Os capítulos que se seguem são dedicados a temas relativos ao Direito Penitenciário e, por isso mesmo, todos eles se interligam entre si. Não obstante, também todos eles são susceptíveis de ser abordados de forma autónoma. Assim sendo, embora sistematicamente organizados, optou-se por proceder a um tratamento isolado de cada um dos temas, conforme o leitor decerto verificará, sendo patente uma diferente redacção e formas de expressão ao longo dos vários capítulos.

CAPÍTULO I
ENQUADRAMENTO GERAL

O direito penitenciário pode ser definido como o ramo do direito que regula a execução das reacções criminais privativas de liberdade, ou seja, das penas e das medidas de segurança (as quais são aplicáveis tanto a delinquentes imputáveis como a inimputáveis perigosos) privativas de liberdade. (Rodrigues, 2002).

Assim, se é certo que ele é autónomo relativamente ao direito penal e ao direito processual penal, já não lhe podemos negar a ligação logico--temporal com o direito penal, nas suas vertentes substantiva e adjectiva.

Com efeito, quando praticado um facto típico, ilícito, culposo e punível (crime), o juiz aplica ao agente uma pena ou uma medida de segurança, como consequência jurídica do facto, cabendo ao Estado executar essa mesma reacção criminal.

Por esse motivo, apesar de o n.º 2 do artigo 43.º do Código Penal estabelecer que "a execução da pena de prisão é regulada em legislação própria (...)", não podemos de todo descurar as importantes disposições legais constantes do Código Penal relativas à "determinação prática do conteúdo da sentença condenatória e, portanto, à realização concreta da reacção criminal" (Figueiredo Dias, 1988/89), e do código de processo penal, tratando-se do controlo genérico da execução dessa mesma reacção criminal.

Deste modo, cabe-nos, em primeiro lugar, averiguar quais os fins das penas e das medidas de segurança no direito positivo português, que se encontram plasmados no Código Penal, maxime no seu artigo 40.º.

O n.º 1 do artigo 40.º dispõe que "a aplicação de penas e de medidas de segurança visa a protecção de bens jurídicos e a reintegração do agente na sociedade".

Evidencia-se assim uma óptica de prevenção, quer geral quer especial.

Com efeito, a protecção de bens jurídicos traduz-se tanto na utilização da pena como meio disuasor da prática de crimes por parte dos cidadãos em geral (prevenção geral negativa), como a manutenção de uma convicção generalizada por parte dos cidadãos de que as normas penais são válidas, numa perspectiva de prevenção geral positiva. (Figueiredo Dias, 1993; Palma, 1998).

Por outro lado, a reintegração do agente na sociedade configura a própria definição da prevenção especial.

Apesar da visão preventivista do nosso legislador, entendemos que a pena é um conceito indissociável de uma lógica retributiva, uma vez que não é um tratamento.

Ou seja, a pena não é um tratamento, no sentido de uma medida social para atingir um determinado fim.

É que, se assim fosse, teríamos que admitir que poderia ser aplicada uma pena a uma pessoa que, embora não tivesse praticado crime algum, revelasse sinais de perigosidade, afirmando-se como delinquente potencial.

Não obstante, a pena como censura da decisão de não-direito e, por conseguinte, como pura reafirmação do direito, pode ser desnecessária, segundo critérios preventivos especiais, ou ineficaz segundo uma óptica de prevenção geral.

Quanto ao n.º 2 do artigo 40.º, atribui expressamente à culpa uma função restritiva na determinação da medida da pena.

Trata-se de um afloramento do princípio da culpa, que consiste na ideia de que o direito penal é estruturado com base na culpa do agente (como censura da sua vontade), sendo a medida da culpa o elemento que condiciona a medida da pena, não podendo ultrapassar aquela.

Com efeito, embora a pena não seja justificada pela culpa, é necessariamente limitada por ela. (Roxin, 1998).

Finalmente, o n.º 3 do artigo 40.º estabelece a definição dos pressupostos da aplicação das medidas de segurança impondo como limites a gravidade do facto e a perigosidade revelada pelo agente.

Concluímos que a pena consiste na reacção criminal à culpa do agente tendo, por isso mesmo, que corresponder de certa forma, à medida da culpa (n.º 2 do artigo 40.º e artigo 71.º).

Porém, casos há em que a perigosidade do agente excede os limites da sua culpa.

A este propósito, surgem dois sistemas possíveis: o dualista e o monista.

O sistema dualista consiste em aplicar ao agente medidas diversificadas, correspondentes à culpa e à perigosidade, sendo estes pressupostos vistos separadamente.

O sistema monista consiste, por seu turno, em aplicar ao agente uma única medida que, analisando conjuntamente a culpa e a perigosidade, tenha em conta a estrutura similar da execução da pena de prisão e da medida de segurança privativa de liberdade.

O nosso legislador penal substantivo optou por um sistema tendencialmente monista.

Deste modo, nos artigos 83.º a 90.º do Código Penal, consagra-se a pena relativamente indeterminada, a qual visa assegurar tanto a punição como a própria ressocialização do delinquente, em função da sua perigosidade.

Surge-nos, então, a questão de saber qual a natureza da pena relativamente indeterminada na parte em que excede a medida que foi fixada em função da culpa. Será uma pena ou uma medida de segurança? Ou será antes uma sanção de natureza mista?

Parece-nos que terá que ser uma medida de segurança, uma vez que, finda a medida fixada em função da culpa, a sua prorrogação só poderá encontrar justificação na natureza de medida de segurança, em função da perigosidade criminal.

O legislador distingue as penas em principais e acessórias (artigos 41.º, 47.º, e 65.º a 69.º do Código Penal).

As penas principais são aquelas que são directamente aplicáveis, podendo constar por si sós, das normas incriminadoras. Referimo-nos à pena de prisão e à pena de multa.

Por outro lado, as penas acessórias só podem ser aplicadas se for também aplicada uma pena principal, ou seja, conjuntamente com uma pena principal.

Em regra, a pena acessória depende da verificação de certas circunstâncias que não constituem elemento constitutivo do crime.

O n.º 1 do artigo 65.º do Código Penal estabelece como princípio geral que "nenhuma pena envolve como efeito necessário a perda de direitos civis, profissionais ou políticos".

Tal disposição legal deve ser concatenada com o n.º 4 do artigo 30.º da Constituição da República Portuguesa, pois as redacções são idênticas.

Quis o legislador constitucional obviar a algumas disposições que estabelecem a produção automática de efeitos civis, profissionais ou políticos, decorrente da aplicação das penas, uma vez que tal efeito automático constitui um obstáculo à realização de um fim essencial das penas – o da recuperação e reintegração social do delinquente. (Correia, 1983; Figueiredo Dias, 1983 e 1993).

Porém, o n.º 2 do artigo 65.º permite que a lei possa fazer corresponder a certos crimes a proibição do exercício de determinados direitos ou profissões.

Coloca-se assim a questão de saber se o n.º 2 do artigo 65.º se coaduna com o princípio plasmado no n.º 4 do artigo 30.º da Constituição da República Portuguesa.

Com efeito, as penas não são, nem podem ser estigmatizantes, não podendo resultar delas uma diminuição social da pessoa.

Assim, as penas não podem ter como efeitos automáticos a perda de direitos civis, profissionais ou políticos.

Todavia, não quer isto dizer que não haja a possibilidade de, sem ser através da pura automaticidade, atribuir a uma pena um efeito que consista na redução de um direito (artigo 65.º e ss. do Código Penal).

A (in)constitucionalidade do n.º 2 do artigo 65.º constitui, portanto, uma questão controversa, tendo sido, por isso mesmo, essa disposição legal interpretada conforme à Constituição (Figueiredo Dias, 1993), no sentido de que o efeito da pena aí previsto não é consequência automática de uma condenação, mas sim uma componente da pena aplicável a certos crimes sendo, necessariamente, objecto de decisão condenatória passando, consequentemente, pela mediação do juiz.

Além da distinção entre penas principais e penas acessórias, podemos ainda proceder a outras classificações.

Assim, as penas podem ser alternativas ou cumulativas.

As alternativas, como o próprio nome indica, são aplicadas em alternativa: pena de prisão ou pena de multa. As cumulativas são aplicadas conjuntamente.

O Código Penal apenas prevê penas cumulativas no caso da cumulação de penas principais e acessórias.

As penas podem ainda ser classificadas como penas substitutivas, quando substituam as penas principais, sendo aplicáveis em substituição daquelas.

As penas podem ser substitutivas na cominação legal (sendo previstas na norma incriminadora), na aplicação judicial (podendo substituir a pena de prisão aplicada em medida não superior a 6 meses), e na execução da pena de prisão.

Como dissemos supra, as penas principais são a pena de prisão e a pena de multa.

A pena de prisão, cuja execução vem prevista nos artigos 477.º a 483.º do Código de Processo Penal, consiste na privação da liberdade pelo encarceramento em estabelecimento prisional.

A sua duração tem como limite mínimo 1 mês e limite máximo os 20 anos (n.º1 do artigo 41.º), podendo porém atingir os 25 anos nos casos previstos na lei, sendo que a contagem do tempo de prisão se encontra prevista no artigo 479.º do código de processo penal.

A pena de multa é uma pena pecuniária, fixada em dias, consistindo no pagamento ao Estado de uma certa quantia em dinheiro, em regra, com o limite mínimo de 10 dias e máximo de 360 dias (artigo 47.º).

Sendo a multa uma pena de natureza criminal, ela assume consequentemente natureza pessoal e intransmissível.

Passemos agora às penas substitutivas:

A pena de multa, além de ser uma pena principal, também pode ser uma pena substitutiva de prisão, nos termos do artigo 44.º do Código Penal.

Quanto à prisão por dias livres, prevista no artigo 45.º, a mesma pretende adaptar a pena à vida familiar e profissional do condenado, numa óptica de prevenção especial, além de proteger de certa forma a própria família do condenado que, com a aplicação de uma pena de prisão e a consequente ruptura profissional do condenado, poderia vir a sofrer consequências económicas excessivas e insuportáveis.

Este tipo de pena é hoje acolhida em diversos países, sendo reconhecida como desejável.

Acresce que não existe substituição por multa, como dispõe o n.º 1 do artigo 45.º, nem é compatível com o regime da semidetenção, como se conclui pela leitura do n.º 1 do artigo 46.º.

É de salientar, a este propósito, que a prisão por dias livres e a semidetenção são penas de substituição diversas. Enquanto que a primeira é uma pena substitutiva na aplicação judicial da pena, a segunda é uma pena substitutiva na execução da pena de prisão.

A violação das obrigações decorrentes do regime de prisão por dias livres encontra-se regulada no n.º 3 do artigo 488.º do Código de Processo Penal, estabelecendo esta disposição legal que as faltas de entrada no estabelecimento prisional que não sejam consideradas justificadas determinam que a prisão passe a ser cumprida em regime contínuo pelo tempo que faltar, sendo passado mandado de captura.

A prestação de trabalho a favor da comunidade encontra-se prevista no artigo 58.º do Código Penal, e consiste numa forma de substituição de penas detentivas de curta duração, estando em vigor em vários países da Europa e tendo sido recomendada pelo comité de Ministros do Conselho da Europa (Jardim, 1988).

Porém, por razões que se prendem com a dificuldade de execução, esta pena não tem sido aplicada frequentemente, embora constitua uma das mais adequadas a cumprirem as finalidades de reinserção social e de prevenção especial.

Esta pena constitui trabalho gratuito pelo que, se o condenado estiver já empregado, o regime da prestação do trabalho a favor da comunidade tem que funcionar com base em horas extraordinárias.

É de notar que esta pena só pode ser aplicada com a aceitação do condenado (n.º 5 do artigo 58.º do Código Penal).

Porém, esta pena só deve ser aplicada quando estiverem criadas as necessárias condições externas de apoio social ao condenado, por forma a serem atingidas, de forma adequada e suficiente, as finalidades da punição.

A admoestação, prevista no artigo 60.º do Código Penal e no artigo 497.º do Código de Processo Penal, trata-se da sanção mais leve prevista no código penal, estando porém sujeita a inscrição no registo criminal, exigindo uma declaração de culpa e a condenação do arguido em taxa de justiça e custas.

Como é óbvio, esta pena é independente da alocução ao arguido após a leitura da sentença pois, como qualquer pena, só pode ser executada após o trânsito em julgado da sentença. A execução desta pena encontra-se prevista no artigo 497.º do Código de Processo Penal.

Debrucemo-nos agora sobre as penas substitutivas na execução da pena de prisão, ou seja, o regime de semidetenção e a suspensão da execução da pena.

Quanto ao regime de semidetenção, plasmado no artigo 46.º do Código Penal, encontra o seu fundamento no supra exposto a propósito da prisão por dias livres.

Porém, aqui exige-se o consentimento do condenado pois, ao contrário da prisão por dias livres, o tempo total dos períodos de privação de liberdade no regime de semidetenção tem que ser o da prisão, como se tivesse sido cumprida de forma contínua.

Esta pena pode ser fixada até à execução total da pena de prisão.

Relativamente à suspensão da execução da pena de prisão, prevista no artigo 50.º do Código Penal, a mesma consiste na não execução da pena de prisão aplicada em medida não superior a 3 anos, sendo que o período de suspensão é fixado entre 1 e 5 anos a contar do trânsito em julgado da decisão.

Trata-se de uma medida penal de conteúdo reeducativo, que atende à personalidade do agente, às suas condições de vida, à sua conduta anterior e posterior ao crime e às circunstâncias deste.

A suspensão da execução da pena de prisão pode revestir uma das 4 modalidades seguintes: simples, subordinada, com imposição de regras de conduta, ou acompanhada de regime de prova.

Na suspensão da execução simples o tribunal limita-se a verificar os pressupostos legais da mesma e a fixar o período de suspensão, fundamentadamente.

Na suspensão da execução subordinada ao cumprimento de deveres, tal cumprimento destina-se a reparar o mal causado pelo crime, sendo a enumeração prevista no artigo 51.º meramente exemplificativa, atendendo ao princípio da razoabilidade, e podendo tais deveres ser modificados, nos termos do artigo 492.º do Código de Processo Penal.

Quanto à suspensão com imposição de regras de conduta, prevista no artigo 52.º, a mesma visa facilitar a reintegração do condenado na sociedade.

Apesar de ter uma finalidade distinta da suspensão da execução subordinada, aplica-se também o princípio da razoabilidade, e a possibilidade de modificação, nos termos do artigo 492.º do Código de Processo Penal.

A suspensão da execução acompanhada de regime de prova encontra-se prevista nos artigos 53.º e 54.º do Código Penal, bem como nos artigos 493.º a 495.º do Código de Processo Penal, sendo que o plano individual de readaptação social tem como fim último a reinserção social do condenado.

Após a breve análise das penas principais e das suas penas substitutivas, há que referir as penas acessórias.

O código penal prevê três tipos de penas acessórias: a proibição do exercício de função (artigo 66.º), a suspensão do exercício de função (artigo 67.º) e a proibição de conduzir veículos motorizados (artigo 69.º do código penal e artigo 500.º do código de processo penal).

O artigo 346.º do Código Penal prevê ainda a pena acessória de incapacidade para eleger Presidente da República, membro da Assembleia legislativa ou de autarquia local, para ser eleito como tal, ou para ser jurado, por um período de 2 a 10 anos, quando se trate de crime contra a segurança do Estado (artigos 308.º a 343.º).

Por sua vez, o Código de Processo Penal estabelece os trâmites da execução dessas mesmas penas nos artigos 499.º e 500.º.

No que concerne à pena acessória de suspensão do exercício de função, suscita-nos a questão de saber se a mesma pode ser aplicada conjuntamente com a pena de prisão por dias livres ou com o regime da semidetenção.

Ou seja, será que o n.º 1 do artigo 67.º, ao referir-se a "pena de prisão" e utilizar a expressão "enquanto durar o cumprimento da pena", quis restringir a sua aplicação apenas aos casos em que há uma verdadeira pena principal de prisão, ou, pelo contrário, em caso de substituição da pena principal de prisão por prisão por dias livres ou por regime de semidetenção, também é possível ser aplicada a pena acessória de suspensão do exercício de função?

A primeira posição é adoptada por uma parte da doutrina (Maia Gonçalves, 2001), que defende que a base desta pena é a impossibilidade material de o funcionário que se encontra preso exercer as suas funções, sendo que o regime de prisão por dias livres e o da semidetenção visam salvaguardar os deveres profissionais e familiares dos condenados.

Salvo melhor opinião, parece-nos que a pena acessória de suspensão do exercício de função poderá ser aplicada em qualquer dos casos, seja a pena de prisão contínua, pena de prisão por dias livres, ou semidetenção.

Com efeito, se é certo que a ratio do regime de prisão por dias livres e da semidetenção é, como dissemos supra, a adaptação da pena à vida familiar e profissional do condenado e a protecção da própria família, não podemos ignorar que, com a pena acessória de suspensão do exercício de função pública, se pretendem acautelar interesses da própria sociedade, a protecção de bens jurídicos, numa óptica de prevenção geral, positiva e negativa, que podem ser postos em causa com a falta de idoneidade cívica e moral do agente para continuar a exercer as suas funções públicas.

E, nessa medida, não é apenas a impossibilidade material de o funcionário preso exercer as suas funções que está em causa, mas sim a legitimidade e idoneidade do agente que se encontra sujeito a uma pena privativa de liberdade, seja ela de que natureza for, para continuar a exercer funções públicas.

E, em último recurso, se assim não fosse, considerando que esta pena acessória só pode ser aplicada em casos de pena de prisão contínua, tal originaria casos injustos.

Com efeito, se o agente é condenado a uma pena de prisão contínua e, no decurso da execução dessa mesma pena, é-lhe aplicado um regime de semidetenção, podia ter sido aplicada uma pena acessória de suspensão do exercício de função. Mas no caso em que o agente é condenado a prisão por dias livres, já o mesmo não poderia acontecer...

Analisadas as penas e respectivas classificações, importa abordar o regime das medidas de segurança previsto no Código Penal.

As medidas de segurança previstas no Código Penal dividem-se em medidas privativas e não privativas da liberdade, sendo que a respectiva execução se encontra prevista nos artigos 501.º a 508.º do Código de Processo Penal.

A medida privativa da liberdade consiste no internamento de inimputáveis (artigos 91.º e ss). As não privativas da liberdade são a interdição de exercício de actividades (artigo 100.º), a cassação da licença de condução de veículo motorizado (artigo 101.º) e as regras de conduta (artigo 102.º).

No que concerne ao internamento de inimputáveis, tal medida consiste no internamento em estabelecimento de cura, tratamento ou segurança, e aplica-se ao inimputável que praticou um acto típico e ilícito quando, devido à sua anomalia psíquica e à gravidade do facto praticado, houver fundado receio de que venha a cometer outros factos da mesma espécie.

Quando se trate de inimputável estrangeiro, a medida de internamento pode ser substituída por expulsão do território nacional, nos termos do artigo 97.º do Código Penal e legislação complementar.

Acresce que a medida de segurança de internamento tem em comum com a pena de prisão o facto de ambas consistirem numa privação da liberdade do agente. Por esse motivo, nos termos do artigo 506.º do Código de Processo Penal, algumas disposições relativas à pena de prisão são aplicáveis a esta medida de segurança.

Relativamente ao regime jurídico dos inimputáveis perigosos, remetemos a sua análise para um capítulo próprio do presente trabalho.

Já no âmbito das medidas de segurança não privativas da liberdade, importa referir a interdição de exercício de actividades, cuja característica principal consiste na exigência do perigo de uma nova delinquência nas mesmas circunstâncias que levaram o agente à prática do facto.

Deste modo, por um lado, exige-se a grave violação dos deveres inerentes à actividade profissional exercida e, por outro lado exigem-se elementos objectivos e subjectivos que indiciem a perigosidade do agente relativamente à prática de factos da mesma espécie.

Bibliografia

ANABELA MIRANDA RODRIGUES, *Novo Olhar Sobre a Questão Penitenciária*, Coimbra Editora, 2ª edição, 2002.

FIGUEIREDO DIAS, *Os Novos Rumos da Política Criminal e o Direito Penal Futuro*, separata da Ver. O. A., 1983.

FIGUEIREDO DIAS, *Direito Processual Penal* (lições coligidas por Maria João Antunes), Coimbra, 1988/89.

FIGUEIREDO DIAS, *Direito Penal Português – As Consequências Jurídicas do Crime*, Lisboa, 1993.

MARIA FERNANDA PALMA, *As Alterações Reformadoras da Parte Geral do Código Penal na Revisão de 1995: Desmantelamento, Reforço e Paralisia da Sociedade Punitiva*, in Jornadas sobre a Revisão do Código Penal, AAFDL, 1998.

CLAUS ROXIN, *Problemas Fundamentais de Direito Penal*, Colecção Vega Universidade, 3ª edição, 1998.

EDUARDO CORREIA, *As Grandes Linhas da Reforma Penal*, in Jornadas de Direito Criminal, 1983.

CAPÍTULO II
PRINCÍPIOS INFORMADORES DO DIREITO PENITENCIÁRIO

Existem alguns princípios estruturantes do direito penitenciário, entendendo este como o conjunto de normas jurídicas que regulam a execução das penas e medidas privativas de liberdade, são as traves mestras de onde se erige toda a estrutura penitenciária. Estes princípios são tributários das opções Constitucionais e daquelas tomadas no Código Penal. Seja a Constituição, seja o Código Penal, estes diplomas estão informados e informam uma dada política criminal. É de acordo com aquela intencionalidade que provêm os ditos princípios.

O princípio da legalidade, o princípio de reintegração social, o princípio da humanidade e o princípio da presunção de inocência são as quatro ideias matrizes, de onde provêm os restantes princípios. Assim, por exemplo, o princípio da judicialização, também ele relevante no direito penitenciário, não é mais do que um subprincípio do princípio da legalidade.

Princípio da legalidade

Das garantias estabelecidas num Estado Social e Democrático de Direito, o princípio da legalidade ocupa um lugar destacado. Este princípio enunciado por Feuerbach na forma «nullum crimen, nulla poena sine lege», orienta e preside a todo o ordenamento jurídico punitivo, manifestando-se numa multiplicidade de garantias do indivíduo face ao poder punitivo do Estado.

O princípio da legalidade desdobra-se em vários subprincípios, sublinhando-se os seguintes aspectos garantísticos no que respeita ao direito penitenciário.

Desde logo a garantia jurídico-penal que estabelece a legalidade dos crimes «nullum crimen sine lege» e a legalidade das penas «nulla poena sine lege», reconhecidos na Constituição (art. 29.º, n.º 1 e 3) e no

Código Penal (art. 1.º). A norma incriminadora tem de ser prévia e certa. A pena no seu tipo e gravidade tem que ser imposta por lei.

Abrange também a garantia processual ou jurisdicional, expressa no brocado «nulla poena sine judicio», segundo a qual não pode ser executada pena ou medida de segurança que não provenha de decisão proferida de acordo com as leis processuais, por juiz e tribunal competente, devidamente transitada em julgado, nos termos dos arts. 29.º, n.º 1 e 5, e 32.º da Constituição da República Portuguesa, e do art. 10.º da Declaração Universal dos Direitos do Homem, aplicável por força do n.º 2 do art. 16.º da Constituição da República Portuguesa.

É de notar, ainda, a garantia dita executiva, segundo a qual não poderá executar-se pena ou medida de segurança de outra forma senão a prescrita na lei e nos regulamentos que dela provenham, as quais se realizarão sob o controlo dos Juízes e Tribunais competentes.

Se grande parte das matérias encerradas no âmbito penitenciário se adequam sem reservas ao princípio da legalidade, cumpre reconhecer que certo tipo de procedimentos e medidas atribuídas pela administração penitenciária – as denominadas medidas especiais de segurança, os meios coercivos e as medidas disciplinares – podem, neste caso particular, colocar algumas reservas no domínio dos princípios constitucionais.

Não está em causa a eliminação dessas medidas eventualmente imprescindíveis na gestão quotidiana do estabelecimento prisional. Porém, o que se pode questionar é o grau de arbitrariedade ou, então, a falta de recurso legal por parte do recluso face a esse tipo de procedimentos. Aliás, a regra 5 anexa à Recomendação n.º R (87) 3 adoptada pelo Comité de Ministros do Conselho da Europa, em 12 de Fevereiro de 1987, apelidada de Regra Penitenciária Europeia, é explícita no sentido da exigência da legalidade na execução das penas, devendo ser assegurada por um controlo judiciário que não pertença à administração penitenciaria.

Esta questão não é, no entanto, privativa da realidade portuguesa, uma vez que outros ordenamentos penitenciários levantam as mesmas perplexidades (Arús, 1986; Gomez de la Torre et al., 2001; Donderis, 2001), sendo possível ultrapassar essas reservas defendendo-se que não está em causa a privação da liberdade mas simples matéria disciplinar.

Princípio da reintegração social

A aplicação das penas e de medidas de segurança visa a protecção de bens jurídicos e a reintegração do agente na sociedade (artigo 40.º, n.º 1, do Código Penal).

O desiderato da reintegração do agente na sociedade é um dos objectivos do tratamento penitenciário, proclamado ao nível europeu (regra 65.º, al. d) da Recomendação n.º R (87) 3 adoptada pelo Comité de Ministros do Conselho da Europa, em 12 de Fevereiro de 1987, no âmbito das apelidadas de Regras Penitenciárias Europeias) e nacional (artigo 2.º, n.º 1, 3.º, n.º 2 e 4, e passim do Decreto-Lei n.º 265/79, de 1 de Agosto, com alterações do Decreto-Lei n.º 49/80, de 22 de Março e Decreto-Lei n.º 414/85, de 18 de Outubro).

Esta ideia de que a execução da pena de prisão tem por desiderato fundamental a correcção e reinserção social do delinquente, sendo uma constante na legislação portuguesa desde os meados do século XIX, veio conhecer a sua última forma nos princípios fundamentais penitenciários, do aludido Decreto-Lei n.º 265/79, de 1 de Agosto, cujo projecto foi da autoria de Eduardo Correia.

Aliás, a intervenção judicial, também propugnada por Eduardo Correia seria uma forma de assegurar a continuidade da condenação, na execução e na reinserção social do condenado (Rocha, 2001).

A ideia sobre a qual assenta o princípio da reinserção social é a da consideração de um direito penal fundado na culpa, no qual o homem como ser livre há-de ser responsável pelos seus actos e pode ser capaz de transformá-los.

A reinserção, reintegração ou ressocialização, termos empregues no mesmo sentido embora não sejam, em rigor, coincidentes, têm ínsita a ideia de um processo de introdução do indivíduo na sociedade e obedecem a uma ideologia que teve o apogeu na década de sessenta, inícios de setenta, conhecendo actualmente algumas dificuldades. Com efeito, a prisão pode "educar" para se ser criminal ou um bom detido, nunca para ser um bom cidadão, como afirmam Clemmer (1940), Goffman (1961), Harbordt (1972), Baratta (1982), entre outros.

Pese o princípio da co-responsabilidade dos reclusos e o facto de o tratamento ser apenas um meio para realizar a finalidade da execução, mesmo afastada a ideia de um dever de participação do recluso (Correia et al., 1980), toda esta filosofia vem sendo objecto de críticas, originando a denominada crise da socialização.

A primeira dificuldade tem a ver com o modelo de sociedade que se deve ter como referência para inserir o sujeito. No limite, esta dificuldade questiona a própria legitimidade de uma sociedade criminógena em arrogar o direito de exigir que o indivíduo se adapte a ela, quando, ela própria, fomenta a desigualdade.

Uma outra dificuldade prende-se com o facto de a reinserção supor uma ingerência sobre a esfera individual. Hoje vem sendo pacifico aceitar que a intervenção constitui uma mera oferta de possibilidades, limitada pelo desenvolvimento da personalidade individual.

Outra dificuldade potenciada pela anterior, na sua modalidade actual de mera oferta de possibilidades, é constituída pelo facto de se preparar a reinserção social em meio prisional, apartado da sociedade. Até que ponto se criam competências sociais fora da sociedade? Embora se venha fomentando cada vez mais o contacto com o exterior, a ideia que prevalece é a de que o meio prisional constitui um factor criminogeno e não de reinserção social.

Outra, ainda, diz-nos que a reinserção em muitos casos não é possível nem sequer é necessária, tratando-se das situações dos reclusos perfeitamente inseridos na sociedade ou daqueles em que o seu ambiente social exigiria uma modificação impossível de levar a efeito ou dos reclusos que não dão o assentimento a que aquela se produza.

Estas objecções ao princípio da reinserção tiveram como consequência reenquadrá-lo (Roda, 1980; Mapelli, 1992; Pérez, 1993; Aran, 1997; Donderis, 2001) de acordo com os seguintes pressupostos.

Sendo um princípio preferente, também referido como primordial (Martín et al., 2000) não é o único, pois a pena visa também a protecção de bens jurídicos. Não constitui um direito subjectivo mas sim um princípio programático que orienta toda a política penal e penitenciária.

Sendo pensado e tendo surgido para a pena privativa de liberdade, ela não se restringe apenas àquela, todas as outras penas hão-de ter em consideração a exigência de reinserção do agente.

A reinserção exige, desde logo e sobretudo, a minimização dos efeitos nefastos da encarceração. Importa obstar ao efeito dessocializador do encarceramento.

O seu alcance não se limita à execução da pena mas abrange a fase de aplicação da própria pena.

É neste sentido que a reinserção como princípio vem sendo entendida no Conselho da Europa como englobando o dever do Estado em preservar a saúde do detido, em salvaguardar a sua dignidade, em desenvolver o sentido das responsabilidades e em dotar aqueles de competências necessárias à própria reintegração (Bouloc, 1998). Esta regra é entendida como regra mínima (Kellens, 1982; Kefer, 1988), no sentido que impõe o desenvolvimento de outro tipo de regras e procedimentos que dêem execução ao seu desiderato.

Esta nova visão do principio da reinserção permite estende-lo aos presos preventivos, na medida em que, respeitando-se a presunção de inocência, cumpre minimizar os efeitos do encarceramento.

O princípio da reinserção, apelidado de super-garantia (Villanueva, 2002), por ser uma garantia especificamente prevista para a execução da pena privativa de liberdade, constitui o parâmetro delimitador do alcance da tutela judicial efectiva na execução da pena. Em termos concretos, a reinserção pressupõe um processo durante o qual se utilizem instrumentos como sejam o trabalho, a educação, a ajuda psicológica e, sobretudo, a manutenção dos vínculos sociais do recluso, senão a sua potenciação o que pode ser particularmente difícil em penas longas, pese as saídas precárias e a liberdade condicional, instrumentos jurídicos ao serviço da reintegração social do recluso.

Princípio da humanidade

O princípio da humanidade no âmbito penitenciário está necessariamente ligado à obra de John Howard (1776) e à denuncia da situação lamentável em que naquela data se encontravam as prisões. Nesse conspecto, o princípio propugnava a melhoria das condições de vida dos reclusos.

Actualmente, o princípio da humanidade tem um alcance muito amplo (Jescheck, 1981; Silva, 1999), abrangendo a fase da aplicação da pena – preconizando que o sofrimento deva ser o menor possível –; fazendo a ligação entre as causas sociais da criminalidade e a aplicação da pena – ajustando a pena à realidade social do delinquente –; e, na fase da execução das penas, impondo que nunca se olvide o respeito e a dignidade da pessoa durante o período de encarceramento.

Este princípio decorre do art. 10.º, n.º 1, do Pacto Internacional sobre Direitos Civis e Políticos, encontra-se igualmente consignado na regra 1.ª das Regras Penitenciarias Europeias e consta da Constituição da República Portuguesa (arts. 1.º, 26.º, 30.º) e do diploma referente à Execução das Medidas Privativas de Liberdade, Decreto-Lei n.º 265/79, de 1 de Agosto, com alterações do Decreto-Lei n.º 49/80, de 22 de Março e Decreto-Lei n.º 414/85, de 18 de Outubro (art. 3.º, n.º 1).

Aliás, a política criminal que orienta o sistema penal português é de cariz humanista, no sentido em que atribui ao direito penal a função de protecção dos valores fundamentais da pessoa e das condições sociais indispensáveis à realização desses valores, assumindo a pena como um mal só legitimado quando indispensável para prevenir a prática de crimes, sendo sempre de aplicar a pena que seja menos gravosa, pena que tem por objectivo prioritário a recuperação do delinquente (Carvalho, 2003). Assim, o princípio da humanidade está estreitamente ligado ao princípio da reinserção social.

Sendo um dos factores chave do sistema prisional, o princípio da humanidade, nos dias de hoje, repercute-se em duas direcções fundamentais: o do respeito pelos direitos fundamentais do recluso, sendo este como sujeito de direitos, e o do uso racional das sanções penitenciarias. Qualquer um dois sentidos impõe como pano de fundo condições na execução das penas e nas prisões que permitam tornar exequíveis as ditas perspectivas em que se cinde o princípio da humanidade. O Estado é, assim, directamente responsável pela humanização ou desumanização penitenciária.

Princípio de presunção de inocência

Todo o arguido se presume inocente até ao trânsito em julgado da sentença de condenação, garantia esta constante da Constituição da República no seu art. 32.º, n.º 2. Ou seja, o princípio da presunção de inocência do arguido isenta-o do ónus de provar a sua inocência; pelo contrário, o que carece de prova é a culpa do arguido, concentrando-se o esforço probatório na acusação (Patrício, 2000).

Esta formulação constitucional do princípio é modelada sob o aspecto processual.

No entanto, como direito fundamental, reconhecido e protegido na Constituição, a presunção de inocência tem um âmbito geral que origina consequências ao nível legislativo, nos actos da Administração, na actividade processual e jurisdicional (Sotelo, 1984).

Este é, como se referiu, um principio processual com a particularidade de se repercutir na fase de encarceramento.

Garantia de processo criminal, motiva regras de direito penitenciário que dão execução à ideia que preside à presunção de inocência. Assim, surge a regra 11.ª, n.º 3, da Recomendação n.º R (87) 3, do Conselho da Europa que prescreve que os preventivos e os condenados devem estar presos separadamente. Com efeito, a reclusão de um preventivo havia de ter por único objectivo o de manter o indivíduo à disposição da autoridade que determinou a sua prisão.

Contudo, esta concepção restrita deve ser temperada por outras considerações, no interesse do próprio preso, facultando assim o acesso deste ao trabalho, desporto, actividades educativas e recreativas.

Actualmente, como consequência deste princípio, entende-se que a prisão preventiva – com as suas consequências nefastas específicas (AAVV, 1995) – deve efectuar-se de maneira e forma que prejudique o menos possível a pessoa e a reputação do visado.

Bibliografia

A.A.V.V. (1995). *Human rights in prison: the professional training of prison officials.* Strasbourg: Conseil de l'Europe.

ARAN, M. (1997). *Fundamentos y aplicación de penas y medidas de seguridad en el Codigo Penal de 1995.* Navarra:

BARATTA, A. (1982). *Criminologia critica e critica del diritto penale, introduzione alla sociologia giuridico-penale.* Bolonia : Mulino.

BOULOC, B. (1998). *Pénologie. Exécution des sanctions adultes et mineurs.* Paris : Dalloz.

CARVALHO, A (2003). *Direito Penal Parte Geral Questões Fundamentais.* Porto: Publicações da Universidade Católica.

CLEMMER, D. (1940). *The Prison Community.* New York: Holt.

CORREIA, E., RODRIGUES, A. & COSTA, A. (1980). *Direito Criminal III*, Coimbra: Universidade de Coimbra.

DONDERIS, V. (2001). *Derecho Penitenciario.* Valencia: Tirant lo Blanch.

GOFFMAN, E. (1961). *Asyliums: Essay on the Social Situation of Mental Patients and Other Inmates.* New York: Anchor Books.

GOMEZ DA LA TORRE, I., RODRIGUEZ, L., GARCIA, J., CEPEDA, A., MULAS, N. (2001). *Manual de Derecho Penitenciario.* Salamanca: Colex.

HARBORDT, S. (1972). *Die Suhkultur des Gefangnisses. Eine soziologische Studie zur Resozialisierung.* Stuttgart.

HOWARD, J. (1776). *The State of the Prisons.* London: J.M. Dent & Sons LTD.

JESHECK, H.-H. (1981). *Tratado de Derecho Penal. Parte General.* Barcelona: Bosh.

KEFER, F. (1988). «Les recours judiciaires». In *La durée et l'executions des peines.* Liège: Éditions du Jeune Barreu de Liège.

KELLENS, G. (1982). *La mesure de la peine.* Liège: Faculte de Droit.

MAPELLI, B. (1986). «La autonomia del Derecho penitenciario». *RFDUC*, 11, pp. 453-460.

_____ (1980). *Principios fundamentales del Sistema Penitenciario Español.* Barcelona: Bosh.

MARTÍN, L., PASAMAR, M. & DOBÓN, M. (2000). *Lecciones de Consecuencias Juridicas del Delito.* Valencia: Tirant lo Blanch.

PATRÍCIO, R. (2000). *O Princípio da Presunção de inocência do arguido na fase do julgamento no actual processo penal português.* Lisboa: AAFDL.

PÉREZ, C. (1993). «Régimen penitenciario y derechos fundamentales». *Estudios penales y criminologicos*, XXVI. Santiago de Compostela.

ROCHA, J. (2001). *Applications des Peines Reflexions & Pratiques.* Paris: ENM.

RODA, J. (1980). «La pena y sus fines en la Constituicíon española de 1978». *Papers* 1980.

SILVA, G. (1999). *Direito Penal Português. III.* Lisboa: Verbo.

SOTELO, J. (1984). *Presuncion de Inocencia del Imputado e Intima Conviccion del Tribunal.* Barcelona: Bosh.

VILLANUEVA, C. (2002). *Ejecución de la pena privativa de liberdad. Garantias Procesales.* Barcelona: Bosh.

CAPÍTULO III
SAÍDA PRECÁRIA PROLONGADA

Regime legal

A saída prolongada, designada na sua origem histórica de saída precária prolongada (SPP), constitui uma medida de saída do recluso de estabelecimento prisional, introduzida no direito português, concretamente na fase da execução da pena, pelo Decreto-Lei n.º 783/76, de 29 de Outubro.

O Decreto-Lei n.º 783/76, de 29 de Outubro, veio a sofrer com o decorrer dos anos diversas alterações, sendo especialmente relevante as introduzidas pelo Decreto-Lei n.º 265/79, de 1 de Agosto, com as alterações dos Decretos-Lei n.º 49/80, de 22 de Março, e n.º 414/85, de 18 de Outubro.

Este último diploma substitui a antiga designação de SPP por licença de saída prolongada, nomenclatura que na gíria prisional não vingou, mantendo-se o nome de saída precária prolongada, saída precária ou, simplesmente, precária. Ao longo do nosso trabalho utilizaremos a expressão SPP, sobejamente utilizada no quotidiano prisional, ao invés de licença de saída prolongada pois, além de obstar a confusões com outras medidas que lhe estão próximas, na prática esta última expressão, como se referiu, não vingou no meio prisional nem entre os técnicos do direito que se ocupam dos temas prisionais.

O regime da SPP resulta do disposto no Decreto-Lei n.º 265/79, de 1 de Agosto, com as alterações dos Decreto-Lei n.º 49/80, de 22 de Março, e n.º 414/85, de 18 de Outubro, e, ainda, do próprio Decreto-Lei n.º 783/76, de 29 de Outubro, dado que este não foi totalmente revogado conforme resulta do expresso no art. 225.º do Decreto-Lei n.º 265/79.

A SPP constitui, numa noção sumária, a saída temporária do estado de reclusão, facultada pelo Juiz de Execução das Penas, verificados que estejam certos requisitos legais.

A SPP, na letra da lei, não configura um direito do recluso (art. 50.º, n.º 1, do Decreto-Lei n.º 265/79), no sentido de, verificados os pressupostos, ser uma medida de aplicação automática. Antes depende da verificação de certos requisitos a apreciar pelo juiz e sempre com o fito da reinserção social do recluso.

Esta medida não é a única licença de saída do recluso, existem outras licenças de saída do estabelecimento estas da competência da Direcção-Geral dos Serviços Prisionais ou do director do estabelecimento prisional, chamadas na lei vigente de licenças de saída e, na gíria, por razões de legislação anterior, de saídas de curta duração.

Existem duas hipóteses distintas para a concessão da spp: a de licença de saída de estabelecimento ou secção de regime aberto e a de licença de saída de estabelecimento ou secção de regime fechado.

A diferença entre estabelecimento aberto e estabelecimento fechado é estabelecido com base no critério da menor ou maior segurança do estabelecimento (art. 159.º do Decreto-Lei n.º 265/79); podem ainda, dentro da mesma classificação, existir estabelecimentos de segurança máxima e estabelecimentos mistos.

Existe outro critério de classificação de estabelecimentos: regionais, centrais e especiais. Os regionais destinam-se ao internamento de reclusos em regime de prisão preventiva e cumprimento de penas privativas de liberdade até seis meses; os centrais destinam-se ao cumprimento de medidas privativas de liberdade de duração superior a seis meses; os especiais destinam-se ao internamento de reclusos que careçam de tratamento específico (art. 158.º do Decreto-Lei n.º 265/79)

No caso de estabelecimento ou secção de regime aberto, as SPP podem ser concedidas aos condenados a penas de duração superior a seis meses quando tenham cumprido efectivamente um quarto da pena. A concessão poderá ser até dezasseis dias por ano, seguidos ou interpolados.

Estando o recluso internado em estabelecimento ou secção de regime fechado, a SPP depende do cumprimento de um quarto da pena, cumpridos seis meses de pena privativa de liberdade ou de medida de segurança privativa de liberdade, conforme seja o caso. Tem a duração máxima de oito dias e pode ser renovada de seis em seis meses. Sendo a pena relativamente indeterminada, o quarto da pena determina-se em relação ao crime mais severamente punido.

A SPP constitui uma primeira fase do processo de libertação condicional do recluso (Milhano, 1977), ela só deve ser concedida se favorecer a reintegração social. Como medida que se inscreve no processo de reabilitação social do recluso os dias de SPP não são descontados na medida privativa de liberdade, nem interrompem a pena, contam como se fossem dias de cumprimento de pena, salvo no caso de revogação da própria SPP.

Há luz do desiderato fundamental da medida, surgem as restrições constantes do art.º 52.º do Decreto-Lei n.º 265/79. Assim, não podem beneficiar de SPP os reclusos sujeitos a prisão preventiva, os que estejam em cumprimento de penas de duração inferior a seis meses, os que estejam em regime de semidetenção, os internados em centros de detenção com fins de preparação profissional acelerada e, ainda, por um outro tipo de razão que não o de reintegração social, os internados em estabelecimentos de segurança máxima.

Quanto à impossibilidade decorrente da prisão preventiva, ela significa que o recluso não pode beneficiar de SPP caso a pena que cumpre não tenha transitado em julgado e, ainda, enquanto existam outros processos que lhe demandem prisão preventiva.

A impossibilidade decorrente do cumprimento efectivo de seis meses de prisão comporta uma especificidade, pois em concreto, pode abranger penas de tempo inferior a seis meses desde que a soma do seu cumprimento sucessivo ultrapasse os seis meses, tempo reputado mínimo pelo legislador para se colocarem preocupações de reintegração social.

O regime de semidetenção não coloca preocupações de reintegração social pois o recluso não está totalmente apartado da vida em sociedade.

Os internados em centros de detenção com fins de preparação profissional acelerada não devem ver interrompida a sua preparação profissional pois esta visa, precisamente, a sua reintegração social.

Os internados em estabelecimentos de segurança máxima não podem gozar de SPP por razões de segurança social.

Além dos requisitos negativos e do desiderato último da medida, a lei indica (art.º 50.º do Decreto-Lei n.º 265/79) determinados factores que se devem ter em conta e ponderar aquando a apreciação da concessão da SPP, assim: a natureza e gravidade da infracção, a duração da pena, o perigo que possa advir para a sociedade do eventual insucesso, a situação familiar do recluso e ambiente social onde este se vai integrar aquando a saída, a evolução da personalidade do recluso ao longo da execução da reclusão.

A SPP só pode ser concedida com o consentimento do recluso, na prática este comando significa que aquela só se aprecia uma vez solicitada pelo recluso.

Embora a decisão de conceder ou indeferir pertença ao juiz, o pedido de SPP é apreciado em Conselho Técnico do estabelecimento (art.º 24.º, n.º 1, do Decreto-Lei n.º 783/76, de 29 de Outubro), podendo o magistrado consultar outras autoridades além das penitenciárias, faculdade que tem especial acuidade nos casos em que falte informação sobre o local onde o recluso pretenda gozar a SPP ou existam dúvidas quanto à situação jurídica deste.

O despacho de concessão ou de indeferimento, como despacho judicial que é, deve ser fundamentado e o recluso a ele deve ter acesso, caso especificamente previsto para o indeferimento: «há-de conhecer os seus motivos» (art. 55.º, n.º 1, do Decreto-Lei n.º 265/79).

A SPP pode obedecer, quando concedida, a determinadas condições previamente fixadas pelo juiz; são verdadeiras obrigações que visam o êxito da medida e devem ser estabelecidas casuisticamente.

Se o recluso não regressar ao estabelecimento dentro do prazo determinado na concessão da SPP e não provar o justo impedimento, a licença de saída será revogada.

Justo impedimento será qualquer acontecimento normalmente imprevisível e alheio a vontade do recluso que impossibilite de facto o regresso atempado ao estabelecimento, esse acontecimento sempre será apreciado pelo juiz de acordo com o seu prudente arbítrio.

O não cumprimento das condições fixadas na concessão da SPP pode originar a revogação ou mera advertência, de acordo com a gravidade do facto e a culpa do recluso.

O processo de revogação da SPP corre no Tribunal de Execução das Penas (TEP) e obedece aos trâmites previstos nos arts. 70.º a 73.º do Decreto-Lei n.º 783/76.

Uma vez revogada a SPP será descontado no cumprimento da pena o tempo que o recluso esteve em liberdade; o tempo da própria SPP e o demais que antecedeu a sua recaptura ou regresso ao estabelecimento.

A revogação implica a não concessão de nova SPP sem que decorra um ano sobre o reingresso na reclusão.

Embora as despesas com o gozo da SPP devam ser suportadas pelo recluso, caso este não disponha de fortuna suficiente, pode a administração penitenciaria participar, total ou parcialmente, nas despesas de transporte.

Esta participação da administração penitenciária vem consignada no art. 56.º, n.º 2, do Decreto-Lei n.º 265/79, e radica na constatação de que aquela providência sendo um ensaio para a liberdade condicional e, portanto, reinserção social do recluso, não deve ser limitada por razões económicas.

Aliás, o legislador ciente da importância desta medida na reinserção social do recluso vem expressamente incentivar a colaboração da sociedade para melhor funcionamento do sistema, promovendo a divulgação dos resultados através da comunicação social, e proclamando a necessidade de estudos criminológicos e penitenciários (art. 57.º do Decreto-Lei n.º 265/79).

A concessão das saídas precárias prolongadas

Uma análise superficial da prática das SPP vem-nos revelar duas constantes: a sua taxa de sucesso e a diversidade de critérios na sua concessão.

Com efeito, reportando-nos ao ano de 2000 (Moreira, 2001), foram concedidas 7737 SPP (em 1999 haviam sido concedidas 8364), tendo havido um êxito na ordem dos 98% (em 1999 o êxito fora de 99%).

A taxa de sucesso das SPP tem sido uma constante ao longo dos anos, sendo salientada nos diversos relatórios da Direcção-Geral dos Serviços Prisionais.

Por outro lado, a ausência de parâmetros legais concretos e a diversidade de procedimentos no processamento e concessão das SPP nos diversos estabelecimentos tem gerado alguns reparos tanto em documentos oficiais (Provedoria da Justiça, 1999) como em estudos não oficiais (Boaventura & Gomes, 2002).

Dizem estes documentos que ao inexistir regras claras e comuns, há violação do princípio da igualdade, isto é, tratamento desigual para situações materialmente idênticas. Essa desigualdade verifica-se entre estabelecimentos, gerando pedidos de transferência por parte dos reclusos, e também dentro dos próprios estabelecimentos, dado poder existir dualidade de critérios na concessão das licenças de saída entre o juiz do TEP e o director do estabelecimento.

Quanto à taxa de sucesso, entre os 98% e os 99%, cumpre ponderar o seguinte: a elevada taxa de sucesso reporta-se às SPP concedidas e, portanto, não equaciona o número dos beneficiados com a totalidade da população prisional em condições para usufruir de SPP. Nem sequer equaciona o número de concessões com o número de reclusos que formularam os pedidos. Assim, a taxa de sucesso terá de ser interpretada restritivamente, isto é, existe uma taxa de sucesso dentro das SPP concedidas; ora, isso pode apenas significar que houve especial cuidado na escolha dos casos a conceder SPP.

A diversidade de critérios na concessão da SPP constitui um aspecto melindroso que, por um lado, se prende com o regime legal em vigor e, por outro, com as práticas instituídas.

O regime legal em vigor padece de duas dificuldades principais: uma referente à sua estrutura interna que se salda numa indeterminação de conceitos com eventuais contradições, outra de ordem externa à legislação e que é constituída pela inexistência de trabalhos doutrinários e de jurisprudência dos tribunais superiores sobre o assunto.

Algumas considerações sobre as precedentes afirmações:

Uma primeira perplexidade de ordem legal diz respeito a própria natureza jurídica da SPP. O art. 55.º, n.º 1, do Decreto-Lei n.º 265/79, afirma que a SPP não é um direito do recluso. Ora, se não é um direito do recluso que figura jurídica será?

Uma vez que a SPP constitui um benefício para o recluso, sendo entendida como tal pelo beneficiado e pelos restantes operadores do sistema, será possível então afirmar que ela constitui uma mera recompensa.

Recompensa que paradoxalmente é concedida por um juiz.

Não nos parece razoável esta explicação que pode ter sentido noutros ordenamentos jurídicos em que as SPP sejam concedidas pela administração penitenciária, como é, por exemplo, o caso da espanhola (Salgado, 1986; Escamilla, 2002). Ora, o juiz não concede recompensas, nem outorga benesses, antes declara o direito concedendo ou negando uma pretensão jurídica. A recompensa é uma concessão graciosa e discricionária, incompatível com a função jurisdicional.

Afigura-se-nos que a SPP é um verdadeiro direito do recluso, verificados os requisitos legais o recluso tem o direito a gozar a SPP. Sucede que a própria característica legal dos requisitos é indefinida o que permite uma margem de apreciação muito lata. Isto é, a SPP não é automática, no sentido de ser concedida independentemente de ponderação, há-de sempre depender da verificação dos requisitos apreciados no são critério do juiz, uma vez concluído por esses requisitos a SPP não pode deixar de ser concedida.

Mas a indefinição dos requisitos não invalida a existência de um verdadeiro direito por parte do recluso. Será, simplesmente, um direito condicionado à existência ou verificação de requisitos legais com um grau de indefinição porventura acima do desejável mas a discricionariedade judicial é sempre vinculada. Aliás, sendo a reintegração social a finalidade da execução das medidas privativas de liberdade, parece impor-se como um direito o contacto do recluso com o exterior, considerar a SPP mera recompensa era perverter o sentido do sistema de reintegração do recluso na sociedade. Por outro lado, sendo os contactos com o exterior uma necessidade que advém da própria dignidade humana, mal se compreendia que a forma legal que dá corpo às saídas não fosse um verdadeiro direito.

O que o art. 55.º, n.º 1, do Decreto-Lei n.º 265/79, afirma no sentido de que a SPP não é um direito do recluso parece ser de interpretar na vertente de que esta não é automática e obrigatoriamente concedida mas sim depende da verificação e da ponderação de certos requisitos por parte do juiz do TEP.

Concede-se que como direito os respectivos requisitos são demasiado latos, mais parecendo uma expectativa. Também a inexistência de recurso, no caso de ser um direito parece ser uma incoerência do legislador.

No que respeita aos requisitos legais e no caso de o recluso estar em estabelecimento ou secção de regime aberto, existe um marco absoluto, a SPP só pode ser concedida depois de ter cumprido seis meses de medida privativa de liberdade ou um quarto da pena se este prazo lhe for mais favorável (art. 59.º, n.º 1, do Decreto-Lei n.º 265/79). Se este requisito não levanta perplexidades de maior quanto a sua interpretação, já assim não será quanto a sua pertinência e fundamento: sendo a SPP um direito não deve este sofrer restrições que não sejam impostos por outros direitos. Ora, estando o eventual perigo para a sociedade previsto especificamente (art. 50.º, n.º 1, al. c), do Decreto-Lei n.º 265/79) não se vislumbra a razão ou o fundamento dessa imposição. Se a liberdade é a meta a atingir porque razão se impõe um período de reclusão continua obrigatória, e porque seis meses e não três ou dois meses, qual a racionalidade desta imposição. Numa perspectiva racional não parece útil nem eficaz que pretendendo-se a reintegração social do recluso se encete esse desiderato apartando-o de forma continua da própria sociedade. Dificilmente poderá preparar-se alguém para viver em liberdade privando-o dela.

No que diz respeito aos requisitos negativos e começando pela prisão preventiva. Embora possa parecer óbvio que sendo imposta prisão preventiva o recluso não deve ser colocado em meio livre enquanto esta perdurar, importa ponderar que a finalidade da SPP pode não colidir com o motivo que subjaze ao decretamento da prisão preventiva e, portanto, não serem incompatíveis. Em outros ordenamentos jurídicos que até nos estão geograficamente próximos, a prisão preventiva não obsta à concessão da SPP a não ser que o processo na qual se decreta a prisão preventiva o exija especificamente (art. 48.º da Ley Organica General Penitenciaria). Não se trata, portanto, de um assunto pacífico.

O requisito dos seis meses de cumprimento efectivo de prisão é muito questionável, conforme se referiu, seja quanto ao seu fundamento, seja quanto à sua utilidade, seja mesmo quanto à sua dimensão temporal.

Questionável será, ainda, a restrição das SPP aos internados em centro de detenção com fins de preparação profissional acelerada. Desde que não haja incompatibilidade, esta aferida na prática e perante o caso concreto, entre a pretendida preparação profissional e a SPP, o convívio social deve prevalecer.

O regime de semi-detenção e o internamento em estabelecimento de segurança máxima, embora por razões absolutamente diversas parecem ser obstáculos naturais à própria natureza da SPP: a primeira porque não coloca a exigência de reintegração pois não existe quebra com a sociedade, o segundo por razões de segurança para a sociedade. No entanto, até no regime de segurança máxima é possível questionar a correcção do impedimento legal da SPP, tudo depende do tipo de reclusos que se afecte a esses estabelecimentos, a lei não concretiza e na prática pode-se, por razões de necessidade conjuntural, colocar nesses estabelecimentos reclusos que, por exemplo, não fosse a elevada taxa de encarceração melhor estariam noutro tipo de estabelecimento.

Os requisitos previstos no art. 50.º, n.º 1, do Decreto-Lei n.º 265//79, tem a particularidade de todos serem indeterminados, necessitando de ser preenchidos por determinação casuística do juiz. Ora, os conceitos indeterminados podem gerar um grau de incerteza nos destinatários, uma vez que permitem discrepância na sua aplicação, a qual se agrava se forem diversos agentes a aplicar as normas, o que tudo redunda num sentimento de injustiça e de arbitrariedade. Sentimentos que são potenciados no meio prisional dado este ser um meio fechado em que a informação circula rápido e nem sempre de forma fidedigna.

Projectos de alteração da lei

A revisão legislativa neste particular da execução de penas tem sido muito lento. Desde 1998 que já surgiram dois anteprojectos e, por último, foi criada uma Comissão de Estudo e Debate da Reforma do Sistema

Prisional (CEDERSP), com o objectivo de estabelecer "um programa de acção coerente com as exigências legais e com a realidade do sistema prisional" (Portaria n.º 183/2003, de 21 de Fevereiro).

Uma breve reflexão sobre o Anteprojecto de Proposta de Lei de Execução das Medidas Privativas de Liberdade, na versão apresentada pela DGSP no último trimestre de 2002, contém um capítulo – o X.º – dedicado às «Saídas do instituto prisional».

Este Anteprojecto distingue três tipos diversos de saída: regular, especial e necessária.

São saídas regulares: as jurisdicionais, as graciosas, as de preparação para a liberdade e as saídas para actividades.

As saídas jurisdicionais são as concedidas pelo juiz do TEP, isto é, são o correspondente às SPP.

Para se perceber o regime constante do Anteprojecto importa compreender o sistema aí traçado sobre os serviços de execução das medidas penais privativas de liberdade. Assim, o diploma designa por institutos prisionais o que hoje tem o nome genérico de estabelecimentos penais ou, simplesmente, estabelecimentos (art. 157.º do Decreto-Lei n.º 265/79).

São os seguintes os institutos prisionais: centros prisionais, estabelecimentos prisionais e hospital prisional.

No anteprojecto estabelecimentos prisionais são um tipo de instituto prisional.

Os centros prisionais destinam-se a execução da prisão preventiva e, quando fundadas razões de tratamento, ordem e segurança o justifiquem, ao internamento de reclusos em cumprimento de pena de prisão, em regra, não superior a três anos. Os estabelecimentos prisionais são os que se destinam prevalecentemente ao internamento de reclusos em cumprimento de pena de prisão. O hospital prisional destina-se ao internamento de reclusos que careçam de tratamento medico que não possa ser ministrado nos centros e estabelecimentos prisionais de origem.

Os institutos organizam-se por unidades prisionais, podendo dispor de unidades separadas ou diferenciadas.

Em função do seu maior ou menor nível de segurança os institutos são classificados: de segurança, fechados, semiabertos e abertos. De acordo com a sua complexidade os institutos prisionais são classificados em três graus de complexidade crescente: 1.º, 2.º e 3.º grau.

Posto a diferenciação constante do Anteprojecto, refira-se que as saídas jurisdicionais podem ser autorizadas nos seguintes moldes:

- até 16 dias por ano, se recluso afecto a instituto prisional, ou unidade, fechado;
- até 20 dias por ano, se afecto a instituto prisional, ou unidade, semiaberto; e,
- até 28 dias por ano, se afecto a instituto prisional, ou unidade, aberto.

A concessão destas saídas impõe que se verifique cumulativamente:
- afectação do recluso a instituto prisional, ou unidade, fechado, semiaberto ou aberto;
- a condenação transitada em julgado em pena superior a seis meses de prisão;
- o cumprimento de pelo menos um quarto da pena de prisão, que não pode nunca ser inferior a seis meses;
- a inexistência de evasão, ausência ilegítima ou revogação de liberdade condicional, nos doze meses que antecederam o pedido;
- a inexistência de processo pendente em que esteja determinada prisão preventiva.

Cada saída não pode ultrapassar o limite máximo de 4, 5 e 6 dias seguidos, de 3 em 3 meses, consoante o recluso esteja afecto, respectivamente, a instituto prisional, ou unidade, fechado, a instituto prisional, ou unidade, semiaberto, ou a instituto prisional, ou unidade, aberto.

As saídas jurisdicionais não prejudicam a autorização das restantes saídas, não podendo porém ser gozadas cumulativamente.

Em relação ao regime do Decreto-Lei n.º 265/79, o Anteprojecto denota uma preocupação de melhor concretizar os requisitos de autorização de saída, respondendo a uma crítica recorrente, e opera uma alteração nos tempos de concessão das saídas.

Que dizer destas duas alterações?

Não pode deixar dúvida que a concretização de procedimentos pode constituir um passo positivo, vem responder a uma preocupação antiga e repetida no esforço de afastar a discricionaridade; e, quanto à alteração dos tempos da saída, esta seria naturalmente de esperar tendo em consideração o sobredito êxito da medida.

No entanto, os requisitos cumulativos constantes do art. 98.º, n.º 2, do Anteprojecto hão-de depender de um outro: do gizado no plano individual de readaptação e com vista a sua reintegração social (art. 96.º, n.º 1). Ora, uma vez mais o prudente arbítrio do julgador há-de temperar o esforço de concretização.

Isto é, o esforço de concretização pode ser gorado.

Aqui objectivar os critérios passa por jurisdicionalizar esta realidade, assegurando o contraditório e estabelecendo o competente recurso para a 2.ª instância.

No que respeita a alteração dos tempos de saída e atento o propalado grau de sucesso da medida não se pode deixar de considerar avara a nova bitola. Concretizando:
- os 16 dias por ano no regime fechado não alteram o regime precedente;
- os 20 dias no regime semiaberto, os 28 dias no regime aberto são acrescentos de 4 e 8 dias por ano, respectivamente, em relação ao regime precedente.

Considerando que as saídas são gozadas de 3 em 3 meses, não podendo exceder 4, 5 e 6 dias seguidos, consoante o recluso esteja afecto a regime fechado, semiaberto ou aberto, será forçoso reconhecer que a abertura continua a ser estreita, não se aposta na reintegração, por esta via, de forma diferente daquela que em 1976 se consagrou ao introduzir esta medida.

Sobretudo no regime semiaberto e aberto, parece não haver razão para limitar desta forma as saídas, o perigo de insucesso, concretamente perigo para a sociedade, não se põe com a mesma acuidade, de acordo com o tipo de recluso, no regime fechado, daí a limitação carecer de claro fundamento. Não se vê, também, a razão de espaçar, de forma taxativa, trimestralmente a saída, estabelecido que está o tempo máximo anual não seria de deixar ao recluso a gestão desse tempo, podendo assim aproveitar as épocas festivas ou outros eventos do seu interesse, desde que justificasse para aquém dos três meses a sua pretensão. O pouco tempo anual assim espartilhado constitui um muito fraco contributo para a reinserção social e não está provado que a criminalidade aumente ou provenha de forma sensível dos parcos insucessos desta medida, pelo contrário estudos recentes fazem incidir na severidade do regime penitenciário a causa de maior reincidência (Redondo, Funes & Luque, 1994; Central Penitenciaria de Observacíon, 2001). E, a nossa taxa de insucesso é muito baixa, comportando face as taxas de outros países europeus, uma maior percentagem de insucesso perante os benefícios – para o recluso e para a sociedade – que de uma maior abertura carcerária podem advir.

Não deixa de ser preocupante que a Comissão de Estudo e Debate da Reforma do Sistema Prisional, nas recomendações que formula no sentido de alterações da lei, olvide pura e simplesmente as saídas precárias.

Esse silêncio face a uma medida de grande impacto na fase da execução da pena, assume maior estranheza perante o relevo que nessas recomendações é conferido à liberdade condicional, a qual, diz-se, «assegura uma transição menos brusca da reclusão para a liberdade total» (ponto 7.1.4. do Relatório final da CEDERSP).

Assim, estando a Comissão ciente dos «inconvenientes de uma permanência em reclusão por períodos demasiado longos» (idem), é difícil compreender o aludido silêncio até porque importará rever a lei sobre as licenças de saída, de acordo com a filosofia de "abertura das prisões" propugnada pela Comissão.

Bibliografia

Escamilla, M. (2002). *Los Permissos Ordinarios de Salida: Regimen Jurídico y Realidad*. Madrid: Edisofer.
Central Penitenciaria de Observación. (2001). *Estudios e investigaciones de la Central Penitenciaria de Observación*. Madrid: Dirección General de Instituciones Penitenciarias.
Milhano, I. (1977). *O Tribunal de Execução das Penas*. Coimbra: Almedina.
Moreira, J. (2001). «Estatísticas Prisionais 2000». In *Temas Penitenciários*, II, 6&7.
Provedoria da Justiça. (1999). *Relatório da Procuradoria da Justiça sobre o sistema prisional – 1998*. Lisboa: Provedoria de Justiça.
Redondo, S.; Funes, Luque, E. (1994). *Justicia penal y reincidencia*. Barcelona: Fundació Jaume Callís.
Salgado, C. (1986). «Los premissos de salida». In M. Rosal & M. Fernanandez, *Comentarios a la legislacion penal*. VI-2. Madrid: Edersa.
Santos, B. & Gomes, C. (2002). *As Tendências da Criminalidade e das Sanções Penais na Década de 90*. Coimbra: Universidade de Coimbra.

CAPÍTULO IV
LIBERDADE CONDICIONAL

Noção

A liberdade condicional constitui a libertação antecipada mas não definitiva do recluso, após cumprimento de uma parte da pena de prisão em que foi condenado. Tendo como fundamento o princípio resocializador, esta medida pode ser condicionada a diversas obrigações e supõe alguns meios de controlo do liberto condicionalmente.

Sendo uma medida ou figura claramente penitenciaria, a liberdade condicional parece oscilar entre ser um mero incidente ou uma efectiva medida de execução da própria pena privativa de liberdade, havendo quem entenda que assume ambas as formas (Silva, 2000), o que pode ter sentido se o conceito de incidente for considerado numa acepção ampla, abrangendo uma fase específica de um processo, o da execução da pena. Vindo prevista nos artigos 61.º a 64.º do Código Penal, está regulada na sua execução nos artigos 484.º a 486.º do Código de Processo Penal.

A sua actual disposição sistemática não será elucidativa quanto à sua natureza jurídica. Inserida no livro I, título III, do Código Penal subordinado às consequências jurídicas do facto, integra um dos seus capítulos, o das penas, numa subsecção a par de outras como a das penas de prisão e multa, a suspensão da pena de prisão e a de prestação de trabalho a favor da comunidade e admoestação. Não é sem razão que Figueiredo Dias enquadra este instituto como sendo de natureza especial (Dias, 1993).

Pelo cortejo das disposições substantivas e adjectivas acima referidas, bem como face às suas raízes históricas (Dias, 1993) parece que a lei portuguesa encara a liberdade condicional menos como sendo processualmente um incidente, antes considerando-a uma medida de execução da pena de prisão, fazendo parte do normal desenvolvimento cronológico da execução da pena privativa de liberdade, afastando-se assim o conceito que configura a liberdade condicional como uma suspensão da condenação penal. Atente-se na sua inserção sistemática no Código de Processo Penal: constitui um capítulo do título precisamente subordinado à execução da pena de prisão.

Com efeito, a liberdade condicional mais não será do que uma forma privilegiada de cumprir a própria pena privativa de liberdade ou, como certos autores entendem, um modelo alternativo ao normal e tradicional cumprimento da privação de liberdade (Mapelli Caffarena, 1993). Entre nós constitui, mesmo, a forma prevalecente de cumprir a pena de prisão, pois representa percentualmente, de maneira destacada das restantes (Rocha, 2001), a maior descarga das prisões.

Ela constitui uma forma de individualização da pena com vista à resocialização do condenado em pena privativa de liberdade. Mesmo que tal configure uma modificação substancial da pena decretada. Deve, assim, afastar-se a ideia de que esta figura tenha fins de premiar o bom comportamento, apenas e só, do recluso, neste caso seria um mero incidente e não uma medida de execução da sanção privativa da liberdade.

Após a reforma do Código Penal de 72 (Decreto-Lei n.º 184/72, de 31 de Maio), substituindo o instituto da liberdade vigiada, a liberdade condicional retoma a inspiração correccionalista de meados de oitocentos e assume-se como uma forma de execução da pena de prisão. De um cariz moralista, o instituto afastando-se de uma configuração premial, por força do objectivo resocializador, parece assumir na prática uma liberdade sujeita a prova. Neste sentido, o ponto nove da exposição de motivos que precede o Código Penal.

A sua finalidade é, hoje, a de prevenção especial positiva ou de socialização (Rodrigues, 1988; Costa, 1989; Dias, 1993).

Pressupostos

a) Cumprimento efectivo de tempo mínimo absoluto

Para que possa ser concedida a liberdade condicional importa que o agente tenha efectivamente cumprido pena de prisão superior a seis meses. Esta exigência resulta do n.º 2 do artigo 61.º do Código Penal.

Ora, estes seis meses tanto podem resultar de uma única pena superior a seis meses como resultar do cumprimento ininterrupto de penas individualmente inferiores a seis meses mas na sua soma superiores àquele período temporal. O que a lei impõe é que se encontre cumprida de forma continuada a pena de seis meses de prisão efectiva.

b) Cumprimento efectivo de percentagem de tempo em relação à pena

Para além do cumprimento efectivo e ininterrupto de seis meses de prisão, tempo mínimo absoluto, importa que esteja cumprido um tempo mínimo em relação à pena em que o agente foi condenado.

Prescreve o n.º 2 do artigo 61.º do Código Penal que cumprido o tempo mínimo absoluto, o condenado é colocado em liberdade condicional quando se encontrar cumprida metade da pena.

O cumprimento de metade da pena é a regra para a concessão da liberdade condicional. No entanto, ela está condicionada a vários factores. Desde logo à verificação dos requisitos previstos nas alíneas *a)* e *b)* do referido n.º 2, a saber:

«a) For fundadamente de esperar, atentas as circunstâncias do caso, a vida anterior do agente, a sua personalidade e a evolução desta durante a execução da pena de prisão, que o condenado, uma vez em liberdade, conduzirá a sua vida de modo socialmente responsável, sem cometer crimes; e,

b) A libertação se revelar compatível com a defesa da ordem e da paz social.»

Os casos em que apenas se verifique o circunstancionalismo previsto na alínea a) do n.º 2 do artigo 61.º do Código Penal, já não se observa a regra da metade da pena mas sim o cumprimento dos 2/3 da pena.

Por outro lado, importa considerar a excepção contemplada no n.º 4 do mesmo preceito legal a qual retira da regra de metade da pena, exigindo o cumprimento efectivo de 2/3 da pena, as condenações a pena de prisão superior a 5 anos pela prática de crime contra as pessoas ou de crime de perigo comum.

Abundantemente, o Decreto-Lei n.º 15/93, de 22-1, por força do aditamento levado a efeito pela Lei n.º 45/96, de 3 de Setembro, vem desnecessariamente pois já prevista no Código Penal (Rocha, 2000), exigir o cumprimento de 2/3 da pena aquando condenação a pena de prisão superior a cinco anos pela prática de crime previsto nos artigos 21.º a 23.º e 28.º deste Decreto-Lei n.º 15/93.

Existe, por fim, o que na gíria se denomina, impropriamente pois sempre depende do consentimento do condenado, de liberdade condicional "obrigatória" e que vem prevista no n.º 5 do artigo 61.º do Código Penal. De acordo com este preceito, o condenado a pena de prisão superior a 6 anos é colocado em liberdade condicional logo que houver cumprido 5/6 da pena, esta modalidade de libertação condicional surge no direito nacional com a Reforma Prisional de 1936 e justifica-se em considerandos de prevenção especial de socialização (Dias, 1993).

É possível afirmar que a liberdade condicional concedida ao ½ e aos 2/3 da pena são ope judicis, facultativas, por contraposição com a concedida aos 5/6 concedida ope legis.

Se os prazos acima aludidos não suscitam grandes dificuldades no caso de uma condenação a pena única, já se torna motivo de discussão doutrinal e jurisprudencial quando se coloca o problema em relação a diversas penas de prisão.

Como já se referiu, a concessão da liberdade condicional pode ser ao meio da pena, aos 2/3 ou, por fim, aos 5/6 (caso que agora não releva), consoante a verificação de diversas circunstâncias. Cumpre assim distinguir a hipótese de diversas penas parcelares nas quais se aplica um só regime de liberdade condicional, daquela em que coexistem diversos regimes ou modalidades de liberdade condicional.

Se nas diversas penas se aplica, apenas a regra da metade da pena ou, então, tão-só os 2/3 da pena, importa fazer a soma de forma indiferenciada a cada uma delas.

Já no caso de haver penas cujos pressupostos da concessão da liberdade condicional são umas na metade da pena e outras nos 2/3 da pena, cumpre proceder a uma consideração diferenciada relativamente a cada uma delas, aplicando a liberdade condicional no momento em que possa fazê-lo, de forma simultânea, relativamente à totalidade das penas. Isto no caso de não ter havido cúmulo jurídico de penas e as penas se apresentarem para cumprimento sucessivo, este procedimento resulta do disposto no artigo 62.º, n.º 1 e 2, do Código Penal.

No caso de a pena a cumprir resultar de cúmulo jurídico que haja englobado penas de prisão que individualmente obedeçam a diferentes pressupostos temporais de concessão de liberdade condicional, não havendo regulamentação específica sobre o caso, parece ser de aplicar o regime regra, precisamente por ser a regra.

Um outro aspecto que também se prende com a contagem dos prazos diz respeito ao facto de o recluso, no decurso do cumprimento da pena de prisão, ter uma ausência ilegítima, interromperá esta a contagem do prazo dos 5/6 da pena ou, pelo contrário, a ausência é irrelevante, somando-se o período anterior e posterior à ausência ilegítima.

Existe jurisprudência divergente, mesmo ao nível dos tribunais superiores, esta divergência consta, por exemplo, do recente Acordão do Supremo Tribunal de Justiça de 21 de Maio de 2003, publicado na

Colectânea de Jurisprudência, ano XI, tomo II, pág.179 e seguintes, no qual a posição que fez vencimento defende a irrelevância da ausência ilegítima para a contagem dos 5/6, enquanto o voto de vencido afirma a necessidade do cumprimento ininterrupto da pena.

Com o devido respeito pela posição que fez vencimento, não se pode aceitar a irrelevância da ausência ilegítima no cômputo da pena para efeitos de liberdade condicional obrigatória. A tal se opõe a própria razão que fundamenta a liberdade condicional dita de obrigatória; com efeito, a concessão de liberdade antecipada aos 5/6 da pena em penas superiores a 6 anos de prisão tem como desiderato obviar a um período demasiado longo de reclusão, a interrupção da reclusão por efeito de uma ausência ilegítima vai, precisamente, evitar esse período demasiado longo de reclusão. Está esta libertação *ope legis* ligada à ideia da reinserção, uma reclusão muito longa dificulta o reingresso na sociedade mas como se pode seriamente falar em reinserção social perante um recluso que vem de ser recapturado, que não acatou a própria reclusão? A soma das penas, interrompida com uma liberdade ilegítima, opera uma ficção no cumprimento do tempo de clausura efectiva, ela apresenta para efeitos jurídicos um apartar da liberdade que não é real, além de proceder a uma injustiça pois vai colocar no mesmo plano os reclusos prevaricadores e os reclusos que cumprem. Assim, o cumprimento referido no n.º 5 do art. 61.º do Código Penal há-de ser entendido como o cumprimento ininterrupto de 5/6 da pena.

c) Tempo máximo de liberdade condicional

O n.º 6 do artigo 61.º do Código Penal estabelece um prazo máximo de duração da liberdade condicional. Diz o preceito:

> «Em qualquer das modalidades a liberdade condicional tem uma duração igual ao tempo de prisão que falte cumprir, mas nunca superior a 5 anos.»

Significa que a liberdade condicional não pode ser concedida por um período superior a 5 anos, independentemente da duração da pena a que se reporta e da modalidade dos seus pressupostos. Mais significa que o período de concessão da liberdade condicional não pode ser nem mais nem menos do que o tempo de prisão que no caso concreto falte cumprir.

O tempo máximo de 5 anos de liberdade condicional pode ser um limite questionável, sobretudo em penas de duração longa aplicada a delinquentes ocasionais, ao nível estritamente político-criminal pois enquanto lei em vigor o preceito é claro. Não só nos diz que a liberdade condicional nunca é superior a 5 anos como que esta há-de coincidir com o tempo de prisão que falte cumprir. Não tem suporte legal algum a posição que defende a libertação antecipada quando falte mais de 5 anos para o termo final da pena, ele é contra lei expressa, seja quando esta estipula o período de 5 anos, seja quando faz coincidir o período de liberdade condicional com o tempo de prisão que falte cumprir. Por outro lado, o não respeito por este comando conduz a situações paradoxais como seja o de o recluso cumprir a liberdade condicional de, por exemplo, 5 anos e ainda lhe faltar um período de tempo para o fim da pena. Nestes casos, cometendo no aludido período, após os 5 anos mas antes da pena cumprida, um crime que poderia comportar a revogação da liberdade condicional, quais as consequências ao nível da pena ainda não extinta? A revogação da liberdade condicional estaria afastada já que o novo crime fora cometido após o seu termo final.

Em suma, a liberdade condicional conhece no direito português um período mínimo de cumprimento de pena (6 meses), um período máximo de cumprimento de pena quando a condenação ultrapassar os seis anos de prisão (5/6 da pena) e a sua extensão coincidindo com o tempo de prisão, nunca há-de ultrapassar os 5 anos.

d) Consentimento do condenado

Para que seja concedida a liberdade condicional é sempre necessário que pré-exista o consentimento do condenado. Mesmo na liberdade condicional dita obrigatória ela depende do prévio consentimento do recluso, este há-de querer beneficiar da liberdade condicional. O preceito legal é claro, a liberdade antecipada depende sempre, isto é, em qualquer caso, do consentimento do condenado (n.º 1, do artigo 61.º do Código Penal).

Embora seja aconselhável que o consentimento do condenado seja dado de forma expressa perante o Juiz de Execução das Penas competente, pode ser necessário quebrar a desejável imediação o que não impede a concessão da liberdade condicional já que o consentimento pode ser dado por escrito, perante outro juiz ou por outra forma que seja considerada idónea pela autoridade judiciária competente para a sua concessão. O que não pode faltar é a manifestação de vontade do recluso.

e) Prognose favorável

Para que a liberdade condicional seja concedida importa que «seja fundadamente de esperar, atentas as circunstâncias do caso, a vida anterior do agente, a sua personalidade e a evolução desta durante a execução da pena de prisão, que o condenado, uma vez em liberdade, conduzirá a sua vida de modo socialmente responsável, sem cometer crimes», assim o impõe a alínea a) do n.º 2, do artigo 61.º do Código Penal.

Este requisito constitui uma exigência de prognose favorável (Dias, 1993) ou, um pouco na tradição do direito espanhol, uma prognose de excarcelação (Faria, 1960), que incide sobre o comportamento do agente uma vez em liberdade.

O preceito legal enuncia diversos elementos que permitem ao tribunal, emitir um juízo, dentro de uma probabilidade em que o risco se há-de conter dentro dos limites do aceitável, sobre o comportamento futuro do condenado aquando restituído à liberdade.

Para a elucidação, perante o juiz, dos diversos elementos enunciados na lei, muito contribui o trabalho dos serviços de educação junto ao Estabelecimento Prisional e do Instituto de Reinserção Social, no Estabelecimento e junto à comunidade. Mas não só o contributo daqueles limita o tribunal na aferição do juízo de prognose, importa considerar todos os elementos disponíveis, independentemente da fonte e do sentido favorável ou desfavorável.

Este requisito, muito subjectivo e de cariz indeterminado, foi encarado no nosso direito e, de alguma forma ainda o é na prática penitenciária, como um elemento de um sistema premial, esta concepção não é correcta e legal. O direito português não conhece o requisito da boa conduta prisional, como sucede, por exemplo, no direito espanhol. O que releva no direito português é a capacidade do agente em se readaptar à vida social, o bom comportamento prisional poderá ser um indício da capacidade de readaptação mas não é em si um dado concludente daquela. Aliás, a boa conduta penitenciaria é muitas vezes apanágio de indivíduos especialmente perigosos como sejam os psicopatas.

f) Compatibilidade com a defesa da ordem e da paz social

De acordo com a alínea b) do n.º 2 do artigo 61.º do Código Penal, a libertação deve revelar-se compatível com a defesa da ordem e da paz social.

Contudo, o reingresso do condenado pode perturbar a ordem e a paz social, o sentimento de revolta da comunidade pode não ser compatível com a libertação antecipada ou, mesmo, pôr em causa as «expectativas comunitárias na validade da norma violada» (Dias, 1993).

A questão pode colocar-se na suportabilidade social do risco da libertação antecipada, razão pela qual se afirma que a decisão sobre a liberdade condicional deve ser encontrada sob pontos de vista exclusivamente preventivos (Dias, 1993).

g) Caso específico dos reclusos estrangeiros

O Decreto-Lei n.º 4/2001, de 10 de Janeiro, com as alterações do Decreto-Lei n.º 34/2003, de 25 de Fevereiro, regula as condições de entrada, permanência, saída e afastamento de estrangeiros do território nacional. A redacção do artigo 101.º, no seu n.º 5, estabelece:

«Sendo decretada a pena acessória de expulsão, a mesma será executada cumpridos que sejam dois terços da pena de prisão ou, cumprida metade da pena, por decisão do juiz de execução das penas, logo que julgue preenchidos os pressupostos que determinariam a concessão de saída precária prolongada ou liberdade condicional, em substituição destas medidas.»

Esta disposição significa: primeiro, uma libertação antecipada ope legis, isto é, obrigatória, aos 2/3 da pena; segundo, a hipótese de concessão de libertação antecipada cumprida metade da pena, logo que se verifiquem os pressupostos da concessão de saída precária prolongada ou da liberdade condicional, em substituição destas.

Este normativo procede a uma flagrante discriminação positiva dos reclusos estrangeiros.

Com efeito, os reclusos estrangeiros passam a ter a libertação antecipada garantida aos 2/3 da pena por contraposição aos reclusos nacionais que só a têm aos 5/6 da pena e quando a duração desta seja superior a 6 anos; os estrangeiros, independentemente do tipo de crime e, portanto, da modalidade da liberdade condicional, vêm apreciada a sua libertação antecipada ao ½ da pena, sendo os pressupostos de que depende a respectiva concessão – considerando os pressupostos da concessão de saída precária prolongada – menos exigentes do que para os nacionais.

Além das ditas discriminações, existe o facto de o estrangeiro ficar sem qualquer controlo após a libertação antecipada o que não sucede com os nacionais.

Atente-se que a libertação antecipada do recluso estrangeiro nos sobreditos termos não é o mesmo que a libertação condicional embora a esta equivalha. E, é esta equivalência em termos práticos que cria uma discriminação, porventura uma inconstitucionalidade por discriminação positiva.

Natureza jurídica

A liberdade condicional pode ser considerada como um direito do recluso, um verdadeiro direito subjectivo, perante o qual a verificação dos respectivos requisitos legais daria lugar, automaticamente, à libertação antecipada.

Mas também pode ser encarada como uma concessão graciosa, pelo que a sua concessão dependeria da verificação da concorrência dos requisitos legais e de um juízo de oportunidade, isto é, discricionário, por parte da entidade competente para a sua concessão.

O Decreto-Lei n.º 783/76, de 19 de Outubro, regulava a liberdade condicional na secção dos processos graciosos, desta forma fazendo uma opção clara sobre a natureza jurídica do instituto. No entanto, este diploma foi revogado, nesta parte da liberdade condicional, com a entrada em vigor do Código Penal de 82, confira-se o artigo 6.º do Decreto-Lei n.º 400/82, de 23 de Agosto.

A redacção do preceito referente aos pressupostos deste instituto é hoje distinto daquele que originariamente constava do Código Penal de 82. Em qualquer dos casos a lei não toma posição expressa sobre a questão.

Embora de forma pouco convincente, a lei portuguesa parece querer, após a revisão do Código Penal em 95, considerar a liberdade condicional como um direito do recluso. Digo pouco convincente porquanto não estando assegurado o direito ao recurso, como parece não estar pela prática dos Tribunais, a efectivação do direito, na sua plenitude, constitui uma realidade claudicante.

Recentemente, o Supremo Tribunal de Justiça, nomeadamente nos seus Acórdãos de 24 de Abril de 2002 e de 3 de Julho de 2003, este publicado na *Colectânea de Jurisprudência*, ano XI, tomo III, páginas 232 e 233, vem afirmando a recorribilidade das decisões que incidem sobre liberdade condicional.

Em abono de que se esteja perante um direito, surge a actual redacção do preceito que, prevendo os pressupostos (artigo 61.º do Código Penal), impõe a concessão do instituto, verificados os respectivos elementos: «O tribunal coloca o condenado a prisão em liberdade condicional ...» (n.º 2); «O tribunal coloca o condenado a prisão em liberdade condicional...» (n.º 3); «... é colocado em liberdade condicional...»; no subsequente artigo 62.º também se contêm idênticos comandos. Comando que é imperativo, não configurando uma mera faculdade, dependendo de um juízo de oportunidade, a qual seria expressa mediante o adverbio «poderá...».

Aliás, a redacção inicial do artigo 61.º consignava «... podem ser postos em liberdade condicional...». No entanto, a alteração da redacção primitiva para a actual não encontra justificação nas Actas da Comissão Revisora do Código Penal, podendo ser falaciosa a interpretação referida supra.

Por outro lado, a lei estabelece no Código Penal e no Código de Processo Penal uma disciplina minuciosa sobre os prazos e procedimentos a que há-de obedecer a concessão daquela medida, este rigor não seria necessário se a liberdade condicional constituísse uma medida graciosa, a decidir segundo critérios de oportunidade. E menor cabimento teria a disposição sobre a renovação da instância (artigo 486.º do Código de Processo Penal) no caso de prevalecer o critério da oportunidade ou o juízo de discricionaridade, pois aqui seria o juiz a decidir da conveniência da apreciação da medida e não a lei a impor prazos para o efeito.

Por fim, a recente doutrina do Supremo Tribunal de Justiça no sentido da recorribilidade da decisão que recaia sobre a liberdade condicional. Com efeito, o artigo 127.º do Decreto-Lei n.º 783/76, de 29 de Outubro, deve ser articulado com as disposições do Código de Processo Penal, nomeadamente o seu artigo 399.º que estabelece como princípio geral, no âmbito dos recursos, a recorribilidade de todas as decisões proferidas no âmbito desse Código e nele não se declare expressamente a irrecorribilidade, como é o caso das decisões que concedem ou negam a liberdade condicional, assim o dito artigo 127.º deve ter-se neste particular por revogado.

Na prática do Tribunal de Execução de Penas, a liberdade condicional é encarada como um processo gracioso, desde logo os próprios processos são autuados como GLC, isto é, Gracioso de Liberdade Condicional mas esta prática poderá resultar da simples manutenção de hábitos que se prendem com procedimentos advindos da própria criação dos Tribunais de Execução de Penas, isto é, o próprio Decreto-Lei n.º 783/76, de 19 de Outubro, sem qualquer tipo de fundamento para determinação da natureza do instituto.

Já não apenas por tradição mas por decisão assumida do Tribunal da Execução de Penas, existe, até esta data, a prática da irrecorribilidade das decisões sobre liberdade condicional.

A questão coloca-se por não ser ainda aceite na prática da execução das penas o direito ao recurso, o que actualmente constituirá uma aberração jurídica e uma falha grave no ordenamento penitenciário português; e, ainda, porque os requisitos subjectivos para a concessão da liberdade condicional, ao contrário dos objectivos que são facilmente determináveis, têm características muito indeterminadas, recorde-se o prognóstico favorável de reinserção social do condenado, o que permite que se entenda a decisão do juiz como baseada num juízo de discricionaridade.

Essa indeterminação, potenciada pela inexistência na prática de recurso o qual consolidaria a jurisprudência, balizando a dita indeterminação, concede ao instituto um grau de subjectividade no momento da sua concretização que aparentemente o aproxima de uma concessão graciosa.

Trata-se, portanto, de uma questão em aberto e que conviria ser clarificada, sobretudo no que respeita ao direito ao recurso, pelas implicações práticas que acarreta ao nível do ordenamento penitenciário e jurídico-penal.

Procedimento de concessão

O processo da apreciação e concessão da liberdade condicional é da competência do Tribunal de Execução de Penas e não do juiz da condenação. Cobrindo o território nacional existem Tribunais de Execução de Penas em Lisboa, Porto, Coimbra e Évora, estando a sua competência territorial prevista nas leis da organização judiciária.

O Tribunal da Execução de Penas competente é o que detém a competência territorial sobre o estabelecimento prisional onde o recluso se encontra.

O processo inicia-se com a remessa ao Tribunal de Execução das Penas competente da certidão da sentença condenatória.

Sendo vários arguidos, deve o Ministério Público junto do tribunal da condenação remeter tantas certidões quantos os arguidos pois os processos para execução das penas são individuais.

A cópia da sentença, como refere o texto legal, deve ser remetida no prazo de cinco dias após o trânsito em julgado (artigo 477.º, n.º 1, do Código de Processo Penal). Sucede que frequentemente as sentenças são remetidas ao Tribunal de Execução de Penas sem que haja trânsito em julgado, embora essa prática tenha conveniência ao nível prisional, esclarecendo a posição processual do recluso, e por essa razão existe a disposição contida no n.º 4 do artigo 477.º do Código de Processo Penal, ela não cumpre o comando legal no que respeita à remessa ao Tribunal da Execução de Penas.

Recebida a certidão no Tribunal da Execução de Penas, após distribuição, se houver, o processo é levado ao juiz a fim de que este verifique quaisquer questões de que importe conhecer, enuncia o cômputo da pena que poderá ser da sua responsabilidade no caso de haver, por exemplo, soma de penas e estabelece o primeiro momento da apreciação da liberdade condicional.

Até dois meses antes da data para apreciação da liberdade condicional, os serviços prisionais remetem ao Tribunal da Execução das Penas relatório dos serviços técnicos prisionais sobre a execução da pena e o comportamento prisional do recluso e, ainda, parecer fundamentado sobre a liberdade condicional, redigida esta pelo director do Estabelecimento Prisional.

Neste mesmo prazo, os serviços do Instituto de Reinserção Social enviam ao tribunal um relatório contendo uma análise dos efeitos da pena na personalidade do recluso, do seu enquadramento familiar e profissional e da sua capacidade e vontade de se readaptar à vida social, bem como outros elementos relevantes para a apreciação da liberdade condicional.

Não estando limitado àqueles elementos, o tribunal oficiosamente ou a requerimento do Ministério Público ou do recluso, solicita quaisquer outros elementos ou realiza qualquer diligência que seja de interesse para a decisão.

Um desses elementos é o plano individual de readaptação, a elaborar pelos serviços do Instituto de Reinserção Social, plano este obrigatório sempre que o condenado se encontre preso há mais de cinco anos.

Por seu turno, o Ministério Público junto do Tribunal da Execução de Penas emite parecer sobre a concessão da liberdade condicional, com antecedência de dez dias em relação à data da apreciação.

O Juiz de execução de penas, após reunião do Conselho Técnico, ouve o recluso a fim de se inteirar pessoalmente da personalidade deste bem como seus projectos de vida e, o que é incontornavel, obter o seu consentimento para libertação antecipada. O não consentimento, independentemente da razão que o fundamente, desde que livre e consciente, impede a concessão da liberdade condicional.

O despacho que deferir a liberdade condicional descreve os fundamentos da concessão, especifica o período da duração, enumera as regras de conduta ou outras obrigações que o liberto condicionalmente há-de observar.

Por remissão do artigo 63.º do Código Penal, podem ser impostas ao libertado condicionalmente regras de conduta (artigo 52.º), regime de prova (artigo 53.º, n.º 1 e 2) ou um plano individual de readaptação social (artigo 54.º).

Importa, ainda, levar em conta na sentença alguns procedimentos formais enumerados nos n.º 3 *in fine*, 4 e 5 do artigo 485.º do Código de Processo Penal.

Revogação da liberdade condicional

Se o liberto condicionalmente deixar de cumprir, com culpa, algum dos deveres que lhe tenham sido impostos aquando a concessão da liberdade condicional, o tribunal pode revogar-lhe a liberdade condicional. Tal resulta do disposto no artigo 55.º por remissão do artigo 63.º, ambos do Código Penal.

Será, no entanto, obrigatoriamente revogada quando no decurso do período de liberdade condicional o liberto venha infringir grosseira ou repetidamente os deveres ou regras de conduta impostos ou o plano individual de readaptação social ou cometer crime pelo qual venha a ser condenado, e revelar que as finalidades que estavam na base da libertação antecipada não puderam, por meio dela, ser alcançadas. Este regime decorre do disposto no artigo 56.º, n.º 1, por remissão do artigo 63.º, ambos do Código Penal.

O processo de revogação da liberdade condicional corre por apenso ao processo que concedeu a liberdade condicional.

A revogação da liberdade condicional determina como consequência inelutável a execução da pena de prisão ainda não cumprida, isto é, a que se conta a partir da concessão da liberdade condicional até ao termo da pena (artigo 64.º, n.º 2, do Código Penal).

Relativamente à pena de prisão que vier a ser cumprida, como resultado da revogação da liberdade condicional, pode ter lugar nova concessão de liberdade condicional, verificados que estejam os pressupostos e a duração previstos no artigo 61.º do Código Penal.

Renovação da instância

Quando a liberdade condicional for revogada e a prisão houver ainda de prosseguir por mais de um ano, são remetidos novos relatórios e pareceres, nos termos do artigo 484.º do Código de Processo Penal.

Tal parece significar que a lei pretende ver apreciada a liberdade condicional anualmente, a partir do momento em que a sua apreciação seja admissível. Se é assim no caso da revogação da liberdade condicional, não se vê porque não o possa ser no caso de indeferimento da liberdade condicional.

Sabemos que há que advogue que a liberdade condicional deixou de ser apreciada anualmente uma vez admissível, isto por ter sido revogado, nesta parte, o Decreto-Lei n.º 783/76, de 19 de Outubro de 1976, que no seu artigo 97.º impunha o reexame da liberdade condicional de doze em doze meses, contados desde o meio da pena.

Para quem entende estar afastada a apreciação anual, a liberdade condicional seria, tão-só, apreciada ao ½ ou aos 2/3 da pena, consoante o caso, e depois aos 5/6 da pena, sendo ela indeferida na primeira apreciação.

Não nos parece razoável a posição que elimina a apreciação da liberdade condicional anualmente a partir da sua admissibilidade, não por subsistência do artigo 97.º do Decreto-Lei n.º 783/76, de 19 de Outubro de 1976, mas por força do disposto no artigo 486.º do Código de Processo Penal o qual impondo o regime da anuidade após a revogação da liberdade condicional não pode discriminar positivamente os que prevaricaram pese a obtenção do benefício em detrimento daqueles a quem o benefício não chegou a ser concedido.

Por outro lado, além da solução estritamente jurídica, a apreciação anual surte um efeito benéfico na população prisional, a renovação da apreciação e, assim, possível libertação antecipada redunda num investimento que se reflecte ao nível do comportamento prisional e propósitos de socialização.

Reflexão final

Como já se referiu, a liberdade condicional constitui a forma prevalecente de descarga nas prisões portuguesas. Sem este mecanismo o sistema prisional, já assim sobrecarregado, atingiria níveis de sobrepopulação incomportáveis.

Pese esse papel regulador do sistema, ocupado pela liberdade condicional sem que seja esse a sua razão de ser, afigura-se-nos que os pressupostos deste instituto são demasiado apertados, deixando ao juiz pouca "margem de manobra" a fim de responder com justiça à multiplicidade de situações.

Com efeito, não se percebe, por exemplo, o estabelecimento do prazo máximo de 5 anos de libertação antecipada. Sobretudo no caso de certo tipo de crimes como sejam os crimes passionais a que venha a corresponder uma pena concreta muito elevada. Considerando que o cometimento do crime resultou da conjugação de circunstâncias irrepetíveis e que a personalidade do agente não requer preocupações no domínio do criminal, que sentido tem o cumprimento de 10, 12 ou mais anos se a pena for de 15 ou de 17 anos, para não referir penas mais longas. A partir de determinado período de encarceramento carece de sentido mantê-lo, não há razões, nomeadamente de prevenção que o justifiquem.

Cumpre referir que na prática da execução das penas se conhecem decisões que não fazem coincidir o tempo máximo de 5 anos com o tempo de prisão que falte cumprir, originando libertações antecipadas superiores a 5 anos. Além da ilegalidade manifesta, estas decisões suscitam um multiplicidade de problemas jurídicos, por exemplo, o problema do remanescente da pena para além dos 5 anos cobertos pela liberdade condicional, que fazer se o liberto antecipadamente comete um crime antes de findo o tempo de prisão que falte cumprir mas depois do período da liberdade condicional? Para além das questões jurídicas, recorde-se as assimetrias no sistema penitenciário provocadas por esta disparidade de entendimentos. Atente-se que na prática não se exerce o direito ao recurso, sendo insindicáveis as aludidas decisões.

Também a exigência de cumprimento de 2/3 da pena em certas circunstâncias, além de não estar de acordo com o princípio da igualdade, constitui um requisito sem justificação porquanto se havia de conferir ao juiz de execução das penas a obrigação de distinguir os casos que só seriam de libertar aos 2/3 e não fazê-lo de forma geral. Considerando, para ilustrar a afirmação precedente, que o crime de tráfico de estupefacientes é o responsável por a maior percentagem de presos (Rocha, 2001) e que neste crime a libertação antecipada está dependente do cumprimento efectivo de 2/3 da pena, importa referir que dentro do esquema do tráfico de estupefacientes existem plúrimas formas de participação e se alguns comportamentos justificam maior encarceramento, outros dispensam um lapso como seja o que equivale aos 2/3, em penas que já de si são longas, pelo que melhor seria atribuir ao juiz de execução das penas a tarefa de distinguir de acordo com o merecimento de cada caso.

Um outro aspecto incontornável nesta temática é o do direito ao recurso. Entende-se que com a entrada em vigor do Código de Processo Penal de 1987, o artigo 127.º do Decreto-Lei n.º 783/76, de 29 de Outubro, está revogado e, assim, afastada a irrecorribilidade das decisões que concedam ou neguem a liberdade condicional. Com efeito, as decisões que concedam ou neguem a liberdade condicional, estando previstas no Código de Processo Penal – e por isso afastadas do regime estabelecido no Decreto-Lei n.º 783/76, de 29 de Outubro (por força do disposto no artigo 2.º do Decreto-Lei n.º 78/87, de 17 de Fevereiro) –, obedecem ao princípio geral da recorribilidade.

No entanto, esta posição que se entende como sendo a mais correcta não é, actualmente, sufragada pela generalidade dos magistrados em funções na execução das penas. Será possível, admite-se, defender a irrecorribilidade das referidas decisões numa interpretação que não tendo em consideração o disposto no artigo 2.º do Decreto-Lei n.º 78/87, de 17 de Fevereiro, afirme que as decisões que concedam ou neguem a liberdade condicional estão previstas no artigo 400.º, n.º 1, alínea g), do Código de Processo Penal, por força da subsistência do artigo 127.º do Decreto-Lei n.º 783/76, de 29 de Outubro.

De qualquer forma, a questão merece a atenção do legislador, até porque o regime estabelecido no Código de Processo Penal não está em sintonia com o regime penitenciário.

Em síntese: a manutenção do desiderato da reinserção social passa, entre outros factores, por fornecer ao magistrado da execução das penas "margem de manobra" suficiente para adequar as soluções com justiça e oportunidade o que significa, no particular da liberdade condicional, abolir restrições legais como o período máximo de 5 anos ou a exigência do cumprimento dos 2/3 da pena; além de uma disciplina de liberdade condicional mais flexível, importa consignar de forma inequívoca a recorribilidade nas decisões que concedam ou neguem a liberdade condicional, além de garantir um direito para quem está privado de liberdade, dando sentido ao disposto no artigo 32.º, n.º 1, da Constituição da República Portuguesa, a doutrina dos tribunais superiores permitirá sedimentar conceitos restringindo o preenchimento dos requisitos subjectivos para a concessão da liberdade condicional, que ao contrário dos objectivos facilmente determináveis, têm características muito indeterminadas.

Estas são algumas das questões, outras existem a merecer tanto ou mais destaque. Cumpre encetar uma reflexão responsável.

Importa ao legislador fazer opções claras neste domínio.

Bibliografia

COSTA, A. (1989). «Passado, Presente e Futuro da Liberdade Condicional». *Boletim da Faculdade de Direito Coimbra*, 65.

DIAS, J. (1993). *Direito Penal Português. As Consequências Jurídicas do Crime*. Lisboa: AEQUITAS.

FARIA, J. (1960). Liberdade Condicional. *Boletim da Administração Penitenciária e dos Institutos de Criminologia*, 6.

MAPELLI CAFFARENA, B. (1993). Normas penitenciarias en el Anteproyecto de Código Penal de 1992. In AAVV, *Política criminal y reforma penal. Homenaje a la memoria del profesor Dr. D. Juan del Rosal*. Madrid: Editorial Revista de Derecho Privado.

ROCHA, J. (2000). «Tráfico de Estupefacientes e Liberdade Condicional». *R.P.C.C.*, 10, 1.º, 95-109.

―――― (2001). Aplicação das penas: reflexões práticas. *Temas Penitenciários*, II, 6 & 7, 15-21.

RODRIGUES, A. (1988). «A Fase de Execução das Penas». *Boletim do Ministério da Justiça,* 380, 5-58.

SILVA, G. (2000). *Curso de Processo Penal III* (2.ª ed.). Lisboa: Verbo.

CAPÍTULO V
INIMPUTÁVEIS PERIGOSOS

A pena, entendida num sentido retributivo e dentro de uma concepção clássica do direito penal, não constitui a resposta adequada aos factos praticados por agentes inimputáveis, quer em razão da idade, quer em razão de anomalia psíquica. Em ambos os casos, a pena é inaplicável porque não se verifica um dos pressupostos fundamentais para a sua aplicação: o da imputabilidade ou capacidade de culpa do autor do facto punível.

Como ensina Figueiredo Dias (2001), a culpa é um pressuposto necessário e suficiente da aplicação da pena; passando a conter em si a censura de um comportamento humano, por o agente ter actuado contra o dever, quando podia ter optado por actuar de outra forma, isto é, de acordo com o dever.

Assim, a imputabilidade deixa de ser um mero pressuposto da atribuição subjectiva e psicológica do facto ao agente, para se tornar elemento integrante e não autónomo da capacidade do agente para se deixar motivar pela norma no momento do facto.

Neste contexto histórico, discutiu-se entre as escolas de direito penal se a pena devia ter uma finalidade retributiva ou de defesa, chegando-se no plano legislativo à solução de compromisso de introduzir novas sanções penais, para além das penas, fundadas na perigosidade criminal do sujeito.

Deste modo, surgiram as medidas de segurança como uma nova forma de resposta punitiva por parte do Estado, sendo o estado de perigosidade criminal do sujeito o seu específico pressuposto de aplicação, e a sua finalidade exclusiva a de prevenção especial, constituindo assim um marco do novo sistema de sanções do moderno direito penal. (Agustín Barreiro, 2000)

Note-se, porém, que a medida de segurança é diversa do internamento compulsivo, o qual vem previsto na Lei n.º 36/98, de 24 de Julho, também denominada de Lei de Saúde Mental.

O internamento compulsivo visa o tratamento do doente e não tem como pressuposto a prática de um facto típico e ilícito, mas apenas a existência de uma situação em que o doente, por força dos problemas psíquicos que o afectam, cria o perigo para si ou para terceiros.

Embora a perigosidade seja pressuposto nos dois casos, quanto às medidas de segurança, as quais têm uma finalidade de natureza preventiva, o legislador foi mais longe e exigiu que o perigo se manifestasse na prática de um facto típico e ilícito. (Leones Dantas, 1998)

Quanto ao internamento, este fundamenta-se na existência de uma anomalia psíquica grave e na recusa do tratamento médico adequado.

Nos termos do artigo 12.º/1 da Lei n.º 36/98, a anomalia psíquica deve determinar o seu portador à criação de uma situação de perigo para bens jurídicos próprios ou de terceiro.

Esta criação de perigo pode reportar-se a bens do próprio doente, uma vez que o Estado não pode permitir a destruição inconsciente dos cidadãos.

Quanto ao perigo para bens jurídicos, este existe sempre que seja detectada uma potencialidade efectiva de lesão desses mesmos bens jurídicos por parte do portador de anomalia psíquica, ou seja, quando se verifique um fundado receio de que o agente possa vir a praticar factos que possam colocar em perigo esses bens jurídicos.

O perigo não se basta com a potencialidade em abstracto de que um determinado comportamento possa vir a ocorrer, porque se assim fosse o mesmo existiria sempre. É necessária, pois, uma potencialidade específica, numa óptica de perigo abstracto, em que a probabilidade da ocorrência de uma determinada conduta tem um conteúdo real, directamente relacionado com aquele agente em concreto, em virtude do seu tipo de anomalia psíquica e dos dados da ciência médica que relacionam a sua agressividade com os interesses protegidos.

Esta potencialidade específica, em que a probabilidade da ocorrência de uma determinada conduta está directamente relacionada com o agente em concreto compreende-se, uma vez que o conceito de perigosidade inclui três elementos fundamentais: a personalidade criminal, a situação perigosa e a representação e reacção sociais dominantes. (Celina Manita, 1997)

O artigo 22.º da Lei n.º 36/98 prevê o internamento urgente associado à noção de perigo plasmada no artigo 12.º/1 do mesmo diploma, mas afasta as situações do n.º 2 do artigo 12.º, por não ser compatível com os casos de evolução relativamente prolongada. Contudo, aqui o legislador exige que o perigo tenha passado da mera potencialidade da lesão dos bens jurídicos para a eminência dessa mesma lesão. Estamos perante um nível de perigo situado na área do perigo concreto, na base da qual são construídos os crimes de perigo concreto e, por isso mesmo, a intervenção através do internamento se torna urgente.

O regime de internamento aqui consagrado foi já considerado como excessivamente dependente dos moldes do direito penal, o que levou a pensar que este diploma trataria os doentes como se fossem arguidos, confundindo a natureza tutelar da medida de internamento com o regime penal das medidas de segurança.

Ora, o recurso ao sistema jurídico penal, permitiu estender ao internamento compulsivo aspectos fundamentais do regime de garantias construído no direito penal, estando em causa a utilização desse sistema de garantias para a protecção do doente e não para o confundir com um arguido no âmbito de um processo penal.

Acresce que, uma vez que o direito penal constitui direito constitucional aplicado, foi neste ramo do direito que se construíram e sedimentaram esses princípios que agora se vislumbram, tais como o direito à liberdade e o princípio da proporcionalidade, por se tratar de restrições aos direitos fundamentais.

Voltando agora às medidas de segurança para inimputáveis perigosos, que constituem o cerne deste breve estudo, as mesmas se justificam pelo facto de existirem situações em que o agente inimputável revela um grau de perigosidade tal que a sociedade tenha que defender-se, prevenindo o risco da prática futura de factos criminosos. Ainda aqui, porém, a ideia de utilidade e da necessidade não pode justificar sempre a defesa da sociedade, nem permitir o recurso a quaisquer espécies de medidas. Com efeito, toda a legitimidade da defesa, para além da sua necessidade, afere-se pela sua proporcionalidade.

A aplicação das medidas de segurança, além de ter como fundamento a perigosidade social do agente, deve obedecer aos princípios da legalidade, da tipicidade e da proporcionalidade.

O princípio da legalidade na aplicação das medidas de segurança, paralelo ao da legalidade na aplicação das penas, decorre dos artigos 29.º/1 da Constituição da República Portuguesa e 1.º/2 do Código Penal.

O princípio da tipicidade resulta da exigência da prática de um facto formalmente ilícito como necessária para justificar a aplicação da medida de segurança.

O princípio da proporcionalidade – "a medida de segurança só pode ser aplicada se for proporcionada à gravidade do facto e à perigosidade do agente" – obtém consagração expressa no Código Penal somente em 1995 (artigo 43.º/3), não obstante o artigo 18.º da CRP consagrar o princípio da proporcionalidade em sentido amplo em matéria de limitação de direitos fundamentais. Este princípio encontra-se actualmente aflorado nos artigos 91.º e 92.º do Código Penal e 18.º/2 e 30.º/2 da CRP.

De acordo com este princípio, torna-se condição necessária para a aplicação de uma medida de segurança que o agente revele, através da sua conduta ilícita, o perigo de, no futuro, vir a cometer novos factos ilícitos. Além disso, não deve ser aplicada a medida de segurança mais gravosa quando, através de outras menos gravosas, se puder realizar a protecção adequada dos bens jurídicos face à perigosidade que o agente revela. Daqui pode ainda retirar-se um outro princípio que decorre do princípio da proporcionalidade: o princípio da subsidiariedade das medidas de segurança.

O n.º 1 do artigo 91.º do Código Penal exige dois pressupostos de aplicação da medida de segurança de internamento de agente inimputável por anomalia psíquica: a prática de um facto típico e ilícito e o fundado receio de que o agente venha a cometer outros factos da mesma espécie por virtude da anomalia psíquica. Nestes dois pressupostos vai incidir o Princípio da proporcionalidade.

O Princípio da proporcionalidade incide também sobre a suspensão da execução do internamento (medida de segurança não privativa da liberdade, prevista no artigo 98.º do Código Penal), a cessação da sanção (artigo 92.º do Código Penal), a concessão da liberdade para prova (artigo 94.º), e a suspensão ou revogação da medida anteriormente decretada, por via do reexame da sanção (artigo 96.º). (Cristina Monteiro, 1997; Maria João Antunes, 2002)

A alteração de 1995 estabelece, assim, um paralelismo entre penas e medidas de segurança, no que respeita à aplicação do princípio da proporcionalidade.

O artigo 91.º/1 dá uma noção ampla de "anomalia psíquica", abrangendo todos os casos de perturbação da consciência, e, por isso mesmo, também os consumidores de estupefacientes, desde que incluídos na previsão do artigo 20.º do Código Penal e desde que exista a necessária perigosidade.

O n.º 2 do artigo 91.º justifica-se por particulares razões de tranquilidade social, servindo também de travão a possíveis tentativas de simulação de estados de inimputabilidade como meio de o agente se subtrair ao cumprimento da pena.

Quanto ao artigo 92.º do Código Penal, verificamos que o seu n.º 3 constitui uma excepção ao n.º2.

Com efeito, por via do n.º 3 permite-se, em certos casos aí especificados, sucessivas prorrogações do internamento até que cesse o estado de perigosidade criminal que lhe deu origem, podendo suceder, no extremo, que um internado o venha a ficar perpetuamente, o que nos coloca várias dúvidas acerca da sua constitucionalidade.

É certo que, durante muito tempo, foi entendimento generalizado que as medidas de segurança, uma vez que dependiam da perigosidade concreta do agente, deveriam ser indeterminadas, tendo a duração necessária para o tornar socialmente inofensivo (Vitor Faveiro, 1952).

Ora, essa característica da indeterminação temporal colidia com os princípios do Estado de Direito, da legalidade e da proporcionalidade, o que levou à necessidade de estabelecer um limite máximo de duração das medidas de segurança, como se pode verificar com a redacção dada pela Lei n.º 3/71, de 16 de Agosto, ao n.º 11 do artigo 8.º da Constituição da República Portuguesa de 1933, e com a redacção dada pelo Decreto-Lei n.º 184/72, de 31 de Maio, ao artigo 67.º do Código Penal.

O n.º 11 do artigo 8.º da Constituição estabelecia a proibição de "(...) penas ou medidas de segurança privativas ou restritivas da liberdade pessoal com carácter perpétuo, com duração ilimitada ou estabelecidas por períodos indefinidamente prorrogáveis, ressalvadas as medidas de segurança que se fundem em anomalia psíquica e tenham um fim terapêutico" (sublinhado nosso).

Tal ressalva originou a previsão do artigo 68.º do Código Penal, na redacção dada em 1972, no sentido de poder ser aplicada aos agentes imputáveis, criminalmente perigosos em razão de anomalia mental, a medida de segurança de internamento em manicómio criminal, depois da pena ter sido prorrogada por 2 períodos sucessivos de 3 anos, se tal perigosidade criminal do recluso se tivesse mantido.

Quanto aos agentes inimputáveis, o internamento em manicómio criminal cessaria apenas quando o tribunal verificasse a cessação do estado de perigosidade criminal resultante da afecção mental (§ único do artigo 68.º).

Acontece, porém, que o próprio actual artigo 30.º/2 da CRP consagra precisamente essa possibilidade, que pode até conduzir a uma medida de segurança perpétua, desde que se ressalvem, como o Código Penal ressalva, as exigências constitucionais do estado de perigosidade como pressuposto da sua aplicação, da sujeição de prorrogação ao princípio da necessidade e ainda da reserva de decisão judicial para essa mesma prorrogação.

Deste modo, vários autores (Fernanda Palma, 2001) chamam a atenção para a possível perpetuidade das medidas de segurança.

Relativamente ao artigo 94.º, que prevê a liberdade para prova, pode colocar-se a questão de saber se esta fase de liberdade para prova ainda se inclui ou não na execução da medida de segurança de internamento. Parece-nos tratar-se de uma fase de transição para a plena liberdade, embora com a assistência social adequada, uma vez que ainda está posta à prova, e sujeita à eventual revogação, embora dentro da execução da medida de segurança.

Quanto ao artigo 98.º, que regula os pressupostos e o regime da suspensão da execução do internamento, demonstra, através do seu n.º 6 b), que existe um paralelismo acentuado entre a suspensão da medida de segurança de internamento de inimputável e a liberdade para prova de inimputável (art. 94.º do Código Penal). Mas enquanto que a suspensão da execução da medida de internamento pode em regra ser decretada ab initio, ressalvando-se o caso do artigo 98.º/2, não sendo obrigatoriamente decretada, a liberdade para prova é em regra obrigatória, ressalvando-se o caso de a duração máxima do internamento ter sido atingida, não podendo ser decretada ab initio.

Por último, considerando que a finalidade das medidas de segurança é reagir contra a perigosidade do agente, teremos que concluir que esta perigosidade, como pressuposto necessário da sua aplicação, deverá existir no momento em que tais medidas se aplicam. Sendo assim, as mesmas não podem ser aplicadas retroactivamente. A aplicação da lei que prevê tais medidas é, pois, sempre, de aplicação imediata (Beleza dos Santos, 1950-51).

Bibliografia

AGUSTÍN JORGE BARREIRO, *As medidas de segurança aplicáveis aos doentes mentais no C P espanhol de 1995*, RPCC, 2000

ANTÓNIO LEONES DANTAS, *Notas sobre o internamento compulsivo na Lei da Saúde Mental*, RMP n.º 76, 4.º trimestre 1998

BELEZA DOS SANTOS, *Direito Criminal (delinquentes perigosos)*, lições coligidas por ANTÓNIO ARCHER LEITE, AMÉRICO SIMÃO TOMAZ DE ALMEIDA e LUIZ GONZAGA ROQUE JERÓNIMO, Coimbra, 1950-1951

CELINA MANITA, *Personalidade criminal e perigosidade: da "perigosidade" do sujeito criminoso ao(s) perigo(s) de se tornar objecto duma "personalidade criminal"...*, RMP n.º 69, 1.º trimestre 1997

CRISTINA LÍBANO MONTEIRO, *Perigosidade de inimputáveis e "in dubio pro reu"*, Boletim da Fac. Direito, *Studia Iurídica* 24, Coimbra Editora, 1997

FIGUEIREDO DIAS, *Temas básicos da doutrina penal – sobre os fundamentos da doutrina penal sobre a doutrina geral do crime*, Coimbra Editora, 2001

MARIA FERNANDA PALMA, *Tribunal Penal Internacional e Constituição Penal*, RPCC, Jan – Mar 2001; também in *Casos e Materiais de Direito Penal*, Almedina, 2002

MARIA JOÃO ANTUNES, *Medida de segurança de internamento e facto de inimputável em razão de anomalia psíquica*, Coimbra Editora, 2002

VITOR FAVEIRO, *Prevenção criminal – medidas de segurança*, Coimbra Editora, Lda, 1952.

RECLUSÕES, NÚMEROS E INTERROGAÇÕES

João Luís de Moraes Rocha
Juiz Desembargador

Isabel Tiago Oliveira
Professora Auxiliar, ISCTE

Nota Prévia

A Direcção-Geral dos Serviços Prisionais, dando execução ao disposto no n.º 3, do art. 57.º do Decreto-Lei n.º 265/79, de 1 de Agosto, procedeu a uma investigação sobre as licenças de saída prolongada, vulgo saídas precárias.

Essa investigação teve início em 2002, tendo encerrado a fase da recolha no terreno em meados desse mesmo ano.

A recolha de dados foi levada a efeito por uma equipe de psicólogos a qual, previamente à entrevista, preencheu uma breve grelha documental de contextualização de cada entrevistado, esta com base em elementos escritos existentes nos diversos Estabelecimentos Prisionais.

A recolha, respeitando o carácter voluntário da participação dos reclusos e a confidencialidade das respostas, é composta por entrevistas a 102 indivíduos reclusos nos seguintes Estabelecimento Prisionais: Alcoentre, Caxias, Funchal, Linhó, Lisboa, Monsanto, Sintra, Vale de Judeus, Hospital Prisional S. João de Deus, Tires, Angra do Heroísmo, Horta, Caldas da Rainha, Montijo, Ponta Delgada, Policia Judiciária de Lisboa. Estes Estabelecimentos compõem a área de competência territorial do Tribunal de Execução das Penas de Lisboa.

Os primeiros oito Estabelecimentos são classificados de Estabelecimentos Prisionais Centrais; S. João de Deus e Tires são Estabelecimentos Prisionais Especiais; e, os restantes seis são Estabelecimentos Prisionais Regionais.

Dos 102 elementos da amostra, 89 referem-se a casos de sucesso após uma saída precária e 13 são de insucesso, ou seja, não regresso voluntário ao Estabelecimento Prisional após a data do termo da saída precária.

Os números dos casos de sucesso, bem como dos casos de insucesso, são proporcionais à totalidade dos sucessos e insucessos daquela medida nos anos de 2000 e 2001, anos estes de que no momento do início da investigação se possuía dados ao nível nacional. No entanto, potenciou-se o número de entrevistas na população feminina e nos casos de insucesso a fim de fornecer um número de casos suficiente para ilustrar aquelas realidades propiciando uma abordagem qualitativa mais rica.

Também a quantidade de entrevistas em cada estabelecimento prisional observou, em termos de percentagem, o número de saídas precárias concedidas em cada estabelecimento. Percentagem que não sofreu alteração mercê da sobredita potenciação.

Os reclusos entrevistados foram aqueles que anuíram em o fazer de entre os reclusos que, no momento da deslocação dos entrevistadores ao estabelecimento prisional, por último haviam regressado, no caso de sucesso, ou haviam sido recapturados, no caso de insucesso.

O objecto do presente trabalho é o de analisar estatisticamente as entrevistas dos reclusos. Feita essa análise, comparar os resultados mais impressivos com os da totalidade da população reclusa. Por fim, retirar algumas considerações.

Porque a recolha incidiu sobre as denominadas saídas precárias, o trabalho insere uma breve informação sobre esta figura jurídica.

A saída precária prolongada

A saída prolongada, designada na sua origem histórica de saída precária prolongada (Spp), constitui uma medida que se traduz na saída do recluso de estabelecimento prisional, na fase da execução da pena, introduzida no direito português pelo Decreto- Lei n.º 783/76, de 29 de Outubro.

O Decreto- Lei n.º 783/76, de 29 de Outubro, veio a sofrer com o decorrer dos anos diversas alterações, sendo especialmente relevante as introduzidas pelo Decreto- Lei n.º 265/79, de 1 de Agosto, com as alterações dos Decretos- Lei n.º 49/80, de 22 de Março, e n.º 414/85, de 18 de Outubro.

Este último diploma substitui a antiga designação de Spp por licença de saída prolongada, nomenclatura que na gíria prisional não vingou, mantendo-se o nome de saída precária prolongada, saída precária ou, simplesmente, precária.

Ao longo do trabalho utilizaremos a expressão Spp ou precária, sobejamente utilizadas no quotidiano prisional, ao invés de licença de saída prolongada pois, além de obstar a confusões com outras medidas que lhe estão próximas, na prática esta última expressão, como se referiu, não vingou no meio prisional.

O regime da Spp resulta do disposto no Decreto-Lei n.º 265/79, de 1 de Agosto, com as alterações dos Decreto-Lei n.º 49/80, de 22 de Março, e n.º 414/85, de 18 de Outubro, e, ainda, do próprio Decreto-Lei n.º 783/76, de 29 de Outubro, dado que este não foi totalmente revogado, conforme resulta do expresso no art. 225.º do Decreto-Lei n.º 265/79.

A Spp constitui, numa noção sumária, a saída temporária do estado de reclusão facultada pelo Juiz de Execução das Penas, verificados que estejam certos requisitos legais.

Esta medida não é a única licença de saída do recluso, existem outras licenças de saída do estabelecimento, estas da competência da Direcção-Geral dos Serviços Prisionais ou do director do estabelecimento prisional, chamadas na lei vigente de licenças de saída e, na gíria, por razões de legislação anterior, de saídas de curta duração.

Existem duas hipóteses distintas para a concessão da Spp: a de licença de saída de estabelecimento ou secção de regime aberto e a de licença de saída de estabelecimento ou secção de regime fechado.

A diferença entre estabelecimento aberto e estabelecimento fechado é feita com base no critério da menor ou, então, maior segurança do estabelecimento (art. 159.º do Decreto-Lei n.º 265/79); podem ainda, dentro da mesma classificação, existir estabelecimentos de segurança máxima e estabelecimentos mistos.

No caso de estabelecimento ou secção de regime aberto, as Spp podem ser concedidas aos condenados a penas de duração superior a seis meses quando tenham cumprido efectivamente um quarto da pena. A concessão poderá ser até dezasseis dias por ano, seguidos ou interpolados.

Estando o recluso internado em estabelecimento ou secção de regime fechado, a Spp depende do cumprimento de um quarto da pena, cumpridos seis meses de pena privativa de liberdade ou de medida de segurança privativa de liberdade, conforme seja o caso. Tem a duração máxima de oito dias e pode ser renovada de seis em seis meses. Sendo a pena relativamente indeterminada, o quarto da pena determina-se em relação ao crime mais severamente punido.

A Spp constitui uma primeira fase do processo de libertação do recluso, ela só deve ser concedida se favorecer a sua reintegração social.

Como medida que se inscreve no processo de reabilitação social do recluso, os dias de Spp não são descontados na medida privativa de liberdade, nem interrompem a pena, contam como se fossem dias de cumprimento de pena, salvo no caso de revogação da própria Spp.

Há luz do desiderato fundamental da medida, surgem as restrições constantes do art.º 52.º do Decreto-Lei n.º 265/79. Assim, não podem beneficiar de Spp os reclusos sujeitos a prisão preventiva, os que estejam em cumprimento de penas de duração inferior a seis meses, os que estejam em regime de semidetenção, os internados em centros de detenção com fins de preparação profissional acelerada e, ainda, por um outro tipo de razão que não o de reintegração social, os internados em estabelecimentos de segurança máxima.

Quanto à impossibilidade decorrente da prisão preventiva, ela significa que o recluso não pode beneficiar de Spp caso a pena que cumpre não tenha transitado em julgado e, ainda, enquanto existam outros processos que lhe demandem prisão preventiva.

A impossibilidade decorrente do cumprimento efectivo de seis meses de prisão comporta uma especificidade, pois em concreto, pode abranger penas de tempo inferior a seis meses desde que a soma do seu cumprimento sucessivo ultrapasse os seis meses, tempo reputado mínimo pelo legislador para se colocarem preocupações de reintegração social.

O regime de semidetenção não coloca preocupações de reintegração social pois o recluso não está totalmente apartado da vida em sociedade.

Os internados em centros de detenção com fins de preparação profissional acelerada não devem ver interrompida a sua preparação profissional pois esta visa, precisamente, a sua reintegração social.

Os internados em estabelecimentos de segurança máxima não podem gozar de Spp por razões de segurança social.

Além dos requisitos negativos e do desiderato último da medida, a lei indica (art.º 50.º do Decreto- Lei n.º 265/79) determinados factores que se devem ter em conta e ponderar aquando a apreciação da concessão da Spp, assim: a natureza e gravidade da infracção, a duração da pena, o perigo que possa advir para a sociedade do eventual insucesso, a situação familiar do recluso e ambiente social onde este se vai integrar quando a saída, a evolução da personalidade do recluso ao longo da execução da reclusão.

A Spp só pode ser concedida com o consentimento do recluso, na prática este comando significa que aquela só se aprecia uma vez solicitada pelo próprio recluso.

Embora a decisão de conceder ou indeferir pertença ao juiz, o pedido de Spp é apreciado em Conselho Técnico do estabelecimento (art.º 24.º, n.º 1, do Decreto-Lei n.º 783/76, de 29 de Outubro), podendo o magistrado consultar outras autoridades além das penitenciárias, faculdade com especial acuidade nos casos em que falte informação sobre o local onde o recluso pretenda gozar a Spp ou existam dúvidas quanto à situação jurídica deste.

O despacho de concessão ou de indeferimento, como despacho judicial que é, deve ser fundamentado e o recluso a ele deve ter acesso, caso especificamente previsto para o indeferimento: «há-de conhecer os seus motivos» (art. 55.º, n.º 1, do Decreto-Lei n.º 265/79).

A Spp pode obedecer, quando concedida, a determinadas condições previamente fixadas pelo juiz; são verdadeiras obrigações que visam o êxito da medida e devem ser estabelecidas casuisticamente.

Se o recluso não regressar ao estabelecimento dentro do prazo determinado na concessão da Spp e não provar o justo impedimento, a licença de saída poderá ser revogada por despacho judicial.

Justo impedimento será qualquer acontecimento normalmente imprevisível e alheio à vontade do recluso que impossibilite de facto o regresso atempado ao estabelecimento, esse acontecimento sempre será apreciado pelo juiz de acordo com o seu prudente arbítrio.

O não cumprimento das condições fixadas na concessão da Spp pode originar a revogação ou, então, mera advertência, de acordo com a gravidade do facto e culpa do recluso.

Uma vez revogada a Spp, será descontado no cumprimento da pena o tempo que o recluso esteve em liberdade, o tempo da própria precária e o demais que antecedeu a sua recaptura ou regresso ao estabelecimento.

A revogação implica a não concessão de nova Spp sem que decorra, no mínimo, um ano sobre o ingresso na reclusão.

Embora as despesas com o gozo da Spp devam ser suportadas pelo recluso, caso este não disponha de fortuna suficiente, pode a administração penitenciaria participar, total ou parcialmente, nas despesas de transporte.

Esta participação da administração penitenciária vem consignada no art. 56.º, n.º 2, do Decreto- Lei n.º 265/79, e radica na constatação de que aquela providência sendo um ensaio para a liberdade condicional e, portanto, reinserção social do recluso, não deve ser limitada por razões económicas.

Aliás, o legislador ciente da importância desta medida vem expressamente incentivar a colaboração da sociedade para melhor funcionamento do sistema, promovendo a divulgação dos seus resultados através da comunicação social, e proclamando a necessidade de estudos criminológicos e penitenciários (art. 57.º do Decreto-Lei n.º 265/79).

Do que sumáriamente se expôs, será possível concluir que sendo os entrevistados beneficiários de saída precária e sendo esta medida dependente de restrições e condições, a população sujeita às entrevistas há-de provavelmente diferir da população prisional na sua totalidade.

Análise Estatística das Entrevistas aos Reclusos que beneficiaram de Licença Precária

A pesquisa tem como objectivo uma primeira caracterização dos reclusos que beneficiaram de licença precária e está estruturada em três pontos. O primeiro, trata da caracterização da amostra e comparabilidade entre esta e a população prisional contemporânea àquela; a segunda parte, refere-se à situação prisional da amostra; e, finalmente, o último ponto refere-se a algumas das questões relativas às licenças precárias.

Os dados referentes à população prisional geral foram retirados das estatísticas oficiais do Ministério da Justiça (Ministério da Justiça, 2000) e da Direcção-Geral dos Serviços Prisionais (D.G.S.P., 2000).

1. A amostra analisada e comparabilidade com a população prisional geral

Como já foi referido, este estudo baseia-se na análise de 102 entrevistas feitas a reclusos que tinham beneficiado de saída precária e procurou-se que a composição da amostra reflectisse de forma proporcional a aplicação da medida na população prisional (Rocha, 2004). Tendo, por isso, sido tomada em atenção a importância relativa dos vários estabelecimentos prisionais, bem como de cada um dos sexos.

Porque a amostra tinha por referência a concessão das saídas precárias, não mereceram destaque na sua selecção variáveis que são importantes para caracterizar a população prisional como seja: as diferentes faixas etárias, os graus de instrução, o tipo de crime e o tempo de pena atribuída.

A comparação entre a amostra e a população prisional é efectuada tendo em conta os dados de 2000 sobre as licenças precárias por estabelecimento prisional e as estatísticas de 2002 publicadas pela Direcção--Geral dos Serviços Prisionais, por serem as mais próximas da data da realização das entrevistas, as quais foram realizadas entre Janeiro e Agosto de 2002 e, destas, a grande maioria (98) decorreram entre Abril e Agosto de 2002.

Esta caracterização, feita pelas estatísticas oficiais, tem como base toda a população prisional (preventivos e condenados) e não apenas os reclusos já condenados e, por isso, em condições de beneficiarem de licença precária.

Também só os reclusos condenados em penas superiores a 6 meses de prisão efectiva são abrangidos na amostra.

Neste sentido, a comparação é apenas indicativa visto que a população em estudo é apenas uma parte da população prisional.

Apesar desta limitação, a comparação com as estatísticas oficiais constitui a única forma de averiguar sobre a comparabilidade, face ao universo recluído, da amostra dos inquiridos.

De notar, ainda, que nem sempre os totais apontados pelas estatísticas oficiais são iguais em todas as variáveis para os quais foram classificados, em parte porque em alguns casos estava apenas especificada a população prisional já condenada (não considerando aqui os reclusos em prisão preventiva), noutros casos provavelmente por lacunas de informação. É também de destacar que as categorias utilizadas nesta comparação, apenas as oficiais, não são em muitos dos casos as mais adequadas para a análise das questões do presente estudo mas constituem a ùnica hipótese de proceder à pretendida análise.

Nesta análise foram, por vezes, acrescentadas outras categorias e utilizadas várias outras questões para as quais não é possível fazer uma comparação mas permitem um melhor conhecimento da realidade prisional ao nível da inserção familiar, escolar, social...

Um dos primeiros pontos a analisar é a comparação entre a amostra de reclusos entrevistados e o conjunto de presos aos quais foi atribuída uma saída precária.

Os dados utilizados quanto ao sistema prisional foram os referentes ao ano de 2000, naquela data os últimos disponíveis.

Esta primeira comparação tem como referência os dois critérios utilizados na definição da amostra: a importância relativa dos estabelecimentos prisionais e os dois sexos.

Quadro n.º 1 – Reclusos com Saídas Precárias por Estabelecimento

Estabelecimentos Prisionais	População Prisional	%	Amostra	%
Alcoentre	793	23,2	21	20,6
Caxias	143	4,2	6	5,9
Funchal	158	4,6	5	4,9
Linho	346	10,1	10	9,8
Lisboa	381	11,1	10	9,8
Monsanto	122	3,6	5	4,9
Sintra	351	10,3	10	9,8
Vale de Judeus	165	4,8	8	7,8
HPS João Deus	34	1,0	3	2,9
Tires	671	19,6	8	7,8
Angra do Heroísmo	35	1,0	2	2,0
C. Apoio da Horta	15	0,4	2	2,0
Caldas da Rainha	53	1,6	3	2,9
Montijo	51	1,5	4	3,9
Ponta Delgada	86	2,5	3	2,9
P Judiciaria de Lisboa	14	0,4	2	2,0
Total	3418	100.0	102	100.0

O quadro anterior permite verificar como na amostra a importância dos diferentes estabelecimentos prisionais respeita a estrutura existente na população prisional que beneficiou de licenças precárias concedidas nos estabelecimentos prisionais abrangidos na competência do Tribunal de Execução de Penas de Lisboa.

Importa referir que o Tribunal de Execução de Penas de Lisboa em 2000 tinha 11690 processos entrados e 6945 processos pendentes, enquanto no Tribunal de Execução das Penas de Coimbra apenas entraram 3636, estando pendentes 1921; no Porto 5576 entrados e 3769 pendentes; e, no de Évora 3432 entrados e 2139 pendentes. O que significa que Lisboa tinha um total de 12384 processos, Coimbra 5557, Porto 9345 e Évora 5571. Em termos percentuais Lisboa tem 37,6% da totalidade dos processos de execução das penas ao nível nacional.

A maior representação da amostra em pequenos estabelecimentos, não sendo significativa, é devido a se ter evitado proceder a uma única entrevista nesse estabelecimento, o que respeitaria a proporção, e realizando duas como foi levado a efeito, existe uma ligeira sobre-representação.

Na tabela seguinte compara-se a importância relativa de homens e mulheres na população prisional e nos reclusos que foram entrevistados.

Quadro n.º 2 – Importância dos dois sexos

Sexo	População Prisional	%	Amostra	%
Homens	12660	91.9	93	91.2
Mulheres	1112	8.1	9	8.8
Total	13772	100	102	100

Tal como anteriormente, podemos verificar que as percentagens na população prisional e na amostra são muito próximas, pese a sobredita diferença na selecção da amostra.

2. Caracterização Sócio-Demográfica da Amostra

Idade

Considerando mais uma vez as categorias publicadas nas estatísticas oficiais, podemos comparar, tendo como referência a idade, a população prisional com a amostra que foi inquirida.

Quadro n.º 3 – Estrutura Etária

Idade	População Prisional	%	Amostra	%
de 16 a 18 anos	326	2.4	0	0.0
de 19 a 24 anos	2134	15.5	10	9.8
de 25 a 39 anos	7771	56.4	63	61.8
de 40 a 59 anos	3199	23.2	28	27.5
60 e mais anos	342	2.5	1	1.0
Total	13772	100	102	100

É possível verificar que os escalões mais jovens se encontram sub-representados na amostra e se verifica, pelo contrário, um maior peso dos escalões entre os 25 e os 59 anos.

São, no entanto, diferenças que não parecem demasiado fortes e que podem estar relacionadas com o facto dos mais jovens terem penas detentivas mais baixas e, por isso, não poderem beneficiar de licenças precárias.

Além da comparação com a população prisional global, podemos verificar que os inquiridos têm idades entre os 21 e os 64 anos, com um valor médio de 35.3 anos e um desvio padrão de 9.5, pelo que se pode considerar que a idade é razoavelmente concentrada sobre a média.

No entanto, este "envelhecimento" da população visada na Spp é um elemento a merecer ponderação. Se a Spp constitui um dado importante na resocialização do recluso, até que ponto não é preocupante apartar esta medida da população reclusa mais jovem. Será que o sistema privilegia o suposto êxito da precária em detrimento do benefício da medida na resocialização dos mais jovens?

Embora não haja entre nós, por enquanto, estudos sobre a reincidência – aspecto fundamental na problemática penal e prisional –, de acordo com estudos levados a efeito além fronteiras (Redondo, Funes & Luque, 1994), o baixo nível etário dos reclusos está relacionado com uma maior taxa de reincidência, esta realidade, sem comprovação científica entre nós, é do conhecimento do sistema prisional, pelo que pode existir uma assumida restrição das Spp aos reclusos de mais baixo nível etário.

Residência

Relativamente à residência, há apenas um caso não classificado. As situações mais frequentes são as de Lisboa e Grande Lisboa, respectivamente com 30 e 39 casos (38.6% e 29.7%). Com bastante importância surge também a região Centro e as Ilhas com 13 e 10 casos (12.9 e 9.9%), sendo quase residuais em importância dos reclusos provenientes do Porto e do Algarve (4 e 5 casos, respectivamente 4.0 e 5.0%).

Gráfico n.º 1 – Residência dos reclusos inquiridos na amostra

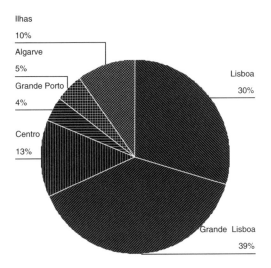

Estes dados, recorde-se, reflectem a população afecta aos estabelecimentos prisionais da área de competência do Tribunal de Execução de Penas de Lisboa.

Profissão e Escolaridade dos Reclusos

Na abordagem destas variáveis surgem algumas dificuldades derivadas da classificação das diversas categorias, apesar disso consideram-se as seguintes situações.

Dos 97 reclusos cuja profissão foi classificada, a grande maioria tem uma profissão Manual (66, o que corresponde a 68.0%) e os restantes trabalha nos Serviços (31 casos que correspondem a 32.0%).

Gráfico n.º 2 – Profissão dos reclusos inquiridos na amostra

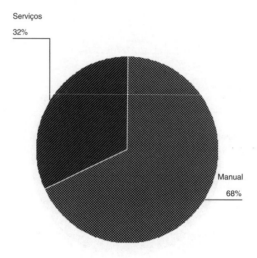

Os reclusos inquiridos neste estudo tinham graus de escolaridade que variavam entre o mínimo de 3 (correspondendo à 3ª classe) e a um máximo de 12 (12º ano), havendo, no entanto, 8 inquiridos cuja situação se desconhece.

No gráfico seguinte é possível verificar a distribuição das diferentes situações no conjunto da amostra.

Gráfico n.º 3 – Anos de Escolaridade dos reclusos inquiridos na amostra

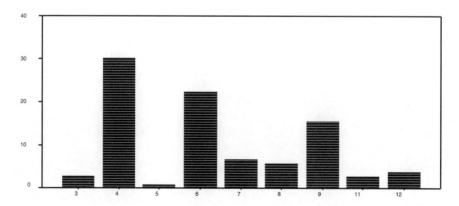

Podemos afirmar que terminaram o 4.º ano de escolaridade 31 reclusos (33%), fizeram o 6.º ano de escolaridade 23 (24.5%), chegaram ao 9.º ano 16 reclusos (17%), têm o 11.º ano 3 (3.2%) e o 12.º ano 4 (4.3%) reclusos.

Dos inquiridos, 61.7% estudou menos ou até ao 6.º ano de escolaridade e 75.5% têm uma escolaridade até ao 8.º ano no máximo. Apenas 24.5% têm, pelo menos, o 9.º ano de escolaridade completo.

Família: Estado Civil e Filhos

As estatísticas oficiais não nos dão informação relativa á vida familiar dos reclusos, mas pareceu-nos importante caracterizar a amostra recolhida agora, sem o objectivo de averiguar sobre a sua proporcionalidade face á população prisional, em função do estado civil de da existência de filhos.

Gráfico n.º 4 – Estado civil dos reclusos inquiridos na amostra

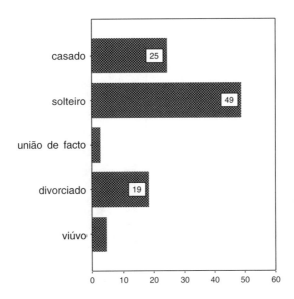

A maioria dos reclusos são solteiros 50 (49%), a outra situação mais frequente é a de casados (25 casos, mais 3 se considerados também os que vivem em união de facto; ou seja – 24.5 ou 26.5), os divorciados são também uma fracção importante 19 (18.6%).

Podemos ainda acrescentar que, relativamente ao estado civil os reclusos de ambos os sexos apresentam situações similares. Relativamente ao sexo masculino, a situação mais frequente é a de solteiros (46, corresponde a 50%), seguidas da situação de casado (22, corresponde a 24%) e de divorciado (17, correspondentes a 18%). Nas mulheres, predominam as solteiras (4 das 9 inquiridas), logo seguidas das casadas (3 das 9 inquiridas).

Ainda relativamente à vida familiar pode observar-se que 54 dos inquiridos têm filhos (52.9%). Pareceu também importante perceber como se conjuga a situação de ter filhos com o estado civil e com o sexo, como se pode observar nos gráficos seguintes.

Gráficos n.º 5 e 6 – Reclusos com e sem filhos segundo o sexo e o estado civil

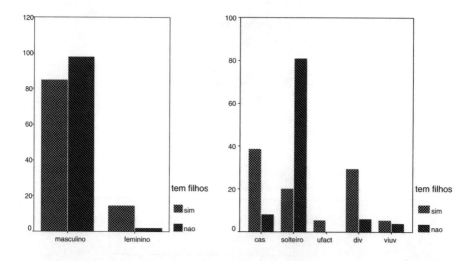

Dos 54 reclusos que têm filhos, são casados ou vivem em união de facto 21 (40%), são divorciados 16 (30%), solteiros são 11 (20%), sendo as outras situações menos frequentes.

Relativamente à comparação entre os homens e as mulheres inquiridos encontram-se grandes diferenças. Apenas cerca de metade dos homens inquiridos têm filhos (46, o que corresponde a 49.5%), mas no caso das mulheres a grande maioria têm filhos (8 das 9 inquiridas).

Este dado mereceria ser explorado, porventura averiguar que tipo de crime está relacionado com os indivíduos casados e, ainda, averiguar a motivação do crime, a idade, a condição sócio-economica. O relacionamento destas variáveis talvez nos permitisse alcançar alguns resultados pertinentes.

Grupo Étnico

Gráfico n.º 7 – Grupo étnico dos reclusos

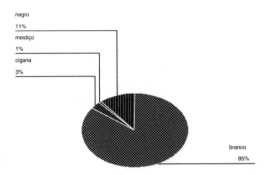

A grande maioria dos reclusos é de raça branca: 87 (85.3%), e apenas 12 (11.8%) são negros ou mestiços e encontram-se apenas 3 casos de ciganos (2.9%).

Poderia ser pertinente averiguar as nacionalidades dos reclusos entrevistados, embora possam existir fortes restrições, senão impedimento legal à concessão de Spp a reclusos de nacionalidade estrangeira (Rocha, 2001; Rocha & Gomes, 2004).

3. Situação jurídico-penal e prisional

Prosseguindo a comparabilidade possível entre a amostra e a população prisional, importa analisar as questões relativas à situação jurídico-

-penal e prisional dos reclusos, nomeadamente o crime por que foram condenados, a pena atribuída, a existência de outras condenações, processos pendentes.

Crimes

No gráfico seguinte podemos observar a percentagem de reclusos inquiridos na amostra segundo o tipo de crime.

Gráfico n.º 8 – Tipologia delitiva dos reclusos entrevistados

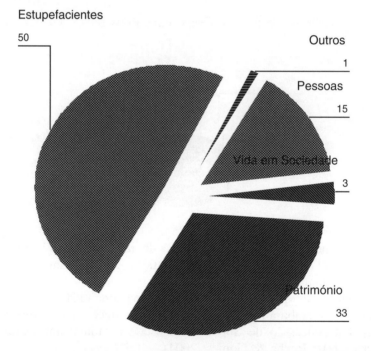

Tal como anteriormente foi referido, a comparação entre a população passível de beneficiar de licença precária e a amostra inquirida terá de ser entendida com limitações, uma vez que as estatísticas disponíveis se referem a toda a população de condenados não apenas aos reclusos em circunstâncias de beneficiarem destas saídas.

Quadro n.º 4 – Crimes porque foram condenados os reclusos entrevistados e na população prisional

Idade	Pop. Prisional Condenada	%	Amostra	%
Contra Pessoas	1803	18.9	15	14.7
Contra a vida em Sociedade	215	2.3	3	2.9
Contra o Património	3431	35.9	33	32.4
Relativos a Estupefacientes	3967	41.5	50	49.0
Outros crimes	137	1.4	1	1.0
Total	9553	100	102	100

Relativamente à importância relativa dos vários tipos de crimes podemos observar que se encontram ligeiramente sub-representados os crimes contra as pessoas e sobre-representados os crimes relativos a estupefacientes. Nas restantes variáveis podemos constatar uma estabilidade entre os dois grupos.

A disparidade assinalada merece algumas considerações: será que o tipo de crime pressupõe um tipo de personalidade que propicia por parte do sistema uma maior confiança quanto ao sucesso da Spp; estará o tipo de crime associado à idade e, desta forma, à credibilidade do sistema no sucesso ou, então, insucesso da medida. Questões a merecer estudo e reflexão.

Pena atribuída

Relativamente às penas atribuídas, mais uma vez se colocam questões sobre os limites da comparação entre a amostra e a população prisional, uma vez que as licenças precárias pressupõe o cumprimento efectivo de, no mínimo, 6 meses de prisão efectiva e, em principio se dirigem fundamentalmente a penas maiores, razão pela qual a população prisional condenada é distinta da população prisional a quem se dirigem as licenças precárias.

Quadro n.º 5 – Pena atribuída aos reclusos entrevistados
e à população prisional condenada

Pena de Prisão	Pop. Prisional Condenada	%	Amostra	%
até 6 meses	169	1.8	0	0
de 6 m a 3 anos	1777	18.8	5	4.9
de 3 a 9 anos	5674	60.2	78	76.5
mais de 9 anos	1811	19.2	19	18.6
Total	9431	100	102	100

A comparação entre a população prisional condenada e a amostra recolhida revela que na amostra, como seria de esperar, não se encontram reclusos com penas inferiores a 6 meses de prisão, que as penas entre 6 meses e 3 anos também se encontram sub-representadas na amostra. A categoria de penas entre 3 e 9 anos encontra-se sobre-representada em consequência das situações anteriores.

Apesar das diferenças encontradas é possível que a amostra seja relativamente proporcional à população prisional a quem são dirigidas as licenças precárias, justamente porque nem todos os reclusos condenados são potenciais beneficiários de licenças precárias.

Ainda relativamente às penas atribuídas aos reclusos, podemos acrescentar que na amostra as penas atribuídas variam entre um mínimo de 1 ano (12 meses) e o máximo de 19 anos (228 meses). Em média, a pena atribuída é de 7 anos e 6 meses (77.96 meses), sendo aqui o desvio padrão de 47.2 meses, o que revela uma distribuição com muita dispersão relativa.

Condenações, Prisões Anteriores e Processos Pendentes

Outro dos aspectos analisados refere-se a história "jurídica" dos reclusos (antecedentes criminais), nomeadamente ao facto de terem outras condenações ou processos pendentes e de ser ou não a primeira vez que se encontram presos, assim como o número de estabelecimentos prisionais pelos quais já passaram (percurso penitenciário).

Gráfico n.º 9 – Percentagem de reclusos entrevistados
com outras condenações

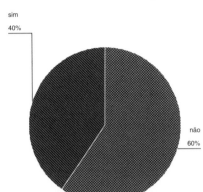

A maioria dos reclusos que beneficiou de licença precária não tinha outras condenações além da que cumpria 61 (59.8%), mas uma parte significativa têm também outras condenações pretéritas 41 (40.2%).

Gráfico n.º 10 – Percentagem de reclusos entrevistados que estão presos pela primeira vez

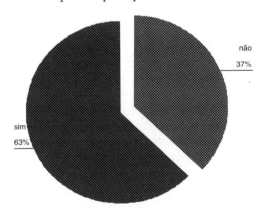

A maioria dos reclusos encontra-se preso pela primeira vez 64 (62.7%) e apenas 38 (37.3%) já tinha estado preso anteriormente.

Parece, assim, que a reincidência, no sentido amplo ou abrangente do cometimento de uma nova acção delitiva após uma condenação penal, é um factor negativo na concessão da Spp, embora não seja um impedimento.

Gráfico n.º 11 – Percentagem de reclusos entrevistados com processos pendentes

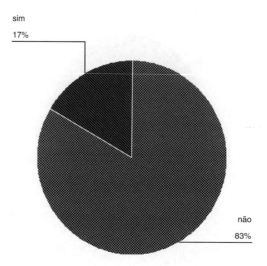

Relativamente a processos pendentes, apenas 17 (16.7%) dos reclusos inquiridos aguarda o desfecho de algum processo na justiça, enquanto a maioria (83.3%) não.

A existência de processos pendentes pode constituir uma dificuldade para a concessão da Spp – sem referir a questão da concessão de Spp a quem por força da nova condenação deixa de ter o tempo mínimo para dela beneficiar (art. 59.º e 61.º do Decreto-Lei n.º 265/79, de 1 de Agosto) –, perante a iminência de ver a sua pena acrescida, com o desfecho do processo pendente, o recluso será mais fortemente tentado a não regressar, pelo que o juiz corre um risco acrescido ao conceder a dita medida em circunstâncias de pendência de processos crime. No entanto, pode haver processos pendentes referentes a crimes a que correspondem apenas pena de multa ou, então, penas de prisão cuja moldura pressupõe a conversão da prisão em multa ou, ainda, são de diminuta privação de liberdade por comparação com a pena que o recluso cumpre, pelo que se pode justificar a concessão da Spp.

Gráfico nº 12 – Número de estabelecimentos prisionais anteriores

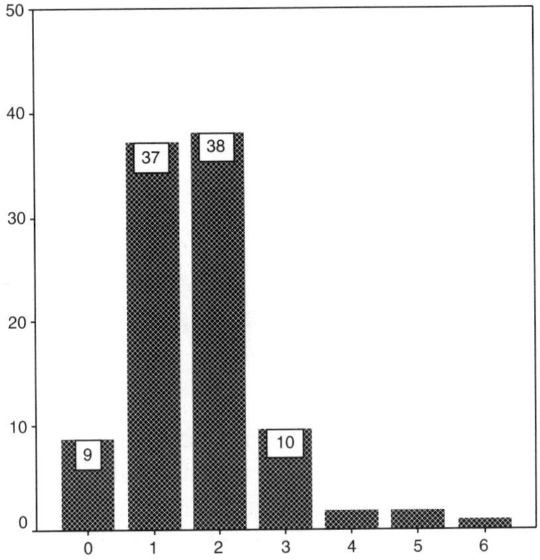

Dos inquiridos 9 (8.8%) nunca mudaram de estabelecimento prisional, 38 (37.3%) já esteve noutro estabelecimento, 39 (38.2%) já se encontra no 3º estabelecimento prisional, 10 (9.8%) já está no 4ª estabelecimento prisional. Apenas 5 inquiridos já estiveram em mais que 4 estabelecimentos.

A mobilidade da população reclusa obedece a diverso tipo de razões, sendo esta gestão feita pela Direcção-Geral dos Serviços Prisionais. A prevalência de reclusos em mais do que um estabelecimento é considerado normal na prática penitenciária porquanto o ingresso no sistema prisional é, em regra, feito em estabelecimentos que comportam presos preventivos e o cumprimento efectivo da pena é levado a efeito noutro estabelecimento apenas para cumprimento efectivo de pena. Esta prática é a considerada a correcta pelas Regras Penitenciárias Europeias, Recomendação n.º R (87) 3 adoptada pelo Comité de Ministros do Conselho da Europa, em 12 de Fevereiro de 1987.

Opiniões sobre a Pena Atribuída e sobre o Tipo de Saída

Nem todos os inquiridos responderam à pergunta se concordavam com a pena que lhe foi aplicada. Dos 96 que o fizeram, 60 (62.5%) não concorda e 36 (37.5%) concordam com a decisão tomada pela justiça.

Gráfico n.º 13 – Concordância com a pena atribuída

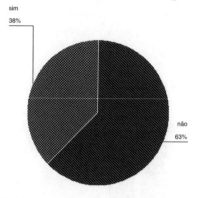

A não concordância com a pena pode deixar ficar algumas reservas sobre o regresso do recluso aquando a precária. Em princípio a rejeição da pena não se compatibiliza com a licença de saída. Este particular é, no entanto, objecto de estudo específico a inserir em ulterior volume da presente publicação, fica a constatação da clara prevalência da discordância dos reclusos em relação à pena que concretamente lhes foi aplicada.

Expectativas sobre o momento da saída definitiva

Dos 88 inquiridos que responderam á pergunta "Como pensa sair?", 65 (73.9%) afirmaram que em liberdade condicional e 23 (26.1%) de forma definitiva, no fim da pena.

Gráfico n.º14 – Importância relativa das saídas condicionais e definitivas

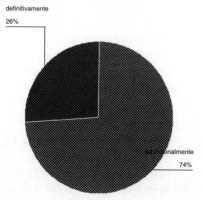

Esta resposta merece algumas considerações.

Primeira, a de que sendo os entrevistados beneficiários de Spp é natural que tenham a expectativa em vir a merecer de liberdade condicional. A Spp constitui como um teste para ulterior concessão de liberdade condicional.

Segundo, importaria averiguar se os que esperam atingir a liberdade no termo final da pena eram os casos de insucesso, se assim for é natural que tenham essa expectativa pois sabem que o sistema atribui uma conotação negativa ao incumprimento da Spp (Rocha & Gomes, 2004) ou, pondo a questão noutros termos, importaria saber se todos os que regressaram ao estabelecimento esperam beneficiar de liberdade condicional.

4. Saídas Precárias Prolongadas

A grande maioria dos reclusos que saíram com uma licença precária voltou: 89 (87.2%) e apenas 13 (12.7%) não o fizeram no prazo determinado.

Gráfico n.º 15 – Percentagem de sucesso nas saídas precárias dos reclusos entrevistados

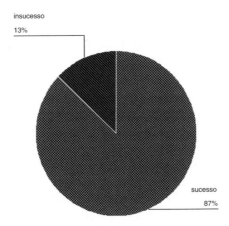

A taxa de insucesso foi propositadamente inflaccionada na recolha da amostra a fim de permitir um número de casos minimamente significativos. De acordo com os dados oficiais, a população prisional geral conhece uma taxa de êxito na ordem de 99% (D.G.S.P., 2000).

A comparação das características dos reclusos com situações de sucesso e de insucesso parece ser interessante para perceber factores de risco quando se decide positivamente sobre uma licença precária. Trata-se, no entanto, de uma comparação que deve ser lida á luz da disparidade entre os 89 casos de sucesso e os 13 de insucesso.

As diferenças entre as proporções observadas nas duas situações só podem ser consideradas caso tenham a magnitude suficiente para sugerirem a existência de uma diferença efectiva na realidade e não resultarem de diferenças casuais, que se encontrem sobre-avaliadas devido á diminuta dimensão da amostra de casos de insucesso.

A importância relativa dos casos de sucesso e insucesso parece ser similar nos homens e nas mulheres. Nos homens há 12 (12.9%) casos de insucesso e nas mulheres apenas 1 em 10 estão nesta situação. Este equilíbrio resulta da selecção da amostra que potenciou o número de mulheres e hiper potenciou os insucessos na população feminina a fim de enriquecer a abordagem qualitativa.

Por outro lado, verificam-se algumas situações em que apesar de uma situação ter uma grande importância nos casos de insucesso o mesmo acontece na amostra total, por exemplo:

- 12 dos 13 casos de insucesso são de reclusos com precárias anteriores, mas se analisada a importância do insucesso nas categorias com e sem precárias anteriores a diferença é muito menor – 1 em 21 (4.8%) de reclusos sem precárias anteriores e 12 em 81 (14.8%) na situação oposta;
- 10 dos 13 casos de insucesso tem profissões classificadas como manuais, mas se considerada a importância do insucesso relativamente à profissão a diferença é menor 10 em 66 casos (15.2%) têm uma profissão manual e 3 em 31 (9.7%) casos uma actividade nos serviços;
- 7 dos 13 casos de insucesso pensam sair apenas de forma definitiva, mas se analisadas as percentagens de insucesso nos reclusos que pensam sair em liberdade condicional ou definitivamente estas são de 4 em 65 (6,2%) e de 7 em 23 (30%);
- 8 dos 13 casos de insucesso têm outras condenações mas se se compara a importância do insucesso nos reclusos com e sem outras condenações a diferença é menor: 8 em 41 (19.5%) e 5 em 61 (8.2%);

- 10 dos 13 casos de insucesso não têm processos pendentes, mas a análise em função da existência de processos pendentes revela menores diferenças: 10 em 85 (11.8%) e 3 e 17 (17.6%);
- 11 dos 13 reclusos com insucesso estão com a família quando vão de licença precária, mas se comparada a importância do insucesso segundo aquilo que fazem quando vão de precária a diferença é mais moderada e no sentido oposto: 11 em 88 (12.5%) estão com a família e 2 em 7 (28.6%) trabalham.

Repare-se que em todos os casos mencionados embora a primeira das categorias (ter beneficiados de precárias anteriores, ter profissão manual, esperar a saída definitiva, existência de outras condenações, inexistência de processos pendentes, estar com a família) tenha uma forte expressão nos 13 casos de insucesso, esta importância parece decorrer da sua importância na amostra global (independentemente do sucesso ou insucesso da precária) e não de uma associação entre essa situação e o insucesso.

Apenas num dos casos, a expectativa de sair apenas de forma definitiva e não esperar uma liberdade condicional, parece existir uma relação com o insucesso da licença precária.

Ainda sobre a questão do insucesso no retorno á instituição prisional é importante analisar o tempo de ausência.

Embora só 13 casos tivessem sido considerados anteriormente como insucesso, na verdade existem 14 casos de ausências ilegítimas, sendo um dos casos referentes a licença precária anterior.

O tempo de ausência ilegítima variou entre, o mínimo de 1 dia e, o máximo de 2 anos e 7 meses. Verificaram-se 3 casos cuja ausência foi no máximo até uma semana (1, 7 e 8 dias), 3 casos de cerca de 1 mês (30 dias, 1 mês, 1 mês e 6 dias), 4 casos de alguns meses (2 casos de 3 meses, uma situação de 5 meses e outra de 5 meses e 6 dias). Por períodos mais longos, acima de 1 ano, encontram-se 3 situações (uma de 1 ano e 2 meses e duas de 2 anos e 7 meses).

Sobre o tempo de ausência ilegítima será possível afirmar que a prevalência dos casos vai no sentido de um período curto, no máximo de alguns meses. O tratamento desta temática é desenvolvido, no presente volume, em Rocha & Miguel (2004).

Gozo de Saídas Precarias Anteriores e Pedidos Efectuados

Destes 102 inquiridos, 81 (79.4%) já tinham beneficiado de licença precária anteriormente e os restantes não.

Gráfico n.º 16 – Percentagem de reclusos inquiridos que já tinham beneficiado de licenças precária anterior

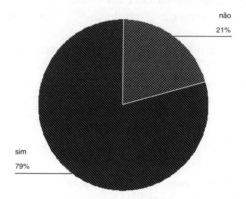

Sobre o número de vezes que os reclusos já tinham ido de licença precária, verificaram-se 13 situações de não resposta. Das restantes pode concluir-se que 37 (41.6%) beneficiaram de licença precária 1 vez, 21 (23.6%) 2 vezes, 15 (16.9%) 3 vezes. Mais do que três licenças precárias é uma situação mais rara: existem 5 casos de 4, 4 de 8 licenças, e 3 de 10 e há uma de situação de 15.

Gráfico n.º 17 – Número de reclusos segundo o número de licencias precárias anteriores

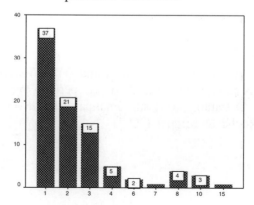

O número de precárias durante o cumprimento da pena depende de diversos factores e, sobretudo, do tempo de pena a cumprir, só uma pena muito longa permite o gozo de 15 Spp.

Importa recordar que a precária constitui uma medida que antecede a liberdade condicional, esta concedida após a metade do cumprimento da pena, após os dois terços do cumprimento da pena ou, então, aos cinco sextos da pena, conforma a situação jurídico-penal do recluso. Significa, por exemplo, que em penas de 2 anos de prisão, sendo a Spp concedida após os 6 meses de encarceramento efectivo, e a liberdade condicional ao meio da pena, o recluso beneficiará na melhor das hipóteses de duas precárias.

Considerando que a amostra, na percentagem de 76,5%, cumpre pena de 3 a 9 anos de prisão, e 19,2% cumpre pena de mais de 9 anos de prisão, parece que existe por parte do sistema uma certa tibieza na concessão desta medida que se reputa de suavização do encarceramento e, portanto, de efeitos positivos na reinserção social dos reclusos e diminuição da reincidência (Redondo, Funes & Luque, 1994).

De acordo com os dados oficiais (Ministério da Justiça, 2000), houve em 2000 o número de 8781 pedidos de saída prolongada, destes 5590 foram concedidos e 2796 foram indeferidos, havendo um remanescente de 395 para contemplar outras soluções.

Das 87 respostas válidas da amostra, encontraram-se 10 casos em que os reclusos referiam dois números possíveis. Nesta situação, optou-se por considerar o menor dos valores visto que teria havido pelo menos esse número de pedidos.

Gráfico n.º 18 – Número de reclusos segundo o número de licencias precárias requeridas

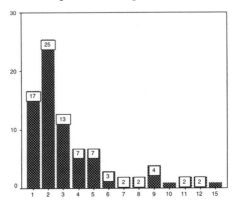

Dos reclusos que responderam a esta questão, 17 pediram uma licença (19.5%), 26 duas vezes (29.9%) e 13 dos inquiridos solicitaram três licenças precárias (14.9%). Ou seja, 64.4% dos inquiridos que responderam a esta pergunta pediram no máximo até 3 licenças precárias. Os restantes cerca de 35.6% terão pedido mais do que três licenças precárias (sendo muito grande a diversidade de situações).

Dos reclusos inquiridos, 74 não responderam à pergunta "sabe porque não lhe concederam a licença precária". É provável que parte destes casos tenha acontecido porque a pergunta não lhes era aplicável por terem tido resposta positiva.

Dos 28 inquiridos que viram negados os seus pedidos e responderam á questão colocada, 19 disseram que sim e 9 responderam que não sabiam.

Outras Questões sobre as Licenças Precárias: Factores que Determinaram o Regresso e O Ocupação do tempo na Licença Precária

Considerando apenas os 92 reclusos com respostas sobre os factores que determinaram o regresso, pode destacar-se a importância de 2 factores: a noção de dever com 34 (37.0%) referências e as consequências jurídicas com 33 (35.7%). A família é apontada por 15 (16.3%) reclusos, e o tempo de pena apenas por 6 (6.5%), sendo as restantes categorias pouco apontadas (o apoio institucional tem uma referência e o projecto de vida tem três).

Gráfico n.º 19 – Factores que determinaram o regresso

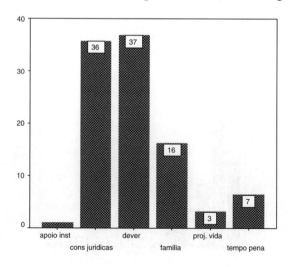

Surgem como motivo prevalecente do regresso duas realidades de natureza aparentemente distinta: a noção de dever e as consequências jurídicas. Se as consequências jurídicas constituem um motivo esperado e ime-diatamente perceptível ao cidadão comum, a noção de dever não deixa de concitar algumas perplexidades.

Estudos da década de 60 (Glaser & Stratton, 1961) concluíam que os reclusos ao chegar à prisão rapidamente e de forma continua apreendiam os valores e referências dos grupos prisionais mas que ao se aproximarem da libertação assumiam perspectivas de grupos extra-muros. Sendo a precária uma aproximação à liberdade será a noção de dever um desses valores apropriados na fase final da reclusão? Sobre a interpretação destes resultados, no presente volume, Rocha, Caldeira, Miguel & Tavares (2004).

A esmagadora maioria dos reclusos quando sai de licença precária está com a família: 88 das respostas vão nesse sentido (86.3%). Tem também alguma expressão o estar com os amigos e trabalhar (qualquer uma das situações com 7 respostas, o que corresponde a 6.9% do total).

Gráfico n.º 20 – O quê faz quando vai de precária

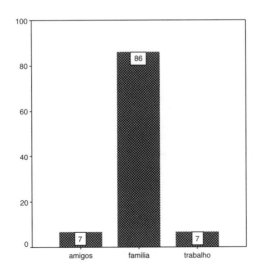

A importância da família a surgir de forma evidente. Também neste particular a abordagem monográfica, no presente volume, de Rocha & Silvério (2004).

Considerações finais

Com as restrições decorrentes das condicionantes legais para a concessão da Spp, a amostra não difere, ao nível da caracterização, substancialmente, tanto quanto foi possível a comparabilidade, da população prisional a quem foi concedida licença precária.

Esta constatação é relevante porquanto a selecção da amostra foi levada a efeito na área de competência do Tribunal de Execução de Penas de Lisboa e não em todo o território nacional, pese o facto deste tribunal representar 37,6% do total dos processos de execução das penas ao nível nacional.

Por outro lado, definido o número de entrevistas por estabelecimento prisional, não se curou de eleger este ou aquele recluso em particular, foram entrevistados os reclusos que por último haviam regressado ao estabelecimento prisional após a precária, no caso de sucesso, ou os últimos que haviam sido recapturados, no caso de insucesso (Rocha, 2004).

É, então, possível afirmar que a amostra se aproxima da população recluída ao nível nacional.

Cumpre recordar que a saída precária prolongada é uma medida de flexibilização na execução da pena de prisão, com vista à preparação do recluso para a liberdade, a sua finalidade não é a de premiar o recluso pelo seu bom comportamento prisional mas sim o de diminuir os efeitos dessocializadores da reclusão, promovendo a reintegração social do recluso. É nesta perspectiva de contributo ressocializador que a precária deve ser entendida.

Uma primeira consideração que se pode retirar da análise da amostra é que as precárias são pouco concedidas. Ponderando o tempo de pena, o condicionamento legal da medida e o número de precárias gozadas por cada recluso, conclui-se que o sistema é poupado na concessão desta medida. Esta restrição pode explicar a pequena taxa de insucesso na nossa realidade penitenciaria, em 1%, a qual é extremamente baixa comparativamente com outros países como Espanha, Grã Bretanha, Suécia ou Finlândia a oscilar entre 4% a 10% (Redondo, Funes & Luque, 1994). Ponderadas as vantagens da saída prolongada na aproximação do recluso à comunidade, na diminuição da reincidência e no aligeirar da privação de liberdade, sem que haja um acréscimo substancial de risco social, seria útil para o sistema uma maior "política" de abertura às precárias. Essa abertura pode significar a necessidade de previamente se uniformizar critérios – que parecem depender de juiz para juiz (Gomes,

2003) – para a concessão das mesmas o que, no limite demandaria permitir o direito ao recurso.

O que se referiu ganha acrescida pertinência se for apurado o número de reclusos beneficiários de saída prolongada. Com efeito, os dados estatísticos oficiais dizem os números das saídas prolongadas concedidas e não o número de pessoas a quem foi concedido este benefício e, como se viu, podem ser concedidas várias saídas prolongadas à mesma pessoa. Daí que o número de reclusos a beneficiar da saída pareça ser, por comparação com a totalidade da população penitenciária, bastante restrito.

Uma outra constatação prende-se com a idade. Os segmentos etários mais velhos parecem ser os beneficiários prevalecentes das saídas prolongadas. Tanto na amostra como na população prisional, a concessão da precária cifra-se acima dos 50% entre os 25 e os 39 anos de idade (61,8 e 56,4, respectivamente) e acima dos 23% entre os 40 e os 59 anos de idade (27,5 e 23,2, respectivamente). Estudos da última década (Redondo, Funes & Luque, 1994) afirmam que a reincidência depende da idade da saída para a liberdade, mais do que o tempo de encarceração, acrescentando que antes dos 30 anos de idade se reincide com mais frequência. Mas esses mesmos estudos são peremptórios em reconhecer o papel francamente nefasto do encarceramento rígido e prolongado, insistindo na abertura das prisões à comunidade. Essa abertura passa pela concessão de saídas prolongadas. Perante as precedentes considerações parece haver um dilema entre o restringir as precárias ao sector etário acima dos 30 anos de idade, apostando-se numa taxa de sucesso ou, então, sustentando os benefícios da saída prolongada, alargá-la ao sector mais jovem da população reclusa, controlando a taxa de insucesso até a um nível de risco social aceitável. Recorde-se que a taxa de insucesso desta medida em Portugal é muito baixa, apenas de 1%, sendo possível sustentar, de acordo com os padrões europeus, uma taxa de insucesso até os 10%.

A variável família, especificamente ao nível da descendência, merece algumas considerações. O estado civil em si parece não ser relevante, a amostra reparte-se entre solteiros, a maioria, casados e divorciados. No entanto, independentemente da situação civil, o que a amostra revela é que 52,9% têm filhos. Parece, assim, que este vínculo desempenha uma função relevante no prognóstico favorável do percurso pós-prisional a que a precária se destina a antecipar. Para além destas considerações e de outro estudo inserto na presente obra (Rocha & Silvério, 2004), importa aprofundar esta hipótese, mais uma entre as muitas que a investigação da nossa realidade penitenciária vem carecendo.

Um outro aspecto que parece ressaltar desta análise é a importância do crime de tráfico de estupefacientes, em 49% na amostra, o que, de alguma forma, corresponde à sua ponderação na população prisional. Esta expressão terá resultado do crescimento sucessivo deste tipo de crime em detrimento dos crimes contra o património (Rocha, 2000). Ora, o crescimento da encarceração por este tipo de crime poderia não estar directamente relacionado com a representação do tipo de crime entre a concessão das saídas prolongadas mas está e ultrapassa a sua representatividade (na população prisional condenada é de 41.5%). Assim sendo, porque a concessão da precária é o reconhecimento por parte do sistema judicial e prisional de que o indivíduo tem condições para se reinserir socialmente, não deixa de causar alguma perplexidade a apontada ligação. Será que o crime de tráfico de estupefacientes vem sendo sobrepenalizado? Esta é uma outra hipótese a merecer investigação...

Esta abordagem estatística sobre a realidade de alguns aspectos relativos às saídas precárias e à inserção familiar, profissional, ao percurso penitenciário e às expectitivas dos reclusos mostra a necessidade de prosseguir estes estudos, quer a nível quantitativo, quer através de abordagens mais qualitativas.

Bibliografia

D.G.S.P. (2000). «Estatísticas Prisionais 1999». *Temas Penitenciários*, II-5, 71-80.
GLASER, D. & STRATTON, J. (1961). «Mesuring Inmate Change in Prison». In D. Cressey (Ed.), *The Prison. Studies in Institutional Organization and Change*. New York: Holt, Rinehart and Winston, Inc.
GOMES, C. (2003). *A Reinserção Social dos Reclusos. Um contributo para o debate sobre a reforma do sistema prisional*. Coimbra: Observatório Permanente da Justiça Portuguesa.
MINISTÉRIO DA JUSTIÇA (2000). *Estatísticas Criminais*. Lisboa: Ministério da Justiça.
ROCHA, J. (2000). «Crimes, penas e reclusão em Portugal: uma síntese». *Sub Judice*, 19, 101-110.
_____ (2001). *Reclusos Estrangeiros: Um Estudo Exploratório*. Coimbra: Almedina.
_____ (2004). *Ir de Precária – Estudo sobre a decisão de voltar à prisão*. Lisboa: DGSP.
ROCHA, J., GOMES, A. (2004). «Algumas Notas sobre Direito Penitenciário». In J. ROCHA (coord.), *Entre a Liberdade e a Reclusão: Estudos Penitenciários*, vol. I, Coimbra: Almedina.

Rocha, J., Caldeira, B., Miguel, A. & Tavares, P. (2004). «Motivação para o regresso». In J. Rocha (coord.), *Entre a Liberdade e a Reclusão: Estudos Penitenciários*, vol. I, Coimbra: Almedina.
Rocha, J. & Miguel, A. (2004). «Não voltar...». In J. Rocha (coord.), *Entre a Liberdade e a Reclusão: Estudos Penitenciários*, vol. I, Coimbra: Almedina.
Rocha, J. & Silvério, S. (2004). «Determinante Rede Social». In J. Rocha (coord.), *Entre a Liberdade e a Reclusão: Estudos Penitenciários*, vol. I, Coimbra: Almedina.
Redondo, S., Funes, J. & Luque, E. (1994). *Justicia penal y reincidencia*. Barcelona: Fundació Jaume Callís.

MOTIVAÇÃO PARA O REGRESSO

João Luís de Moraes Rocha
Juiz Desembargador

Bruno Caldeira
Ana Miguel
Paula Tavares
Psicólogos Clínicos

Qual a razão do regresso voluntário do recluso à prisão, local de privação de liberdade, para continuação do cumprimento de pena que se encontra a expiar?

Após ter permanecido um período de, no mínimo seis meses, mas que pode ter sido de vários anos, o recluso é liberto por um curto lapso de tempo, alguns dias, mercê de uma saída prolongada, findos os quais deve regressar para continuar a cumprir a pena, esta, eventualmente, de anos... o que leva o indivíduo a regressar?

Enquadramento

I – *Aspecto jurídico*

A saída prolongada, designada na sua origem histórica de saída precária prolongada (spp), constitui uma medida introduzida no direito português, concretamente na fase da execução das penas, pelo Decreto--Lei n.º 783/76, de 29 de Outubro.

Existem duas hipóteses distintas para a concessão da spp: a de licença de saída de estabelecimento, ou secção de regime aberto, e a de licença de saída de estabelecimento, ou secção de regime fechado. A diferença entre estabelecimento aberto e estabelecimento fechado é definida com base no critério da menor ou maior segurança do estabelecimento (art.159.º do Decreto-Lei n.º 265/79); podem ainda, dentro da mesma classificação, em função da segurança, existir estabelecimentos de segurança máxima e estabelecimentos mistos.

Existe outro critério de classificação de estabelecimentos em regionais, centrais e especiais. Os regionais destinam-se ao internamento de reclusos em regime de prisão preventiva e cumprimento de penas privativas de liberdade até seis meses; os centrais destinam-se ao cumprimento de medidas privativas de liberdade de duração superior a seis meses; os especiais destinam-se ao internamento de reclusos que careçam de tratamento específico (art. 158.º do Decreto-Lei n.º 265/79).

No caso de estabelecimento ou secção de regime aberto, as spp podem ser concedidas aos condenados a penas de duração superior a seis meses, quando tenham cumprido efectivamente um quarto da pena. A concessão poderá ser até dezasseis dias por ano, seguidos ou interpolados.

Estando o recluso internado em estabelecimento ou secção de regime fechado, a spp depende do cumprimento de um quarto da pena, cumpridos seis meses de pena privativa de liberdade ou de medida de segurança privativa de liberdade, conforme seja o caso. Tem a duração máxima de oito dias e pode ser renovada de seis em seis meses. Sendo a pena relativamente indeterminada, o quarto da pena determina-se em relação ao crime mais severamente punido.

A spp constitui uma primeira fase do processo de libertação condicional do recluso (Milhano, 1977), só devendo ser concedida se favorecer a reintegração social. Como medida que se inscreve no processo de reabilitação social do recluso, os dias de spp não são descontados na medida privativa de liberdade, não interrompem a pena, contam como se fossem dias de cumprimento de pena, salvo no caso de revogação da própria spp.

À luz do desiderato fundamental da medida, surgem as restrições constantes do art.º 52.º do Decreto-Lei n.º 265/79. Assim, não podem beneficiar de spp os reclusos sujeitos a prisão preventiva, os que estejam em cumprimento de penas de duração inferior a seis meses, os que estejam em regime de semi-detenção, os internados em centros de detenção com fins de preparação profissional acelerada e, ainda, por um outro tipo de razão que não o de reintegração social, os internados em estabelecimentos de segurança máxima.

Quanto à impossibilidade decorrente da prisão preventiva, ela significa que o recluso não pode beneficiar de spp caso a pena que cumpre não tenha transitado em julgado e, ainda, enquanto existam outros processos que lhe demandem prisão preventiva.

A impossibilidade decorrente do cumprimento efectivo de seis meses de prisão pode abranger penas de tempo inferior a seis meses desde que a soma do cumprimento sucessivo ultrapasse esse lapso temporal, tempo reputado mínimo pelo legislador para se colocarem preocupações de reintegração social.

O regime de semi-detenção não coloca preocupações de reintegração social pois o recluso não está totalmente apartado da vida em sociedade.

Os internados em centros de detenção com fins de preparação profissional acelerada não a devem ver interrompida pois esta visa, precisamente, a sua reintegração social.

Os internados em estabelecimentos de segurança máxima não podem gozar de spp por razões de segurança social.

Além dos requisitos negativos e do desiderato último da medida, a lei indica (art.º 50.º do Decreto-Lei n.º 265/79) determinados factores que se devem ter em conta e ponderar aquando da apreciação da concessão da spp: a natureza e gravidade da infracção; a duração da pena; o perigo que possa advir para a sociedade do eventual insucesso; a situação familiar do recluso e ambiente social onde este se vai integrar aquando da saída; e a evolução da personalidade do recluso ao longo da execução da reclusão.

A spp só pode ser concedida com o consentimento do recluso. Tal significa que, na prática, só se aprecia a spp quando solicitada por ele.

Embora a decisão de conceder ou indeferir a spp pertença ao juiz, o pedido de spp é apreciado em Conselho Técnico do estabelecimento (art.º 24.º, n.º 1, do Decreto-Lei n.º 783/76, de 29 de Outubro), podendo o magistrado consultar outras autoridades além das penitenciárias, antes de proferir a decisão, faculdade que tem especial acuidade nos casos em que falte informação sobre o local onde o recluso pretenda gozar a spp, ou existam dúvidas quanto à situação jurídica deste.

O despacho de concessão ou de indeferimento, como despacho judicial que é, deve ser fundamentado e o recluso a ele deve ter acesso, caso especificamente previsto no indeferimento: «há-de conhecer os seus motivos» (art. 55.º, n.º 1, do Decreto-Lei n.º 265/79).

A spp pode obedecer, quando concedida, a determinadas condições previamente fixadas pelo juiz; são verdadeiras obrigações que visam assegurar o êxito da medida e devem ser estabelecidas casuisticamente.

Se o recluso não regressar ao estabelecimento dentro do prazo determinado na concessão da spp e não provar o justo impedimento, a licença de saída será revogada.

Justo impedimento será qualquer acontecimento normalmente imprevisível e alheio à vontade do recluso que impossibilite, de facto, o regresso atempado ao estabelecimento; esse acontecimento será sempre apreciado pelo juiz de acordo com o seu prudente arbítrio.

O não cumprimento das condições fixadas na concessão da spp pode originar a revogação ou, então, a mera advertência, de acordo com a gravidade do facto e culpa do recluso.

O processo de revogação da spp corre no Tribunal de Execução das Penas (TEP) e obedece aos trâmites previstos nos arts. 70.º a 73.º do Decreto-Lei n.º 783/76.

Uma vez revogada a spp, será descontado no cumprimento da pena o tempo que o recluso esteve em liberdade; o tempo da própria spp e o demais que antecedeu a sua recaptura ou regresso ao estabelecimento.

A revogação implica a não concessão de nova spp sem que decorra um ano sobre o ingresso na reclusão.

Embora as despesas com o gozo da spp devam ser suportadas pelo recluso, caso este não disponha de fortuna suficiente, pode a administração penitenciária participar, total ou parcialmente, nas despesas de transporte.

Esta participação da administração penitenciária vem consignada no art. 56.º, n.º 2, do Decreto-Lei n.º 265/79, e radica na constatação de que a spp sendo um ensaio para a liberdade condicional e, portanto, reinserção social do recluso, não deve ser limitada por razões económicas.

O legislador, ciente da importância desta medida, vem expressamente incentivar a colaboração da sociedade para melhor funcionamento do sistema, promovendo a divulgação dos resultados através da comunicação social e proclamando a necessidade de estudos criminológicos e penitenciários (art. 57.º do Decreto-Lei n.º 265/79).

A concessão das spp, tal como é revelada pelos números da Direcção-Geral dos Serviços Prisionais (DGSP), permite algumas considerações.

Uma análise superficial da prática das spp revela duas constantes: a sua taxa de sucesso e a diversidade de critérios na sua concessão.

Com efeito, reportando-se ao ano de 2000 (Moreira, 2001), foram concedidas 7737 spp (em 1999 haviam sido concedidas 8364), tendo um êxito na ordem dos 98% (em 1999 o êxito fora de 99%). A taxa de sucesso das spp tem sido uma constante ao longo dos anos, sendo salientada nos diversos relatórios da DGSP.

Por outro lado, a ausência de parâmetros legais concretos e a diversidade de procedimentos no processamento e concessão das spp nos diversos estabelecimentos, tem gerado alguns reparos tanto em documentos oficiais (Provedoria de Justiça, 1999; 2003), como em estudos não oficiais (Santos & Gomes, 2002; Gomes, 2003). Ao inexistirem regras claras e comuns, afirmam estes autores poder haver violação do princípio da igualdade: tratamento desigual para situações materialmente idênticas. Essa desigualdade verifica-se entre estabelecimentos, gerando pedidos de transferência por parte dos reclusos e também nos próprios estabelecimentos, dado poder existir dualidade de critérios na concessão das licenças de saída entre o juiz do TEP e o director do estabelecimento.

Quanto à taxa de sucesso, entre os 98% e os 99%, cumpre ponderar o seguinte: a elevada taxa de sucesso reporta-se às spp concedidas e, portanto, não equaciona o número dos beneficiados com a totalidade da população prisional em condições para usufruir de spp. Nem sequer equaciona o número de concessões com o número de pedidos de spp por cada recluso. Assim, a taxa de sucesso deve ser interpretada restritivamente, isto é, existe uma taxa de sucesso dentro das spp concedidas. Ora, isso apenas parece significar que houve especial cuidado na escolha dos casos a conceder spp.

Por outro lado, sendo a taxa de insucesso portuguesa muito baixa, tendo como referência outros países da europa (Guzmán, 1989), não se justificaria potenciar as spp dado o seu efeito preventivo na reincidência (Redondo, Funes & Luque, 1984), sabendo-se que esta tem vindo a aumentar?

A diversidade de critérios na concessão da spp constitui um aspecto delicado que, por um lado, se prende com o regime legal em vigor e, por outro, com as práticas instituídas.

O regime legal em vigor padece de duas dificuldades principais: uma referente à sua estrutura interna, que se salda numa indeterminação de conceitos com eventuais contradições; outra de ordem externa à legislação e que é constituída pela inexistência de trabalhos doutrinários e de jurisprudência sobre o assunto.

Impõem-se algumas considerações sobre as precedentes afirmações:

Uma primeira perplexidade legal diz respeito à própria natureza jurídica da spp. O art. 55.º, n.º 1, do Decreto-Lei n.º 265/79, afirma que a spp não é um direito do recluso. Ora, se não é um direito do recluso, que figura jurídica será a spp?

Uma vez que a spp constitui um benefício para o recluso, sendo entendida como tal pelo beneficiado e pelos restantes operadores do sistema, será possível, então, afirmar que ela constitui uma mera recompensa.

Recompensa que, paradoxalmente, é concedida por um juiz. Não parece razoável esta explicação que pode ter sentido noutros ordenamentos jurídicos em que as spp sejam concedidas pela administração penitenciária, como é, por exemplo, o caso da espanhola (Salgado, 1986; Escamilla, 2002). Ora, o juiz não concede recompensas, nem outorga benesses, antes declara o direito, concedendo ou negando uma pretensão jurídica. A recompensa é uma concessão graciosa e discricionária, incompatível com a função jurisdicional.

Configura assim a spp um verdadeiro direito do recluso. Verificados os requisitos legais, o recluso tem o direito a gozar a spp. Sucede que a própria característica legal dos requisitos é indefinida, o que permite uma margem de apreciação muito lata. Isto é, a spp não é automática, no sentido de ser concedida independentemente de ponderação, há-de sempre depender da verificação dos requisitos no são critério do juiz. No entanto, uma vez concluído por esses requisitos, a spp não pode deixar de ser concedida.

Mas a indefinição dos requisitos não invalida a existência de um verdadeiro direito por parte do recluso, é simplesmente um direito condicionado à existência ou verificação de requisitos legais com um grau de indefinição porventura acima do desejável. Recorde-se que a discricionariedade judicial é sempre vinculada. Aliás, sendo a reintegração social a finalidade última da execução das medidas privativas de liberdade, parece impor-se como um direito o contacto do recluso com o exterior. Considerar a spp mera recompensa seria perverter o sentido do sistema de reintegração do recluso na sociedade. Por outro lado, sendo os contactos com o exterior uma necessidade que advém da própria dignidade humana, mal se compreenderia que a forma legal que dá corpo às saídas não fosse um verdadeiro direito.

O que o art. 55.º, n.º 1, do Decreto-Lei n.º 265/79, aponta, no sentido de que a spp não é um direito do recluso, parece ser de interpretar que a spp não é automática e obrigatoriamente concedida mas sim, depende da verificação e da ponderação de certos requisitos por parte do juiz do TEP.

No que respeita aos requisitos legais e no caso de o recluso estar em estabelecimento ou secção de regime aberto, existe um marco absoluto: a spp só pode ser concedida depois de terem sido cumpridos seis meses de medida privativa de liberdade ou um quarto da pena, se este prazo lhe for mais favorável (art. 59.º, n.º 1, do Decreto-Lei n.º 265/79). Se este requisito não levanta perplexidades de maior quanto à sua interpretação, já assim não será quanto à sua pertinência e fundamento: sendo a spp um direito, não deve este sofrer restrições que não sejam impostas por outros direitos. Ora, estando o eventual perigo para a sociedade previsto especificamente (art. 50.º, n.º 1, al. c), do Decreto-Lei n.º 265//79), não se vislumbra a razão ou o fundamento dessa imposição. Se a liberdade é a meta a atingir, por que razão se impõe um período de reclusão contínua obrigatória? E porquê seis meses e não três ou dois meses? Qual a racionalidade desta imposição? Numa perspectiva racional não parece útil nem eficaz que, pretendendo-se a reintegração social do recluso, se encete esse desiderato apartando-o de forma contínua da própria sociedade. Dificilmente poderá preparar-se alguém para viver em liberdade privando-o dela.

No que diz respeito aos requisitos negativos e começando pela prisão preventiva. Embora possa parecer óbvio que sendo imposta prisão preventiva o recluso não deve ser colocado em meio livre enquanto esta perdurar, importa ponderar que a finalidade da spp pode não colidir com o motivo que subjaz ao decretamento da prisão preventiva e, portanto, não serem estas incompatíveis. Em outros ordenamentos jurídicos, que até estão geograficamente próximos, a prisão preventiva não obsta à concessão da spp, a não ser que o processo, na qual esta é decretada, o exija especificamente (art. 48.º da Ley Organica General Penitenciaria). Não se trata, portanto, de um assunto pacífico.

O requisito dos seis meses de cumprimento efectivo de prisão é muito questionável, conforme já foi referido, seja quanto ao seu fundamento, quanto à sua utilidade, ou mesmo quanto à sua dimensão temporal.

Questionável será, ainda, a restrição das spp aos internados em centro de detenção com fins de preparação profissional acelerada. Desde que não haja incompatibilidade entre a pretendida preparação profissional e a spp, a aferir na prática e perante o caso concreto, o convívio social deve prevalecer.

O regime de semi-detenção e o internamento em estabelecimento de segurança máxima, embora por razões absolutamente diversas, parecem ser obstáculos naturais à própria natureza da spp: o primeiro porque não coloca a exigência de reintegração, pois não existe quebra com a sociedade; o segundo por razões de segurança para a sociedade. No entanto, até no regime de segurança máxima é possível questionar a correcção do impedimento legal da spp, tudo depende do tipo de reclusos que se afecte a esses estabelecimentos. A lei não concretiza e na prática pode-se, por razões de necessidade conjuntural, colocar nesses estabelecimentos reclusos que, por exemplo, não fosse a elevada taxa de encarceração, melhor estariam noutro tipo de estabelecimento.

Os requisitos previstos no art. 50.º, n.º 1, do Decreto-Lei n.º 265//79, têm a particularidade de todos eles serem indeterminados, necessitando de serem preenchidos por determinação casuística do juiz. Ora, os conceitos indeterminados podem gerar um grau de incerteza nos destinatários, permitem uma maior discrepância na sua aplicação, a qual se agrava se forem diversos agentes a aplicar as normas, o que redunda num sentimento de injustiça e de arbitrariedade. Sentimentos que são potenciados no meio prisional dado este ser um meio fechado em que a informação circula rapidamente e nem sempre de forma fidedigna.

Fica, assim, delineado o enquadramento da spp na lei vigente, figura que permite ao recluso a saída do estabelecimento prisional quando em cumprimento de pena.

II – *Aspecto psicológico*

O estudo da motivação teve início com os trabalhos de McDougall (1923). Segundo este autor, os motivos são considerados instintos, ou seja, forças irracionais, compulsórias, herdadas, que dão forma a tudo o que os indivíduos fazem, sentem e dizem.

Já Freud (1923) concebe o estímulo, sobretudo o interno, como algo que fornece ao organismo um montante de energia que o aparelho psíquico tem de descarregar pelos efectores (resposta). Este é o ponto de partida de uma concepção dinâmica do comportamento, onde a acção é entendida como descarga de um excesso de energia, que produz prazer.

Contrariamente, para Thorndike e Pavlov (cit. por Nuttin, 1963), o estímulo não é entendido como uma fonte de energia, mas como o ponto de partida de uma linha associativa, ou conexão; é a concepção associativista, que estuda o comportamento em termos de dependência ou reforços entre o estímulo e a resposta.

Por seu lado, Maslow (1954), postula uma teoria de motivação que pressupõe que as necessidades humanas estão hierarquizadas, dispostas em níveis, de acordo com o seu grau de importância:

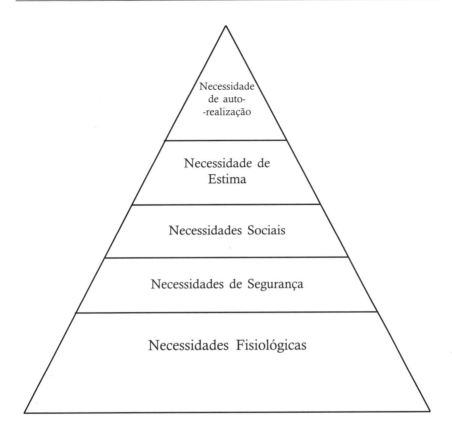

Assim, o nível mais baixo de todas as necessidades humanas é constituído pelas necessidades fisiológicas – alimentação, sono, abrigo e desejo sexual – essenciais para a sobrevivência do indivíduo e para a propagação da espécie.

Uma vez satisfeitas as necessidades fisiológicas, o indivíduo procura satisfazer a necessidade de se sentir protegido e livre de perigo – necessidades de segurança.

As necessidades sociais (3.º nível) só surgem quando as fisiológicas e as de segurança se encontram minimamente satisfeitas. De entre estas, destacam-se as de associação, participação, amizade, afecto, amor e aceitação por parte dos companheiros. A satisfação destas necessidades produz sentimentos de auto-confiança, prestígio, poder e favorece as relações interpessoais (Fachada, 2001).

No 4.º nível situam-se as necessidades de estima, que estão relacionadas com a forma como o indivíduo se vê e avalia. Envolvem sentimentos de auto-apreciação, auto-confiança, necessidade de aprovação social e respeito, *status*, prestígio e consideração. A não satisfação destas necessidades pode conduzir a sentimentos de inferioridade, fraqueza, dependência e desamparo.

Por último, as necessidades de auto-realização são, para a espécie humana, as de nível mais elevado, estando relacionadas com a competência e a realização.

Em resumo, de acordo com a teoria de Maslow (1954), apenas quando um nível inferior de necessidades está satisfeito é que o nível seguinte passa a motivar o comportamento.

Numa outra linha teórica, defendida, entre outros, por Lewin (1938) e Atkinson (1983) são valorizados como aspectos centrais as expectativas, a instrumentalidade e a valência. Neste contexto, o comportamento do indivíduo resulta de uma escolha consciente, o que o leva a tentar maximizar os ganhos e minimizar as perdas. São esses três factores que determinam, em cada sujeito, a motivação.

A expectativa é a antecipação subjectiva do que irá acontecer se o indivíduo agir de determinada maneira; desenvolve-se em função da experiência passada do sujeito e da recordação das consequências dos seus comportamentos; de acordo com Vroom (1964) os indivíduos com maiores e mais positivas expectativas são os que alcançam níveis superiores de produtividade.

Por seu lado, a valência – valor que o sujeito atribui a determinada consequência do seu comportamento – pode ser positiva ou negativa, de acordo com o nível de satisfação antecipado pelo sujeito, face às respostas decorrentes das suas acções.

Já a instrumentalidade diz respeito à relação causal entre o resultado intermédio e o resultado final; se o indivíduo verifica que o esforço despendido tem pouco efeito sobre o resultado, tenderá a não se esforçar muito; pelo contrário, se verifica que o esforço é instrumental para a aquisição de resultados gratificantes, então a sua valência será positiva.

Esta teoria confirma o pressuposto de que as pessoas se esforçarão mais se acreditarem que um melhor desempenho lhes permitirá alcançar os resultados desejados, ou contribuirá para que sejam evitados resultados indesejados (Fachada, 2001).

A teoria da aprendizagem social de Rotter tenta integrar duas das mais importantes abordagens da psicologia: o estímulo-resposta, ou reforço, posição defendida por Skinner e, em menor grau, por Hull e a perspectiva cognitiva, defendida por Tolman e Lewin (Rotter, 1954). Esta teoria destaca quatro conceitos centrais: potencial de comportamento, expectativa, valor do reforço e condição psicológica.

O primeiro diz respeito à probabilidade de qualquer comportamento ocorrer "tal como calculado em relação a qualquer reforço ou conjunto de reforços" (Rotter, Chance e Phares, 1972). A expectativa é definida como a probabilidade percebida pelo indivíduo de que um reforço particular ocorra em função de um determinado comportamento, numa situação específica. Esta probabilidade é subjectiva, podendo, ou não, ser idêntica à verdadeira e concreta possibilidade de realização do objectivo.

O valor do reforço refere-se ao grau de preferência por um de vários reforços, se a probabilidade de eles ocorrerem for igual (Rotter, 1954). Este valor está intimamente ligado às necessidades do indivíduo. O objecto não adquire o valor de reforço a não ser que o sujeito se encontre num estado de necessidade e desejoso do objecto.

Por último, a condição psicológica diz respeito ao significado subjectivo do meio em que o indivíduo se encontra. O comportamento ocorre nesse ambiente e, portanto, o seu contexto social deve ser descrito de forma a compreender e prever a acção.

Na teoria de Rotter (1954), o postulado motivacional básico supõe que o potencial de qualquer comportamento é determinado tanto pela expectativa de que o mesmo conduzirá a um reforço, como pelo valor de reforço do objectivo.

Muitas pessoas têm acesso limitado a determinados meios (por exemplo, educação superior, amigos influentes, comportamentos adequados, entre outros) necessários para atingir os seus objectivos. Merton (1957) defende que a discrepância entre valores e expectativas pode levar esses indivíduos a adoptar formas desajustadas ou ilegítimas para obter sucesso. Neste sentido, Jessor, Graves, Hanson e Jessor (1968) verificaram que os indivíduos com menor acesso a essas oportunidades têm maior probabilidade de se envolverem em comportamentos desviantes, como alcoolismo ou crime.

Mais recentemente, Nuttin (1985) propôs uma abordagem relacionada com a informação (cognitiva). Assim, a motivação diz respeito à direcção activa do comportamento para certas categorias preferenciais de situações ou objectos. Segundo este autor, a motivação não pode reduzir--se nem a uma quantidade de energia, nem a impulsos invisíveis e inconscientes. Graças às funções cognitivas que invadem o dinamismo das relações entre o sujeito e o mundo, a motivação consiste numa estrutura cognitivo-dinâmica, que dirige a acção para objectivos concretos.

É através do processo cognitivo que as necessidades se transformam em projectos de acção, objectivos e planos. Todo o *input* de natureza interna ou externa é normalmente elaborado por um conjunto de processos cognitivos, dando depois lugar a uma resposta, ou *output*, comportamental.

Um aspecto importante do desenvolvimento da motivação humana consiste no facto de que um resultado que satisfez o indivíduo num dado momento, pode não voltar a satisfazê-lo. O tipo de reforço que exige resultados novos ou mais elevados é essencialmente um processo de auto-reforço: é o próprio sujeito que estabelece para si novos critérios quanto aos resultados a esperar e aos objectivos a atingir.

Para qualquer pessoa a passagem de um vago estado de necessidade à definição de um objectivo concreto é algo muito importante. Ainda que em muitos casos esta passagem seja facilitada pela imitação social e pelas condições situacionais, descobrir um objectivo concreto (ou seja, verificar o que pode ser feito para satisfazer um estado de desconforto psicológico) representa uma etapa crucial e criativa no desenvolvimento do indivíduo e do seu comportamento.

Ainda que seja necessário distinguir entre a fase de formação do projecto e a execução da acção, estas questões não são separáveis. Projecto e acção desenvolvem-se de modo paralelo, influenciando-se e corrigindo-se mutuamente. Objectivos e projectos tomam forma ao longo da acção de um modo progressivo.

A formação do projecto de acção é, basicamente, a construção do percurso comportamental, ou seja, da estrutura meio-fim através da qual o indivíduo motivado procura atingir ou concretizar o objectivo. Em termos cognitivos, este é, geralmente, concebido antes que o plano ou projecto de acção que a ele conduz seja delineado.

Se durante um longo período o objectivo não é atingido, o sujeito percebe uma discrepância ou incongruência entre a situação actual e o que tinha delineado; esta discrepância não é, em si, um factor dinâmico, mas informa o sujeito que a necessidade ainda não está satisfeita, pelo que esta continua a agir sobre o comportamento.

A passagem do nível cognitivo para a fase de execução é, segundo Nuttin (1985), a última etapa. Assim, o estado de necessidade que activou o funcionamento cognitivo, ou seja, que manipulou mentalmente a vasta diversidade de objectos conceptuais e de vias disponíveis ou imaginárias em relação com a necessidade de sujeito, conduz à escolha de um objectivo e de um projecto de execução que visa supri-la. Contudo, a necessidade não é satisfeita pela construção de uma rede de relações a nível cognitivo; é necessária a realização efectiva para que a motivação se satisfaça com o resultado obtido e passe a um estado posterior, a outra actividade.

Em resumo, da vasta diversidade de teorias sobre motivação pode dizer-se que todas elas se enquadram num dos três tipos que conceptualizam o mecanismo através do qual a motivação activa e dirige o comportamento: o mecanismo de descarga, o de conexão ou da resposta reforçada e, finalmente, uma concepção que destaca os processos de informação (sobre a formação de projectos motivacionais) elaborados de forma cognitiva.

A partir destas teorias, vislumbram-se explicações possíveis para a compreensão dos mecanismos psicológicos que motivam o regresso aquando da saída precária.

Metodologia

O presente estudo, na sua componente empírica, é tributário de um outro. Com efeito, o instrumento utilizado, a sua aplicação, a amostra, foram projectados para um estudo de que o presente se pode considerar um dos numerosos enfoques ou aspectos. Esse estudo, sobre a saída precária (Rocha, no prelo), tem por objecto a decisão de voltar à prisão.

Esta advertência impõe-se. É um reparo metodológico significativo uma vez que condiciona, de alguma forma, os resultados obtidos.

Embora não sendo o presente estudo lídimo nos seus pressupostos metodológicos, os resultados não são erróneos ou insignificantes.

A validade do estudo é garantida e balizada pelo desenho da concreta investigação: ela vale de acordo com os passos que dá, com a direcção que assume, com a dimensão do caminho que foi trilhado e, por fim, com a pertinência e novidade dos resultados alcançados.

O material utilizado no presente estudo advém da recolha documental, sobretudo com vista à identificação e contextualização do entrevistado, e das respostas às perguntas da entrevista do sobredito estudo matriz, e com especial atenção a uma das questões, a saber: «Que factores determinaram voltar à prisão?». Este trabalho foi realizado por onze entrevistadores, elevado número justificado por imposições temporais para conclusão das entrevistas.

A colaboração na recolha de dados foi voluntária e confidencial, tendo sido levada a efeito por uma equipa de psicólogas a qual, previamente à entrevista, preencheu uma breve grelha documental de caracterização e contextualização de cada entrevistado, com base em elementos escritos existentes nos diversos Estabelecimentos Prisionais.

Assim, no que respeita à descrição da amostra, esta é composta por 102 indivíduos reclusos nos seguintes Estabelecimento Prisionais: Alcoentre, Caxias, Funchal, Linhó, Lisboa, Monsanto, Sintra, Vale de Judeus, Hospital Prisional S. João de Deus, Tires, Angra do Heroísmo, Horta, Caldas da Rainha, Montijo, Ponta Delgada e Policia Judiciária de Lisboa. Estes Estabelecimentos compõem a área de competência territorial do Tribunal de Execução das Penas de Lisboa.

Os primeiros oito Estabelecimentos são classificados de Estabelecimentos Prisionais Centrais; Hospital Prisional S. João de Deus e Tires são Estabelecimentos Prisionais Especiais; os restantes seis são Estabelecimentos Prisionais Regionais.

Das 102 entrevistas, 89 reportam-se a casos de sucesso aquando da saída precária e 13 são referentes a casos de insucesso.

De uma forma sintética, é possível referir as características mais relevantes no que respeita à amostra:

- quanto ao sexo, a amostra compõe-se de 93 homens e 9 mulheres, seguindo a proporção da concessão de saídas precárias nos dois géneros e, mesmo, a proporção dos géneros na totalidade da população prisional, que é de 8,1% do sexo feminino (Rocha & Oliveira, no prelo);
- no que respeita à idade, a maioria da amostra situa-se entre os 25 e ao 39 anos (61,8%), o que é concordante com os valores aferidos para a totalidade da população prisional (Rocha & Oliveira, no prelo);
- o estado civil é, prevalecentemente, solteiro, seguido de casado, divorciado e, residualmente, viúvo / união de facto;
- quanto às habilitações literárias, 33% regista o 1.º ciclo do ensino básico, 24,5% o 2.º ciclo e 17% o actual nível de escolaridade mínima obrigatória;
- ao nível do emprego existe nos homens uma grande diversidade, sendo possível destacar a construção civil como a área profissional da maior percentagem de reclusos; as mulheres são sobretudo domésticas ou vendedoras ambulantes;
- as tipologias de crime prevalecentes são as relacionadas com estupefacientes, seguidas por crimes contra o património e, resi-

dualmente, por crimes contra pessoas e contra a vida em sociedade; também aqui a amostra segue os padrões da população prisional total (Rocha & Oliveira, no prelo);

- o tempo de pena de prisão varia, para 76,5% dos entrevistados, entre três a nove anos.

O material recolhido para este estudo foi, inicialmente, sujeito a uma leitura que permitiu assegurar a sua viabilidade. A partir desta primeira abordagem, e com base numa competente análise de conteúdo, procurou-se estabelecer categorias nas quais se pudessem agrupar as razões para o regresso, expressas pelos 89 entrevistados que voltaram ao Estabelecimento Prisional após a spp.

Numa primeira fase propuseram-se oito categorias, denominadas *família, apoio institucional, obrigação moral, reestruturação interna, medo das consequências legais, compensação legal / benefício jurídico, duração da pena a cumprir* e *tempo*. Fruto de uma continuada análise das respostas e com o intuito de atingir um maior nível de abstracção, foi necessário reformular algumas das categorias e renomear outras; assim: *família* e *apoio institucional* mantiveram a mesma designação; *obrigação moral*, temporariamente cruzada com *ética, noção de compromisso, confiança* e *fidúcia*, acabou por resultar em *noção de dever*, conceito mais lato e abstracto, no seio do qual poderiam caber todas estas sub-categorias; *reestruturação interna* deu lugar à categoria *projecto de vida*, alargando a sua abrangência, para além dos aspectos psicológicos, à definição do processo de reinserção e de metas pessoais; por seu lado, *medo das consequências legais, compensação legal / benefício jurídico* foram condensadas numa categoria mais lata, que reuniu em si quer os aspectos negativos, quer os positivos inerentes à aplicação da lei, que se designou por *consequências jurídicas*; da mesma forma *duração da pena a cumprir* e *tempo* contribuíram para a categoria final *tempo de pena*.

Importa salientar que a categoria *noção de dever*, ela própria, propositadamente definida de forma abrangente, coloca algumas questões quanto ao seu alcance, podendo induzir alguma sobreposição em relação às restantes categorias propostas. Tendo em conta que esta abrangência é metodologicamente tolerável dentro de certos limites (Strauss & Corbin, 1998), considerou-se que a riqueza do conteúdo do conceito justifica a sua manutenção.

Para efeitos de tratamento estatístico optou-se por considerar apenas uma categoria – a entendida como principal, de maior relevância para o sujeito – ainda que em diversas entrevistas se tenham registado várias respostas ilustrativas de motivações para o regresso, muitas delas referentes a mais do que uma categoria classificativa.

Análise de dados

I – *Família*

Muito se tem escrito sobre família, facto que se deve à forma como se aborda o tema e aos diferentes ângulos de análise que se podem adoptar quando se estuda a sua estrutura e os fenómenos que ocorrem no seu seio. Pode-se considerar que inclui muitos elementos, ou que se restringe à família nuclear; pode ser encarada como um sistema aberto ou fechado; estático ou dinâmico. Além disso, a família pode ser estudada em diferentes áreas do conhecimento que, por conseguinte, vão dar mais importância a determinados factores e minimizar outros. Um biólogo salientará fenómenos como hereditariedade e genética; um psicólogo dará mais relevância às relações que se estabelecem entre os diferentes membros da família; um sociólogo olhará para a família como uma micro-sociedade.

Relvas (1996) fala de família como o micro-meio primário natural do indivíduo. Já Minuchin (1982) é mais abrangente, sugerindo família como uma organização de sub-sistemas sujeitos a transições funcionais evolutivas (ciclo vital), que implicam a definição de limites e hierarquias, alianças e distanciamentos e, por vezes, coligações.

Do ponto de vista jurídico e sociológico, a família é a célula da organização social, embora a sua composição típica varie de acordo com as culturas e épocas, sendo a primeira e principal transmissora de padrões fundamentais de socialização.

No entanto, e tendo por base as respostas dadas pelos reclusos, parece que a definição que mais se adequa ao presente estudo é aquela que fala da família como um grupo de pessoas unidas directamente por laços de parentesco, no qual os adultos assumem a responsabilidade de cuidar das crianças. Os laços de parentesco são entendidos como as relações entre indivíduos, estabelecidas através do casamento ou por meio de linhas de descendência, que ligam familiares consanguíneos [mães, pais, filhos(as), avós...].

Todas as famílias passam por aquilo a que podemos denominar de ciclo de vida, como nos dizem Klein e White (1996). Ao longo deste ciclo existem momentos de crise, que Minuchin (1982) refere como necessários, surgindo como reacção a pressões internas (como fases de transição do ciclo vital, ou mudanças importantes na história da família), ou pressões externas (de que são exemplo mudanças na sociedade ou no contexto envolvente).

A reclusão de um ou mais membros de uma família constitui um momento de crise ou desequilíbrio. Na opinião de Alarcão (2000) é já a própria família que leva a esta situação, pelas suas características estruturais e funcionais.

Com efeito, a associação da família à delinquência já vem de longa data, mas é sobretudo a partir de meados do século XIX que se aceita essa ligação como pacífica. Actualmente, existem numerosos estudos (com preocupação marcadamente empírica), sobre vários aspectos da família, variando o seu enfoque em função da opção metodológica dos investigadores.

Existem estudos sobre conflitos, particularidades dos pais, falta de supervisão e controlo, tamanho da família, irmãos, área de residência, divórcio, entre outros. Será possível afirmar que existe uma prevalência de estudos indicando a falta de competência parental, a discórdia na família e os maus-tratos na infância como preditores da violência e da criminalidade (Lipsey & Derzon, 1988).

Segundo Alarcão (2000), a família de um delinquente possui regras geralmente inconsistentes, demonstrando uma insuficiência dos papéis parentais. Sobressai uma delegação da parentalidade noutras figuras, fraca delimitação dos sub-sistemas, caoticidade geral das transacções entre os diferentes elementos, carências afectivas e uma atmosfera claramente abandónica.

Por outro lado, Minuchin (1982) fala da família de um indivíduo violento como tendo um elevado grau de rigidez hierárquica, com várias crenças em torno da obediência e do respeito e também ao nível da disciplina e do castigo e pouca autonomia dos seus membros. Estas condicionantes fazem com que o indivíduo identificado como violento se veja como fraco face àqueles que o atormentam. Esta repressão tem, frequentemente, como efeito aumentar a experiência subjectiva da vítima, potenciando a probabilidade de surgirem comportamentos violentos.

Outros estudos analisam a interacção de vários factores relativos ao meio e ao indivíduo (Juby & Farrington, 2001; Le Blanc, 2002; Reiss et al., 2000). Refiram-se, assim, alguns resultados mais recentes. Por exemplo, McCord (2002) conclui que a influência da família no indivíduo provém de três factores: a genética, a colocação em contexto físico e socioeconómico e a prática educativa dos pais.

Já Patterson e Yoerger (2002), no seguimento de uma investigação anterior (Farrington & Hawkins, 1991; Patterson, Capaldi & Bank, 1991; Patterson, Crosby & Vuchini, 1992; Patterson, Debaryshe & Ramsey, 1989; Patterson & Yoerger, 1993; Simons, Wu, Conger & Lorenz, 1994), formulam as suas conclusões a partir do pressuposto de que existem dois tipos de comportamento anti-social, um de início precoce e outro de início tardio. Os indivíduos diferem significativamente em termos de contexto familiar, padrões de desenvolvimento e nível de adaptação, de acordo com a pertença a um ou a outro grupo. Os que pertencem ao grupo de início precoce evidenciam falta de controlo, supervisão e comunicação parental, bem como o frequente reforço negativo do comportamento anti-social. Já os de início tardio estão mais ligados à influência de pares desviantes, associada à existência de desajustamento nas práticas educativas dos pais.

A investigação criminológica também tem demonstrado a importância da família. A família de origem – a família nuclear onde o indivíduo nasceu – e a família de procriação – que corresponde ao casal e à sua descendência – assumem particular relevo na prevenção e origem da delinquência (Speck, 1985). Outras teorias criminológicas acentuam o papel da família ao explicar o fenómeno criminal (Hirshi, 1969; Hawskin & Weis, 1985).

Com base nesta distinção, Goppinger (1975) concluiu que, nas últimas gerações, a família evoluiu de uma estrutura ampla tradicional (compreendendo várias gerações), para a família nuclear ou individualista (composta pelos cônjuges e filhos menores). Mas além da mudança de dimensão, a família vê transformado o papel de cada membro: deixa de haver o tradicional pai, cabeça de família, e a mãe, fonte de assistência contínua. A par destas alterações existem as chamadas famílias estruturalmente incompletas, nas quais os papéis dos progenitores não estão devidamente ocupados (são os casos resultantes de óbitos, divórcios, etc.). No entanto, o autor conclui que as ditas alterações, nomeadamente o carácter incompleto da família, têm uma importância muito menor no desvio do indivíduo do que se vem atribuindo. A falta de unidade familiar, a família desordenada, a atitude de desinteresse do progenitor face ao trabalho, a promiscuidade sexual, o abuso de álcool ou estupefacientes ou, ainda, a delinquência na família de procedência, constituem preditores de comportamento desviante.

Deste modo, constata-se que a generalidade dos estudos que relacionam a família com o crime procuram a associação de diversos aspectos desta à delinquência e aos comportamentos anti-sociais (Ferguson, 1952; Wells & Rankin, 1991; Trepanier, 1995; Hirshi, 1995; Reiss et al., 2000; Farrington et al., 2001; Le Banc & Janosz, 2002; McCord, 2002; Kury & Woessner, 2002).

Existe, ainda, ampla literatura a avaliar a intervenção na família como forma de limitar a delinquência (Chamberlain, 1999; Kazdin, 1998; Henggeler et al., 1988; Tremblay et al., 2000).

Contudo, independentemente da personalidade da família ou do seu contexto sócio-económico, a situação de reclusão é sempre vivida como crise (no sentido de mudança), uma vez que a falta de um membro vem alterar a estrutura e funcionalidade dos restantes elementos. O recluso também sente essa crise, mas esta é vivida de diferentes formas, que dependem do papel que esse indivíduo tinha na família e da função que nela desempenhava.

Neste sentido, Klein e White (1996) falam de posições e papéis no seio da família. A posição seria definida pelo género, casamento ou relações consanguíneas. As posições básicas numa família são marido, esposa, pai, mãe, filho(a), irmã(o). O papel é definido como o conjunto de todas as normas associadas a cada uma das posições. Por exemplo, na maioria das sociedades, o papel da mãe implica educar e proteger a criança.

Reportando ao presente estudo, verifica-se que muitos dos reclusos têm como papel o sustento da família ou, em alguns casos, o de único elemento adulto, no caso de uma família monoparental. É nesta vivência de crise familiar que surge a dimensão *Família*, uma vez que foram vários os reclusos que apontaram a família ou um dos seus elementos como a principal motivação para o regresso após a precária.

Existindo diferentes papéis ou funções dentro da família surgem, obrigatoriamente, diferentes razões (mais específicas) dentro desta dimensão. Os reclusos que se sentem como sendo o elemento que tem o encargo económico da família vêem-se, agora, na obrigação de voltar, após a precária, para que possam cumprir a pena, de forma mais breve possível, de modo a voltar o quanto antes a assumir essa função.

«... pronto é diferente... para mim é diferente porque eu tenho... tenho cinco filhos e tenho a minha esposa à minha espera e eu tenho de vir mesmo... tenho de vir mesmo... é mesmo de obriga...»

Por outro lado, existem reclusos que sentem que, de um modo geral, sempre foram o elemento que desilude ou desaponta os restantes membros da família. Agora, revelam um interesse em mudar de papel, ou seja, regressam pois não desejam decepcionar mais a família.

«... ia dar à minha família um desgosto pior do que eu trago...»

«Como as pessoas que gostam de mim estão fartas de sofrer comigo...»

«Não queria desiludir os pais.»

Contudo, para alguns reclusos a preocupação, mais do que não desapontar a família, é não decepcionar a mãe. Verificou-se que a mãe assume um papel determinante na vida dos mesmos, levando-os a decidir voltar ao estabelecimento prisional após a saída precária. Convém aqui salientar que a mãe é quem cuida e protege, é aquela que é capaz de dar amor incondicional aos seus filhos, por piores que tenham sido os seus actos, sendo também, por isso, a pessoa que continua a visitar o seu filho, quando todos os outros o abandonam. Estes actos fazem com que o recluso perceba que não pode mais desiludir a mãe, tentando fazer algo de que ela se orgulha e que, de algum modo, cesse o seu sofrimento.

«... e tenho de dar alegria à minha mãe porque a minha mãe não tem tido muitas alegrias. Muitas tristezas. E ela merece uma alegria... muito grande.»

«... e eu vi que se não voltasse nunca mais seria a mesma coisa e possivelmente ia perder a minha mãe. Eu tento não lhe trazer mais preocupações do que as que lhe tenho dado. Foi esse um dos principais motivos que me levou a regressar.»

«... pelo menos pela minha mãe, aquilo que ela fez por mim, acho que nunca vou ter tempo de lhe pagar, mas acho que ela merece.»

«... voltei pela minha mãe.»

Note-se que o papel da mãe revelou grande importância, o que poderá dever-se à relevância que é dada à mãe na nossa sociedade.

Por vezes, a decisão do recluso não passa só por ele mas também pela família, uma vez que referem que foi esta que fez pressão para que o indivíduo regressasse da precária, sendo muitas vezes os próprios, a levá-los de volta ao estabelecimento prisional. De uma forma geral são os pais e/ou irmãos que impõem este tipo de comportamento. Pode-se levantar, aqui, a hipótese de este facto se verificar em pessoas que não são casadas, não têm filhos, ou seja, não têm responsabilidades de maior que os façam sentir-se motivados para voltar sendo, por isso, a família a incutir esta motivação.

«... na primeira precária foi uma pressão muito grande da minha família.»

«Foi a minha mãe que me faz voltar.»

Regressar tem subjacente, por vezes, um receio sentido e expresso por parte dos reclusos em, de algum modo, prejudicar a família, uma vez que referem não querer que a polícia vá "bater à porta" das casas dos membros da sua família e muito menos "que lhes sigam os passos".

«... e depois, é a minha família, a casa é logo rodeada de agentes, eu não quero prejudicar mais a minha família...»

Nalgumas situações, a motivação está no facto de o regresso ser uma fonte de satisfação e alegria para a família. Nestes casos, se esta reagir como esperado pelo recluso, o próprio contentamento poderá funcionar como reforço positivo, dando origem a um ciclo de regresso--satisfação.

«... e segundo é por causa da minha família, também. Ver a alegria deles.»

«Vir que é para depois também fazer a minha família feliz.»

Quando os reclusos têm filho(s), é referido que já perderam muito do seu desenvolvimento e da sua educação, sentindo que devem terminar a pena logo que possível, de modo a participarem plenamente na vida do(s) filho(s) e até recuperar algum do "tempo perdido".

«... o peso da responsabilidade de ter um filho para criar, já que o fui buscar ao colégio. (...) Só o facto de ter um filho e uma casa para mim, disse-me logo tudo, não posso virar as costas às responsabilidades.»

«Se eu posso ser feliz com a minha esposa e os meus filhos, por que é que eu vou estragar o resto da minha vida? Não quero estragar, nem penso estragar. Vou acabar para poder sair.»

«...eu tenho seis filhos, então, o que é que eles esperam de mim? Já estão estes anos todos sem terem o pai, agora o pai está na rua, mas também não está com eles, por isso, para mim, não adianta fugir.»

«Além disso, eu tenho uma filha pequenina para crescer.»

Para alguns dos reclusos entrevistados parece que o facto de existir uma família é, por si só, razão suficiente para que o recluso regresse. Poder-se-á pensar que o que tem especial relevância, neste caso, é o apoio emocional sentido por parte do indivíduo. É sabido que (quando existe) o suporte familiar/emocional favorece o fortalecimento psicológico do sujeito, aumentando a sua auto-estima e a confiança em si próprio, aspectos que poderão dar origem a um encorajamento para regressar e cumprir a pena.

«... e depois isso também me dá força para eu (...) para eu regressar...»

«Quando entrei disseram, "porta-te bem, Rui, daqui a uns mesitos estás cá fora outra vez." E essa força... "Vai lá para dentro que a gente está cá fora e quando saíres tens sempre uma porta aberta."»

«A família conta muito.»

«É quando me despeço da minha mãe, me despeço do meu filho, "não, não posso fazer isto". (...) Prontos, eu tenho a minha mãe, que tem muitos anos, tenho o meu filho, a minha irmã. Tenho pessoas que gostam de mim. Se calhar, se as pessoas que gostam de mim não me ligassem, se calhar nem tinha vindo, porque não havia nada a prender-me na rua.»

«É em função das pessoas que gostam de mim e em função de mim, mas é em função de mim porque eu tenho aquelas pessoas.»

«Foi a família, ponto final. Adoro os meus pais.»

Será importante referir que nesta categoria – *Família* – foi utilizada a expressão "obrigação" o que remete para uma outra dimensão definida neste estudo que é a *Noção de Dever*. No entanto, sempre que a motivação para o regresso for uma obrigação sentida associada à família então considera-se como mais importante esta última.

Foi referida também a noção de tempo perdido [na educação do(s) filho(s)], relacionada com a categoria *Tempo* existente no presente estudo.

Contudo, uma vez que este tempo perdido se refere à família, ou a algum membro em particular, optou-se pela *Família* como resposta a ser considerada.

Surgiu, igualmente, a ideia de apoio emocional, muito relacionada com o suporte social, logo com o *Apoio Institucional*, contudo a referência à família parece ser mais significativa, enquadrando-se assim nesta dimensão, uma vez que este apoio é veiculado por um ou mais elementos da família.

É importante salientar que, embora já tenham sido realizados estudos sobre a relevância da família e a sua influência em cada um dos seus elementos, o papel da família na preparação do recluso para o regresso ao meio livre ou, concretamente, na reinserção social do delinquente, tem sido uma vertente negligenciada, pese o relevo que a fase pós reclusão tem no afastamento do comportamento anti-social ou, pelo contrário, na recidiva.

II – *Projecto de vida*

O tempo de pena que um recluso cumpre, embora possa não ser necessariamente sentido como um tempo perdido, é, na maioria dos casos, um impasse no que respeita à vida pessoal e profissional. Assim, o recluso encontra-se impedido de exercer a profissão que tinha no exterior (quando é esse o caso), bem como de investir na sua vida afectiva.

É, portanto, natural que nas entrevistas realizadas tenham surgido referências ao desejo de retomar a vida que tinham, ou de, nas situações em que estas facetas da vida ainda não estavam em desenvolvimento, quererem iniciar um percurso profissional ou assumir um relacionamento estável. Neste sentido, pareceu importante criar esta categoria, uma vez que a definição de objectivos de vida parece ter grande influência no regresso do recluso após uma saída precária.

Quando um indivíduo está perante uma situação complexa e importante, como é esta de definir um projecto de vida, empenha-se num processo de deliberação e de resolução que implica uma série de tarefas e de iniciativas que, embora variável e reversível, é normalmente composto por uma fase de exploração, um tempo de cristalização, um outro de especificação e, por fim, um período de realização. Cada etapa desta sequência obriga o sujeito a recorrer a competências, atitudes e conhecimentos particulares que, obviamente, são diferentes de indivíduo para indivíduo.

Nesta altura é importante que as pessoas tenham a capacidade de fazer o inventário das possibilidades, colocar questões pertinentes, organizar os elementos do problema e esclarecer os objectivos, identificar as suas necessidades e valores, avaliar os factores da realidade e estimar as probabilidades (Pelletice et al., 1982).

A maturidade necessária para realizar estas tarefas não implica apenas conhecimentos. É exigido ao indivíduo que possua uma consciência positiva de si mesmo através de um desenvolvimento das suas capacidades introspectivas, permitindo-lhe, assim, procurar informação em função da sua identidade pessoal, ter a noção da necessidade de ajustar as suas aspirações e a sua tendência para o risco e possuir a capacidade para elaborar estratégias de mudança e de estabilidade perante as suas decisões.

É precisamente neste ponto que os aspectos relativos à personalidade são determinantes. O nível de desenvolvimento de cada indivíduo e as várias opções que foi tomando ao longo da vida, bem como outro tipo de factores que estão subjacentes à sua consciencialização (aspectos económicos, culturais, étnicos e geográficos), vão ter um forte impacto na definição da identidade do sujeito e, consequentemente, na sua capacidade para aprofundar as questões relativas ao seu projecto de vida.

É importante perceber que, para que o indivíduo consiga atingir este nível, três princípios devem ser observados:

1) as experiências devem ser vividas, o que remete para a importância das saídas precárias e do confronto com antigas e novas vivências com um maior nível de maturidade:

«... dá para sentir a realidade e dá para sair logo dessa realidade.»

2) as experiências devem ser tratadas cognitivamente, ou seja, pensadas e elaboradas, sendo para isso necessário um espaço que propicie as condições para tal:

«... voltar e ter tempo para analisar...»

3) devem integrar-se lógica e psicologicamente, o que significa que necessitam de ser interiorizadas:

«...eu aqui no dia-a-dia 'tou a construir (...) estou a construir bases e estruturas para depois, ou os alicerces, para depois poder estar bem com isso.»

Embora mais focada no desenvolvimento de carreira, a proposição teórica de que as raízes dos aspectos pessoais do desenvolvimento de carreira são para serem descobertas no desenvolvimento individual precoce (Bordin, 1943) pode ser aplicada neste contexto.

O que se verifica é que muitos dos reclusos necessitam de elaborar algum trabalho de regressão e/ou de reestruturação (especialmente os ex--toxicodependentes) para depois poderem descobrir essas raízes e passarem a ter a capacidade de pensar na sua vida de forma realista. Esta regressão seria um *reculer pour mieux sauter*, um concentrar e integrar forças, que no decorrer da evolução vão reconstruir, e em alguns casos construir, uma base de personalidade (Jung, 1999). Nas palavras de um dos reclusos entrevistado:

«...sei que tenho que ser ainda mais forte quando sair daqui, ao fim destes três anos, e sei que vou sair mais estruturado, por isso é que volto.»

A compreensão por parte dos reclusos desta necessidade é também expressa nesta resposta:

«... eu prefiro sair no fim e com um bom estado, com uma recuperação mais sólida, do que sair agora e voltar para o mês que vem...»

Esta capacidade de análise, embora não muito frequente, demonstra alguma maturidade e é um bom indicador de um trabalho sólido ao nível da reestruturação do indivíduo.

No entanto, este trabalho não é passível de ser realizado pelo recluso sozinho. É importante que se possa disponibilizar alguma orientação, quer a nível de carreira, quer a nível pessoal, ajudando-o a desenvolver e a aceitar um quadro integrado e adequado de si próprio e do seu papel no mundo do trabalho, a avaliar o auto-conceito e adequá-lo à realidade, de modo a obter satisfação para si e para a sociedade (Super, 1957). Esta necessidade/realidade é expressa por um dos reclusos quando diz:

«Aqui estou a ter a possibilidade de fazer algo por mim... estou a ser apoiado...»

Obviamente que esta afirmação também nos remete para a importância de uma outra das variáveis em estudo, que é o *Apoio Institucional*. No entanto, parece-nos que, relativamente a este testemunho, o aspecto mais importante se prende com o desejo do recluso em fazer algo por ele próprio, independentemente dos apoios e das ajudas que recebe para o conseguir.

Da análise das diferentes entrevistas constata-se que nem todos os reclusos se encontram na mesma fase no que respeita a este tipo de processo. Maslow (1954) defende que as necessidades básicas se dispõem numa ordem hierárquica, sustentando que as de ordem superior não se tornam activas se as de ordem inferior não estiverem satisfeitas. Esta teoria chama a atenção para a variedade das necessidades e motivos que contribuem para o desenvolvimento do indivíduo.

Essa hierarquia tem como primeiro grau as necessidades fisiológicas básicas, depois as de segurança (material e interpessoal), seguidamente as de associação e amor e necessidades sociais, as necessidades de auto-estima (a nível do *feedback* de outros e de actividades de auto-confirmação) e, por fim, as de auto-realização.

Embora possa ser posta em causa a noção hierárquica apresentada por este autor, especialmente pelo facto de estas categorias serem demasiado genéricas, esta é uma boa base para a compreensão das diferentes necessidades e dos diferentes níveis de desenvolvimento de projecto de vida que os reclusos apresentam (Sohein, 1982).

Por este motivo, para o presente estudo foram consideradas como definição de Projecto de Vida todas as indicações que sugerem que os reclusos pretendem retomar ou refazer os seus projectos, quer a nível profissional, quer a nível pessoal. As vontades de retomar a antiga profissão, de constituir família, de mudar de local de residência, entre outras, são interpretadas como atitudes conducentes ao cumprimento de uma fase de especificação que, se for interiorizada e sustentada, conduzirá, desejavelmente, a uma fase de realização, essencial ao processo complexo que é o estabelecimento de um projecto de vida.

Relativamente ao nível pessoal, denota-se uma grande vontade de reassumir os seus papéis de pais e/ou cônjuges. Nas situações em que o recluso já tem uma família constituída, muito do seu projecto de vida passa pela mesma:

«Porque eu quero reorganizar a minha vida e encontrei a minha companheira agora... e ela tem duas filhas para acabar de criar e eu faço questão de as ajudar a criar.»

Uma derradeira chamada de atenção para a situação específica dos reclusos toxicodependentes, para quem a mais importante e prioritária tarefa relativa ao seu desenvolvimento pessoal e, consequentemente, ao desenvolvimento das outras facetas da sua vida, é a possibilidade de se libertar da dependência e dos seus hábitos de consumo. Esta hipótese de reabilitação é de tal forma importante que surge, nalgumas situações, como uma das motivações mais fortes para regressar (ainda que não a única). Como exemplo temos as afirmações de alguns dos reclusos:

«... eu aproveitar esse tempo para me recuperar e conseguir ter a minha vida...»

«... para quem vem para continuar aquilo que começou a fazer com muita vontade e quer continuar...»

«... saber que é possível ir à rua e nunca mais voltar a consumir.»

«... arranjar a minha vida e pronto deixar esta vida, esta vida desta maldita desta... desta maldita droga (...) que foi a minha desgraça...»

III – *Consequências jurídicas*

A categoria que, neste estudo, surge intitulada por *Consequências jurídicas* refere-se às consequências estabelecidas pelo sistema judicial perante o facto de o indivíduo regressar, ou não, ao estabelecimento prisional, no termo final do período concedido para saída precária prolongada (spp). Há que considerar ainda a hipótese de este regresso ocorrer, mas para além da data e hora previstas.

Estas consequências podem ser positivas, como a provável continuação da cedência de novas spp, liberdade condicional, RAVI / RAVE e, eventualmente, outros benefícios dentro do estabelecimento prisional, por exemplo, manter o seu trabalho. Contrariamente, podem ser negativas, de que são exemplo o indeferimento dos pedidos seguintes de spp, o comprometimento da concessão de liberdade condicional, ou a perda de benefícios dentro do E. P.

Em termos teóricos, pode entender-se este processo, referente às consequências da conduta do recluso, à luz das teorias psicológicas da aprendizagem, nomeadamente, dos postulados defendidos pelos autores do condicionamento instrumental / operante, nomeadamente Thorndike e Skinner (Gleitman, 1993). Segundo esta abordagem, a resposta (ou comportamento) é instrumental no sentido em que leva a um efeito desejado. O reforço (ou recompensa) depende da ocorrência da resposta (acção). Esta é escolhida de entre um conjunto, por vezes muito amplo, de alternativas. O sujeito aprende a relação entre o comportamento e a recompensa: dada a acção seguir-se-á o reforço.

São exemplos de respostas ilustrativas da justificação do regresso no fim da spp em função da possibilidade de obter benefícios, as seguintes afirmações proferidas por alguns reclusos:

«O meu objectivo é continuar a ir de precária.»

«Agora é ter o RAVI, ir lá fora, continuar a ir de precárias.»

«É o facto da condicional, sair mais cedo daqui.»

«Ir de condicional, ir de condicional...»

Existe uma outra classe de acontecimentos que não é menos relevante para a aprendizagem instrumental do que as recompensas e que corresponde à outra face da moeda: os castigos, ou seja, reforços negativos, também designados por estímulos aversivos.

Segundo Gleitman (1993), podem distinguir-se vários tipos de aprendizagem instrumental que dependem do uso de reforços negativos. O mais comum, proveniente da vida quotidiana, é o do treino da punição: uma resposta que é seguida de um estímulo aversivo tenderá a ser suprimida em ocasiões ulteriores.

Os reforços negativos podem enfraquecer as tendências de resposta, tal como no treino da punição, mas também podem ser utilizados para as fortalecer. Isto ocorre na aprendizagem da fuga e na aprendizagem da evitação. Na primeira, a resposta põe termo a um acontecimento aversivo que já tinha começado; na segunda, o sujeito pode prevenir totalmente a sua ocorrência.

Quer o treino de punição, quer a aprendizagem da fuga, ajustam-se facilmente à concepção de Thorndike-Skinner da aprendizagem instrumental (Gleitman, 1993). O treino da punição representa simplesmente o lado oposto da lei do efeito: enquanto os reforços positivos fortalecem a resposta que os precede, os reforçadores negativos enfraquecem-na.

O reforço pode ocorrer meses ou mesmo anos após uma acção e, ainda assim, ter efeito, uma vez que os indivíduos conseguem relacionar o presente com o passado mediante mecanismos simbólicos. No entanto, o facto de as pessoas superarem longas demoras do reforço não implica que tal se verifique na maioria das vezes. A verdade é que muitas das acções humanas são ditadas por recompensas imediatas, independentemente dos resultados a longo prazo.

É neste sentido que surgem algumas respostas, em que a justificação central para o regresso parece ser a garantia de resultados desejados ou o evitamento de consequências prejudiciais, a longo, mas também a médio prazo, como sejam:

«(...) sei que tenho que me entregar porque senão cortam a precária.»

«Se me derem outra precária, nunca vou lá ficar fora, porque primeiro está a minha liberdade. (...) O que me adiantava ficar lá fora e não aparecer? Sei que, quando voltasse, não me davam mais nenhuma precária. Tenho a condicional quase à porta e isso conta muito.»

«A minha única razão é que ao fugir ia estragar tudo. Fugia, mas depois era apanhado. Podia ter a sorte de não ser, mas isso é difícil, tinha que ir para o estrangeiro e depois não podia estar com as pessoas que mais gosto (...) e depois se fosse apanhado vinha cumprir e depois como se costuma dizer, era até ao osso.»

«Então, sabe o que é uma pessoa evadida? Desconfia de tudo e de todos! A Sra. não pode estar a olhar para mim e pegar no telefone e coisa, porque sou capaz de reagir mal, entende? Porque não dá. E depois, para quê? Para arranjar mais processos. Então, quer dizer, ainda não me limpei de uma e já vou arranjar mais?!»

«(...) porque é um grande erro que as pessoas fazem em não cumprir, porque só se está a adiar os anos de cadeia. (...) Saio em Janeiro, se não houver nada em contrário, saio em Janeiro, mas se a pessoa foge já não sabe quando sai, a qualquer momento é capturado e depois mais processos, é mais isto, é mais chatices e nunca mais acaba de cumprir a pena.»

«Problemas por parte do juiz, não sei se dá condenação não voltar, mas é sempre chato. Eu sabia que depois tinha de voltar, fugir não leva a nada.»

Neste sentido, Thorndike (1911) defende que tudo quanto se aprende resulta de um aumento da força da resposta correcta. Como já foi referido, a sua lei do efeito postula que as consequências, isto é, os efeitos de uma resposta, determinam se a tendência para a executar se fortalecerá ou enfraquecerá. Se a resposta for seguida de uma recompensa, fortalecer-se-á; se for seguida de ausência de recompensa ou, pior ainda, de um castigo, enfraquecer-se-á.

Assim, o reforço pode surgir como algo bom (reforço positivo), condição que o indivíduo pretende alcançar e que nada fará para evitar; ou pode também consistir no termo ou prevenção de algo mau (reforço negativo), situação face à qual o indivíduo tudo fará para evitar e nada para alcançar. Um reforço torna-se cada vez menos eficaz quanto mais demorada for a sua apresentação, após a ocorrência da resposta. A probabilidade de resposta aumenta com o número crescente de reforços. Geralmente, essa resposta acaba por ser extinta quando o reforço é suspenso.

Nesta área defende-se que o primeiro – e primordial – papel da recompensa é afastar o indivíduo do problema e assim evitar a desaprendizagem. Parece, então, tornar-se claro que ao receber algum tipo de reforço – consequência positiva – pelo facto de ter regressado no fim da saída precária, o recluso não só diminuirá o seu desejo de fuga, mas também sentirá maior motivação para concretizar com sucesso as próximas spp de que venha a beneficiar.

«Senti que posso ficar um ou dois meses sem ir à rua outra vez, mas há-de chegar o dia em que vou outra vez lá fora.»

«... se lhe dão uma oportunidade de ir, eu acho que a pessoa deve voltar, que a seguir dão-lhe outra oportunidade de sair outra vez. E para ter a liberdade (depois) condicional. Agora, eu acho que se não voltar, um dia mais tarde sou agarrado e venho... pagar aquilo que me falta pagar.»

«É portar-me bem, como sempre me tenho portado, é fazer a minha vida como sempre tenho feito. Se eu tivesse falhado não me davam a precária.»

No entanto, parece que o que está aqui em jogo ultrapassa aquilo que, em termos teóricos, é definido como a aprendizagem de fuga, conceito que remete para o alívio em relação à punição. Com efeito, mais do que evitar os castigos decorrentes do não regresso, em muitos casos, parece ser também o facto de o sucesso ser positivamente recompensado, que mais determina a vontade de cumprir correctamente as regras estabelecidas para o gozo da precária (nomeadamente, voltar e, de preferência, na data e hora previstas).

«(...) criar forças pelo facto que sei que eu estou assim, mas que tenho que voltar ao fim daqueles três dias e àquela hora.»

«Porque se eu não voltasse só ia prejudicar-me a mim, não prejudico mais ninguém. E não me vou prejudicar, claro! Por esse motivo é que eu quando saio meto logo na cabeça que tenho, que no dia que está determinado eu voltar... tenho que voltar mesmo.»

Numa perspectiva psicológica, talvez se possa considerar que o processo de aprendizagem é feito com base não apenas na interiorização de regras, mas também por observação de outros indivíduos – que, voltando ou não ao estabelecimento prisional, vêem o seu regresso compensado, ou a sua fuga severamente punida – e pela repetição da sua própria experiência. Por exemplo:

«Eu vi montes de companheiros meus a ficarem lá e dois meses depois, ou três meses depois, já cá estão. Em vez de cumprirem dez, estão a cumprir doze e meio, mais aquilo que trouxeram.»

É também dessa observação do comportamento dos outros que muitas vezes resultam algumas atitudes frequentes no meio prisional. Com efeito, verifica-se que alguns reclusos censuram os que não voltam ao E. P. no termo das spp com base na ideia de que, por causa de um caso de insucesso, todos os outros sofrerão consequências negativas. Na verdade, no sistema prisional português não são raras as situações em que, face a um aumento da taxa de insucesso das spp, o Conselho Técnico – órgão responsável pela sua concessão – opta por tornar mais rígidos e exigentes os critérios para deferimento desses pedidos. Apesar da frequência com que se registam este tipo relatos entre os reclusos, há que atender ao facto de não existirem bases bibliográficas que documentem estas ideias.

Compreende-se então que, relativamente à importância dada às consequências jurídicas, parece ser determinante não só a capacidade de interiorização de regras, mas também uma boa adaptação real ao sistema prisional, por parte dos reclusos. Com base nas respostas recolhidas através das entrevistas, verifica-se que, para muitos deles, o facto de terem que cumprir determinados procedimentos e respeitar prazos estabelecidos é condição necessária para que possam, a médio e longo prazo, vir a usufruir de benefícios e recompensas por eles muito desejadas.

«Tenho uma pena para cumprir e quem sou eu para dizer que está bem ou que está mal? Eu acho que está mal, mas não posso lutar. Então vou ter um comportamento exemplar para ver se me dão a oportunidade.»

«Porque tinha que andar fugido, porque iria ter um mandado de captura atrás de mim e a partir daí nunca estava sossegado, não podia ter um trabalho, não podia ter "coiso", portanto, se eu fui condenado não posso fazer mais nada. Só tenho que tentar levar isto da melhor maneira até acabar isto e ficar livre disto de uma vez por todas (...)»

«Já cumpri quase metade da pena, já fui de precária, agora mais seis meses e vou outra vez, depois vou lá fora para os pavilhões, para o RAVI e depois já vou a casa de mês e meio em mês e meio...»

Como exemplo paradigmático, constata-se que a maioria dos reclusos que regressam ao estabelecimento prisional no fim da spp têm interiorizada a noção de que, caso não cumpram esse requisito, não só perdem a oportunidade de concretizar alguns dos seus objectivos (ir a casa com regularidade, ver encurtada a pena a cumprir, beneficiar de RAVI ou RAVE), como, por sanção, poder sofrer consequências negativas, muitas vezes comprometedoras dos seus projectos de vida a médio e longo prazo (nomeadamente, por verem adiada a sua liberdade).

Eis algumas declarações alusivas a esses casos:

«(...) penso que em Portugal não há sítio para uma pessoa estar em que a polícia não o possa ir buscar. E uma pessoa para estar lá fora e andar sempre fugido não pode fazer uma vida estável (...)»

«Se não regressar é pior, isso é que é. Isso só está a atrasar a minha situação prisional.»

«(...) e sair daqui o mais rápido possível para estar com a minha família e começar a fazer uma vida normalmente.»

Pelo exposto, parece importante destacar a acentuada valorização que os reclusos dão às consequências dos seus comportamentos referentes ao gozo e cumprimento das saídas precárias prolongadas, especificamente por se reflectir num efeito de ordem superior, presente desde o início do período de prisão, ele próprio o objectivo maior de qualquer recluso: sair do E. P., o mais depressa possível, recuperando a liberdade.

IV – *Tempo de pena*

Esta categoria conceptual faz referência à duração da pena atribuída ao recluso. Analisando esta variável, torna-se inevitável fazer a distinção – sugerida pelas afirmações dos próprios reclusos – entre aquele que é o período de tempo que ainda falta para o final da pena (pena remanescente), e o que já foi, efectivamente, cumprido (pena cumprida). Assim, se este último aspecto se liga ao passado, a noção de pena remanescente (e a perspectiva da sua maior ou menor duração), revela uma projecção do pensamento para o futuro.

Da reflexão sobre este conceito, que remete para a percepção do decurso do tempo, uma importante consideração se impõe. Assim, há que ter em conta o conceito *Tempo de Pena* como fazendo referência ao tempo real (cronológico e objectivamente mensurável), durante o qual o indivíduo tem que estar preso, mas também – e, provavelmente, é este o aspecto fulcral – há que atender à dimensão subjectiva que cada indivíduo coloca nessa análise. Como qualquer noção marcada pela subjectividade, esta percepção do tempo é pessoal e dificilmente se conseguirá obter a sua medida real.

Ao falar de tempo de pena não se pode deixar de ter em atenção que no sistema judicial português, por norma, um recluso não cumpre, na íntegra, a pena total que lhe é atribuída (Rocha, 2001). Assim, o mais frequente – dependendo da situação jurídica e de outros factores enumerados na lei (artigos 61 e 62 do Código Penal) – é que o recluso beneficie de liberdade condicional ao meio da pena, ou quando esta atinge os 2/3, na pior das hipóteses aos 5/6 da pena. Neste sentido, a análise das respostas dos indivíduos entrevistados não pode deixar de ter em conta este facto, que é do pleno conhecimento dos reclusos e que em muito influencia a sua percepção do tempo de pena a cumprir, uma vez que eles próprios nunca estabelecem como horizonte para a sua saída o cumprimento total da pena.

Considerando todos estes aspectos, que foram surgindo ao longo da análise das respostas que remetiam para o passar do tempo e a noção que os sujeitos têm desse processo, parece fundamental aprofundar estes conceitos, com base nalguns estudos psicológicos já efectuados nesta área.

Ao abordar o conceito de perspectiva de tempo, Nuttin (1985) defende que falar de noção de tempo exige uma clara distinção entre três aspectos do tempo psicológico, frequentemente designados pelo termo comum perspectiva de tempo.

O primeiro é a própria perspectiva de tempo (*time perspective*), que se caracteriza, essencialmente, pela sua extensão, densidade, grau de estruturação e nível de realismo. O segundo aspecto é a atitude quanto ao tempo (*time attitude*), que se refere à atitude do sujeito, mais ou menos positiva, em relação ao passado, ao presente e ao futuro. Finalmente, a orientação temporal (*time orientation*) diz respeito à direcção preferencial do comportamento do indivíduo, podendo este ser predominantemente dirigido a objectos – pessoas, locais, sensações, ideias, etc. – e acontecimentos do passado, do presente, ou do futuro. Por exemplo, pode-se assumir que, regra geral, os jovens são orientados pelo futuro, ao passo que as pessoas idosas se orientam mais pelo passado.

Neste sentido, poder-se-á considerar que os reclusos que referem predominantemente o tempo de pena já cumprida como factor determinante para o regresso, têm uma orientação ligada ao passado, ao passo que aqueles que se baseiam na pena remanescente se orientam, predominantemente, pelo futuro (o tempo que ainda falta cumprir).

Paralelamente às três dimensões do tempo – passado, presente e futuro – identificam-se três funções cognitivas construídas a partir do nível tridimensional do comportamento: enquanto a percepção estabelece o sujeito na situação presente, a memória selectiva reconstrói as experiências do passado e o futuro surge num nível de dinâmica e representação activa e imaginação.

A medida da perspectiva de tempo relaciona-se com os seguintes aspectos:

1 – a sua extensão, ou duração;

2 – a densidade com que os objectos são distribuídos entre diferentes períodos (passados e futuros);

3 – o grau de estruturação entre esses objectos dispersos, ou seja, a presença ou ausência de ligações entre os objectos, ou grupos de objectos;

4 – o grau de vivacidade e realismo com que cada objecto é percebido pelo sujeito, que varia em função da sua distância no tempo.

A estrutura mais elementar no curso do tempo é obtida dividindo-a em duas partes: o passado e o futuro, com o momento presente como ponto de referência. Os objectos são facilmente localizáveis num destes três instantes. Assim, uma qualquer perspectiva de tempo cria no sujeito uma abertura habitual ao passado ou ao futuro. A sua ausência significa a restrição a um presente contínuo. Os objectos virtualmente presentes tornam-se efectivamente presentes assim que são activados pela situação, ou por uma motivação relevante.

O objecto – por exemplo, uma compensação futura (como poderá vir a ser a obtenção de novas saídas precárias prolongadas – spp) – é assim parte do mundo comportamental, no sentido de que é um tipo de objectivo a alcançar. Em geral, os objectos da perspectiva de tempo estão entre os determinantes que mais regulam o comportamento.

É um exemplo disso a seguinte resposta:

«Mas acho que uma pena como a minha não compensa estragar o resto da vida por causa de uma pena de cinco anos. Se eu posso ser feliz com a minha esposa e os meus filhos, por que é que vou estragar o resto da minha vida? Não quero estragar, nem penso estragar. Vou acabar para poder sair.»

Se alguns acontecimentos são memorizados como pertencentes ao passado distante, outros podem ser representados como vindo a acontecer num futuro mais ou menos próximo. Assim, os vários objectos sobre os quais o indivíduo pensa – como objectivos a alcançar, que estimulam as suas acções – localizam-se em diferentes momentos e podem coexistir na mente com objectos de percepções presentes.

Talvez seja neste sentido que as spp funcionem como referência (no presente) de um objectivo que o recluso pretende alcançar (no futuro) – a saída do estabelecimento prisional, de forma mais breve possível. Uma vez que as spp só são atribuídas após o cumprimento de uma determinada parte da pena, a possibilidade de gozá-las poderá representar, por si só, uma marco temporal, ajudando a avaliar o tempo de reclusão já cumprido e o que ainda resta.

Das respostas recolhidas através das entrevistas, verifica-se que para muitos dos reclusos é o facto de a pena remanescente – o tempo que falta – ser, ou parecer-lhes ser, já muito curto, que determina que regressem ao E. P. no fim da spp, apresentando como justificação principal o facto de não valer a pena deitar tudo a perder quando já falta tão pouco.

Constata-se que os objectos mais distantes no tempo e no espaço têm um menor valor de realidade e menos impacto ao nível do comportamento. Mas mesmo entre objectos de representação (no extremo oposto ao dos objectos realmente percebidos), diferentes graus de realidade e, portanto, de impacto psicológico, têm que ser distinguidos. Assim, objectos para lá do normal horizonte temporal do indivíduo, parecem-lhe menos reais.

Neste sentido, uma curta perspectiva de tempo é uma variável adicional para a diminuição do grau de realidade psicológica dos objectos distantes. Além disso, factores estruturais – como a presença ou ausência de relações causais e instrumentais percebidas entre os objectos – podem igualmente influenciar o grau subjectivo de realismo do futuro.

Assim, um recluso para quem a pena remanescente seja ainda muito longa, pode sentir esse objectivo – a saída definitiva – como algo ainda muito distante e, por isso, mais difícil de alcançar. Esta percepção poderá estar na base de uma menor motivação e, consequentemente, de uma menor valorização do regresso após a spp.

Os objectos e acontecimentos que preocupam o sujeito e que motivam e co-determinam as suas acções podem mudar, de acordo com as condições de funcionamento ou as situações de vida. Em situações perigosas e geradoras de *stress*, a perspectiva de tempo pode limitar-se a objectivos/objectos muito imediatos, mas em períodos mais calmos podem revelar-se perspectivas de passado e futuro longínquos.

A localização de um objecto ou acontecimento numa parte mais ou menos distante do futuro resulta da experiência geral do indivíduo sobre o curso normal dos acontecimentos no seu meio cultural e no mundo em geral. Gradualmente, ele aprende que as coisas levam algum tempo a ser alcançadas. Muita dessa informação é adquirida pela observação que faz do comportamento dos pares (neste caso, de outros reclusos) e de modelos que tenta imitar. Na medida em que um indivíduo, imitando modelos sociais ou reforçado por experiências passadas de sucesso (por exemplo, regressos de spp que lhe permitiram gozar novas saídas precárias), constrói novos objectivos, ele progressivamente ultrapassa os seus horizontes temporais anteriores. Este processo facilita a formulação de novos projectos para o futuro.

Quanto às atitudes face ao futuro, trabalhos nesta área (Nuttin, 1985) mostram que alguns sujeitos vêem-no como sendo determinado pelo acaso/oportunidade. Outros entendem-no como maioritariamente dependente das suas próprias acções, encarando-o como algo que pode ser mais ou menos controlado e concretizado por si mesmos. Neste caso, a sua própria actividade tem um maior grau de instrumentalidade percebida.

Segundo a perspectiva de *locus* de controlo (Lazarus e col., 1987), algumas pessoas entendem o que se passa consigo e, certamente, os resultados das suas acções, como algo determinado por factores externos (atribuição externa), ao passo que outras atribuem esses acontecimentos e resultados a factores internos, como a capacidade e o esforço (atribuição interna).

Eis alguns exemplos ilustrativos de atribuição interna:

«E já que estive até aqui não vai ser por causa de mais um ano que vou pôr tudo a perder, não é? Andei aqui tantos anos a lutar por isso, não vai ser por causa de um ano.»

«Não faz sentido, principalmente por mim, passei o que passei e agora desaproveitar todos estes anos, deitá-los fora (...) não faz sentido.»

Ainda neste contexto, verifica-se, em vários estudos, que se encontram dois requisitos fundamentais para que uma perspectiva de tempo futuro afecte o comportamento presente:

1 – um certo grau de integração temporal, de tal modo que o futuro é visto como algo que está em continuidade activa com o presente e o passado;

2 – disponibilidade para fazer atribuições causais internas, reconhecendo o papel da acção pessoal nos resultados alcançados.

De acordo com Nuttin (1985), muitos autores consideram a hipótese de que quanto mais cedo o indivíduo começa a investir num objectivo distante, mais cedo se estabelece uma relação causal entre a actividade presente e esse objectivo, de tal modo que o seu grau de realidade vai aumentando progressivamente. Este pode ser o processo característico nos reclusos com penas remanescentes mais longas mas que começam desde cedo a preparar a sua saída e a perspectivar o tempo como um caminho a percorrer para atingir esse objectivo final.

Um outro processo que afecta o impacto dos objectivos distantes na motivação para o comportamento presente relaciona-se com as estruturas de comportamento dirigido para os fins. Parece que pessoas com uma perspectiva de tempo extensa e estruturada têm maior probabilidade de perceber uma relação instrumental entre o comportamento presente e os objectivos distantes.

Repensando a relação entre perspectiva de tempo futuro e comportamento, Nuttin (1985) defende que o futuro é o espaço mental no qual as necessidades humanas são cognitivamente processadas em objectivos a longo prazo e projectos de comportamento. Neste sentido, o constructo mental designado por futuro é a base do comportamento construtivo e do progresso humano.

Como já foi referido, não é apenas a situação presente, mas também os acontecimentos passados e futuros que co-determinam a acção do sujeito. Esses acontecimentos têm impacto no comportamento presente na medida em que estão num nível cognitivo do funcionamento mental. Ligados à versatilidade dos constructos cognitivos e à quase ilimitada disponibilidade dos objectos simbólicos, os objectivos estão já mentalmente presentes antes de serem alcançados ou concretizados. Estes têm, assim, o sinal temporal de um acontecimento ainda não realizado, ainda não alcançado, ou seja, pertencente ao futuro.

Considera-se que a atenção orientada para o futuro resulta de um estado de alerta ou activação, provocado por um período de necessidade (de que pode ser exemplo a reclusão). Relacionado com este estado motivacional e com a atenção que dele resulta, o organismo psicológico vai, ele próprio, desligar-se do presente e orientar-se para algo que ainda não é presente. O reflexo de orientação – atenção – dirige o sujeito não apenas para as mudanças de estimulação que já experienciou – o passado – mas também para aquilo que poderá vir a acontecer – o futuro.

Ao falar de orientação para o futuro, há que destacar a capacidade humana de expandir o tempo até um grau quase ilimitado. Esta permite que o objectivo distante tenha impacto no comportamento actual, bem como a percepção da contingência entre as acções e as suas consequências, especialmente quando estas estão separadas por um largo intervalo.

De notar também que a extensão da perspectiva de tempo futuro tem um importante papel na elaboração de planos e projectos de comportamento. O indivíduo que olha adiante formula projectos a longo prazo e pode encontrar mais meios para os concretizar. Se faltam esses meios na situação presente, o indivíduo poderá tentar procurá-los num futuro mais distante.

Relativamente à relação entre perspectiva de tempo e condições de vida, está provada a existência de uma perspectiva de tempo consideravelmente limitada entre os indivíduos que vivem em condições culturais e sócio-económicas desfavoráveis (Nuttin, 1985), como é, muitas vezes, o caso dos reclusos. Para estas pessoas pode ser realista não fazer planos ou projectos comportamentais para o futuro. Condições externas imprevistas podem afectar fortemente a previsibilidade do seu futuro pessoal. Ao contrário do que acontece para outros grupos, nestes casos o futuro não é um campo de possibilidades criativas, mas um objecto de total incerteza, por que esperam passivamente.

Eventualmente, será este o caso dos reclusos que têm uma perspectiva de tempo mais redutora, limitando-se a contabilizar o tempo de pena – o já cumprido – e aquele que ainda lhes resta, sem delinear projectos a curto e médio prazo. Em última instância, tratar-se-á de indivíduos passivos, que se demitem da sua posição activa (e interventora) no seu próprio percurso de vida (pelo menos, durante a fase de reclusão).

Pelo exposto anteriormente, conclui-se que a orientação geral do comportamento para o futuro não parece derivar apenas da memória ou de experiências passadas; ele é uma nova dimensão, introduzida por estados de necessidade, ou seja, pela motivação.

Vários graus de extensão quanto à orientação para o futuro – ou seja, perspectiva de tempo futuro – são criadas pelos objectivos específicos através dos quais as necessidades se manifestam.

Num outro sentido, apontam aqueles que justificam o seu regresso após a spp pelo facto de já terem cumprido uma grande parte da sua pena, considerando assim inútil a fuga depois de passados tantos meses, ou anos, em reclusão.

Assim, surgem os seguintes exemplos:

«Se eu estou quase a chegar ao fim, por que hei-de falhar?»

«(...) então, falta um ano ou dois talvez até saio daqui e (...) acho que deve ser levado até ao fim e sair numa boa para casa.»

V – *Apoio institucional*

A noção de apoio institucional tem o seu enquadramento num conceito mais vasto que é o de sistema de suporte introduzido por Gerald Caplan (1974) e que abrange ainda o núcleo familiar e de amigos e os serviços informais baseados na vizinhança. O apoio institucional é habitualmente proporcionado pelos prestadores de serviços comunitários.

Segundo Caplan, este sistema de suporte reflecte-se através de três tipos de actividades: o apoio prestado ao indivíduo na mobilização dos seus recursos psicológicos de modo a permitir-lhes a gestão dos seus problemas emocionais, a partilha de actividades e a prestação de ajuda material e por fim, a orientação na resolução de situações específicas.

Uma outra perspectiva que é relevante para este estudo é a proposta por Cobb (1976), que considera o suporte social como redutor de *stress*, desempenhando assim a função de facilitador da confrontação e adaptação em situações de crise.

Na maioria das situações o suporte social é definido em termos do conteúdo funcional das relações, abrangendo o grau de envolvimento afectivo-emocional ou instrumental, a ajuda ou a informação. Neste sentido, uma perspectiva global deve ter em conta a quantidade de relações sociais, a sua estrutura formal e o conteúdo destas relações no que respeita ao suporte social. Assim, actualmente, as medidas de suporte mais utilizadas dividem-se em três categorias: a dimensão das redes, que se focaliza na integração social do indivíduo num grupo e as interligações deste no contexto do grupo; a dimensão de suporte recebido, que se centra no suporte que o indivíduo na realidade recebeu ou considera ter recebido; e a dimensão do suporte percepcionado, que diz respeito ao apoio que o indivíduo acredita ter disponível em caso de necessidade.

Weiss (1974 cit. In Ornelas, 1994) distingue seis funções proporcionadas pelas relações sociais de suporte que incluem a ligação, a integração social, a estima, os laços de confiança, a orientação e a oportunidade de expressão de sentimentos positivos. Vaux (1988 cit. In Ornelas, 1994), no sentido de sistematizar estas categorias tão diversificadas, propôs a distinção entre actividades e funções de suporte social.

Estas consistem nas acções levadas a cabo pelo indivíduo e que podem ser muito variadas, como por exemplo, expressar preocupação, demonstrar afecto, partilhar uma actividade, prestar cuidados, aconselhar, dar sugestões ou socializar.

Por seu turno, Barrera e Ainlay (1981 cit. in Ornelas, 1994), subdividem o suporte social nas seguintes categorias: 1. ajuda material, que proporciona bens materiais ou dinheiro; 2. assistência, que pode consistir na partilha de actividades; 3. orientação, que abrange dar conselhos, informações ou instruções; 4. *feedback* em relação aos comportamentos, pensamentos ou sentimentos; 5. interacção social positiva que se relaciona com situações de socialização e bem-estar.

Já Thoits (1982 cit. in Ornelas, 1994) define suporte social em função do grau de satisfação das necessidades sociais básicas obtido através da interacção com os outros. Estas necessidades incluem afecto, estima, pertença, identidade e segurança e são satisfeitas através da ajuda emocional e instrumental, sendo que a primeira engloba a compreensão, o afecto e a estima e a segunda o aconselhamento, a informação e a assistência material.

House (1981) propõe que o suporte social seja visto como um conjunto de transacções interpessoais envolvendo: 1. preocupações a nível emocional (simpatizar, gostar ou amar); 2. ajuda instrumental (bens e serviços); 3. informação (sobre o meio envolvente) e, 4. reconhecimento (informação relevante para uma auto-avaliação).

A dimensão do suporte recebido baseia-se nos comportamentos de suporte que podem ser definidos como sendo actos específicos, reconhecidos pela maior parte dos membros de uma cultura como esforços intencionais para ajudar um indivíduo, podendo acontecer espontaneamente ou a seu pedido (Antonnucci & Depner, 1985). Estes comportamentos incluem bens e serviços tangíveis, expressão de afectos e avaliação. Estes dois últimos referem-se quer à possibilidade de partilhar os seus sentimentos, medos e angústias, quer à possibilidade de receber algum *feedback* relativamente aos seus comportamentos e às suas atitudes.

Os comportamentos de suporte podem assumir diversas estruturas e ter várias funções, sendo possível identificar seis formas em que estes podem reflectir a existência de algum tipo de consenso entre os indivíduos. Estas são: suporte emocional; *feedback*; aconselhamento ou orientação; assistência prática, financeira ou material; e, socialização.

Os comportamentos referidos podem não ser necessariamente úteis, dependendo o seu resultado do investimento, da qualidade, do timing, e da forma sob a qual o comportamento de suporte ocorre e da relação existente com o indivíduo que presta o suporte, sendo também de considerar outros aspectos contextuais.

A dimensão do suporte percepcionado está relacionada com as perspectivas subjectivas, que consistem nas avaliações das relações individuais de suporte e dos comportamentos que ocorrem no seu seio. Este nível subjectivo é um indicador de como as funções de suporte estão a ser cumpridas e pode assumir diversas formas como a satisfação, o sentimento de pertença, de respeito e o envolvimento.

Nesta perspectiva tridimensional, o suporte social é visto como um processo transaccional complexo, que envolve uma interacção entre o indivíduo e a sua rede de suporte.

É evidente a existência de outra fonte de apoio: a família. No entanto, as características diferenciadas destas duas fontes de suporte justificaram uma análise individualizada de cada uma destas categorias.

Nesta abordagem exploratória, não se pretende fazer uma análise exaustiva relativamente às diferenças entre o suporte percepcionado e o suporte real. Nesse sentido, qualquer afirmação que tenha subjacente algum tipo de apoio por parte da instituição prisional, ou dos técnicos da mesma foi considerado como fazendo parte da presente categoria.

O tipo de apoio sentido é claramente diferente. Se para alguns reclusos surge como primordial o apoio dado pelos técnicos, outros referem como muito importante para o seu regresso de precária o facto de no Estabelecimento Prisional terem acesso a determinados serviços – escola, ginásio, programas de reabilitação, entre outros – que permitem um maior nível de suporte sentido e percepcionado. Uma situação particular verifica-se em estabelecimentos prisionais em que existem projectos especiais para recuperação de toxicodependentes. Nesta situação, o facto de ter sido incluído no projecto é, por si só, uma fonte importante de apoio, como se constata nas seguintes afirmações:

«...´tar ligado a esta instituição também me ajudou e este projecto também me ajudou...»

«Aqui estou a ter a possibilidade de fazer algo por mim... estou a ser apoiado...»

Uma última referência aos aspectos de relação entre reclusos que vão surgindo em algumas das entrevistas. Como exemplo temos as seguintes frases:

«... eu já arranjei aqui bons amigos...»

«... também me sinto bem de saber que chego aqui à ala e tenho quase a ala inteira ao portão à minha espera.»

A existência desta fonte de apoio, embora pareça ter grande importância, está limitada aos estabelecimentos prisionais em que existem projectos especiais, o que pode sugerir a importância de uma análise diferenciada do *Apoio Institucional* em função do estabelecimento prisional em que o recluso se encontra.

VI – *Noção de dever*

A palavra dever, como substantivo, significa a obrigação de fazer ou não fazer alguma coisa, imposta por lei, pela moral, pelos costumes, pelos usos ou pela própria consciência.

Numa perspectiva psicodinâmica, a noção de dever pode ser relacionada com uma das três instâncias da personalidade propostas por Freud (1923), o superego. Segundo Gleitman (1993), esta divisão tripla da personalidade ilustra, de uma forma simplificada, o facto de os pensamentos e actos serem determinados pela interacção de três factores principais: os impulsos biológicos (*id*), as várias maneiras pelas quais aprendemos a satisfazer esses impulsos e a dominar o mundo exterior (*ego*) e as ordens e interdições do contexto social (*superego*).

Esta última instância é o representante interno de valores e ideais tradicionais da sociedade, transmitidos pelos pais e reforçados pelo sistema de recompensas e castigos impostos à criança. Ele é o principal agente de interiorização do certo e do errado, um componente da personalidade que controla vários impulsos proibidos através da censura moral, de remorsos e de sentimentos de culpa. Assim, o superego representa mais o ideal do que o real e luta mais pela perfeição do que pelo prazer (Hall & Lindzey, 1978).

Um dos aspectos de uma personalidade adaptada é a presença de um superego integrado, que representa a interiorização de um sistema de valores estável, abstracto e individualizado, sem que haja excesso de proibições inconscientes. Esta estrutura superegóica reflecte-se num sentimento de responsabilidade pessoal, capacidade de autocrítica realista, integridade, flexibilidade ao lidar com os aspectos éticos da tomada de decisão e empenho em valores e ideais (Rodrigues & Gonçalves, 1998).

Na perspectiva de Jung (1999), o que compõe o *superego* corresponde ao que designa por *représentations collectives*, representações de categorias de valores universais que regulam e dão forma à vida psíquica e social; são as convicções gerais, as concepções e os valores éticos nos quais o indivíduo foi educado e que o orientam no mundo e na vida.

Estes aspectos intervêm de forma automática nas situações de escolha e decisão, bem como na formação de ideias. Existe, no entanto, a possibilidade de o indivíduo não obedecer aos cânones das ideias colectivas e, consequentemente, entrar em conflito não só com a sociedade mas também consigo mesmo, uma vez que o superego também representa um sistema psíquico dentro dele mesmo. Depois de realizada a correcção da atitude inadequada subjacente ao conflito, interno e/ou externo, o indivíduo poderá integrar-se novamente na sociedade.

Mas existe outro tipo de abordagem à noção de dever. Conceito nodal da filosofia moral ou ética ocidental, ele tem as suas origens na noção de rectidão, esta adoptada pela filosofia estóica em substituição da ideia clássica e ontológica de sumo bem como critério para a acção ética. A acção seria recta se fosse de acordo com a razão recta. Assim, a rectidão de um acto dependia da disposição do agente, não das consequências do acto. Disposição que se havia de pautar com os deveres impostos pela razão universal e as circunstâncias particulares, isto é, embora radicando na subjectividade do agente ela não é arbitrária.

No entanto, esta ambivalência entre uma apreciação subjectiva e um outro critério universalmente válido vem eivando toda a reflexão ocidental sobre este conceito, perdurando ainda hoje no próprio senso comum.

Será em Kant que o conceito de dever (*Pflicht*) é exaustivamente elaborado. Constitui, mesmo, o conceito central da sua filosofia prática.

Destacando-se da filosofia prática de Wolff e do discípulo deste, Baumgarten, Kant, sobretudo na *Fundamentação da Metafísica dos Costumes* (1980), propõe uma noção purificada de dever: é uma necessidade prática, incondicional, da acção, a qual há-de ser válida para todos os seres racionais – únicos a quem é aplicável um imperativo – e, portanto, pode constituir uma lei para todas as vontades humanas.

Sem nos determos nas plúrimas nuances que Kant vai imprimindo ao conceito, será interessante registar a distinção que a este propósito o filósofo germânico regista na *Metafísica dos Costumes* (Kant, 1971). Distingue entre deveres jurídicos e éticos, positivos e negativos, perfeitos e imperfeitos. Os deveres imperfeitos são de ampla extensão, enquanto os perfeitos são restritos; os deveres positivos ordenam, os negativos proíbem. A distinção entre deveres jurídicos e éticos equipara-se à distinção entre "de acordo com" e "por dever", a primeira dá origem à legalidade da lei, a segunda à sua moralidade. Nesta mesma obra de 1797, Kant distingue entre os objectos de dever, que vão desde os deveres com Deus, passando pelos deveres para com os animais, até aos deveres para com os seres humanos, sendo estes considerados animais e racionais.

Ora, como nos diz na *Crítica da Razão Prática* (1989), a fonte do dever é a autolegislação da razão humana e, ele é possível porque os seres humanos têm um carácter equívoco, dado habitarem em dois mundos, o da natureza e o da liberdade.

Ficaria a padecer de uma omissão grave este nosso escurso às primícias do conceito kanteano de dever se não referíssemos o conceito de imperativo categórico. Enquadrando este discutido conceito na filosofia prática, cumpre saber, na perspectiva kanteana, que embora a representação de um objecto que comanda a vontade seja um mandamento, a fórmula de tal mandamento é um imperativo. Tais fórmulas de mandamento são sempre expressas por um "dever-ser" e indicam a relação de uma lei objectiva da razão com uma vontade que não é necessariamente determinada por essa lei por causa da sua constituição subjectiva.

Assim, os imperativos recomendam cursos de acção às vontades refractárias, impondo-os contra as suas inclinações. Entre as diversas formas de imperativos existe uma divisão fundamental entre a variedade hipotética e a categórica.

O imperativo é hipotético quando recomenda um curso de acção apropriado para determinado fim. O imperativo categórico declara que uma acção é intrínseca e objectivamente necessária sem qualquer propósito. Constitui uma lei apodíctica de moralidade expressa de forma lapidar na expressão referida na Fundamentação da Metafísica dos Costumes: age de acordo com aquela máxima mediante a qual possas, ao mesmo tempo, querer que se converta numa lei universal.

Posta esta sumária incursão pela densidade filosófica do conceito de dever e expressões que lhe estão próximas, aparentemente excessiva na economia desta investigação, cumpre justificar a sua pertinência e, mesmo, necessidade.

Durante o processo de análise, concretamente na operação de codificação, foi emergindo de algumas entrevistas uma fundamentação ou justificação para o regresso ao estabelecimento prisional menos concreto, um tipo de argumentação de contornos fluidos e que avessa a ser incorporada nos restantes códigos foi sendo codificada provisoriamente como *obrigação moral, noção de compromisso, fidúcia, elo de confiança* até chegar à *noção de dever*.

A *noção de dever* insere-se no fenómeno significados que Lofland (1971) indica como um nível macro de codificação e é definida como a produção verbal dos participantes que define e dirige a acção.

Ora, definição e direcção da acção surgem como um dever se este for entendido na sua acepção mais ampla e plurisignificativa, mas não anárquica. E, é precisamente para o apartarmos de uma indefinição que se delineou o precedente excurso pelo conceito de dever, ele fornece as virtualidades e os contornos necessários à densidade da codificação.

Vejamos. Perante a pergunta «O que determinou que o senhor D. voltasse para a prisão?», a resposta obtida foi:

"...eu vim para aqui para obedecer», «Tenho de me entregar, tenho de vir",

"... estava melhor em minha casa, voltei com vontade nenhuma mas tive de voltar", "se me mandaram vir para aqui é porque tinha de me apresentar".

Referindo a existência de uma dívida no sentido equivalente ao dever:

"Sabia que tinha que entregar-me, que devia uma coisa aqui à cadeia..."

Ainda outros casos:

"...senti-me na obrigação de voltar», «...era uma obrigação para cumprir"

"é a obrigação".

"Só pelo dever."

"Se eu tenho de cumprir uma pena que me deram, tenho de cumprir, tenho de lá estar. (...) Se é para cumprir, é para cumprir".

Ou,

"... eu acho que é uma obrigação de uma pessoa voltar."

"Para mim é mesmo uma obrigação ter de vir entregar-me."

"... quando chega aquele dia tenho de regressar, isso já é uma responsabilidade, vai nossa."

"... tenho que me foi incumbido (...) estou em dívida perante a sociedade, não tenho problema nenhum, em vir, chego a tempo e a hora..."

"... nunca me levou a tendência de fugir, porquê, tenho que cumprir, tenho que cumprir..."

Expresso de formas diversas, o voltar torna-se um imperativo categórico, não podia ser de outra forma, voltar ao estabelecimento é um objectivo necessário sem outro propósito que não seja o de voltar.

O dever surge, tal como a noção purificada de Kant, como uma necessidade prática, incondicional, da acção.

Já com um enfoque diferente:

"(...) é o compromisso que nós tomamos, o meu feitio foi sempre honrar os compromissos".

"(...) deram-me esses dias para sair à confiança, não vou estar a abusar da confiança deles querendo fugir, ou uma coisa assim (...)"

"É a minha obrigação. (...) Eu tenho uma pena a cumprir e enquanto essa pena não terminar eu não tenho obrigação de sair. Quando me autorizam a sair, eu volto quando essa autorização acaba. Acho que é um dever".

Dando relevo à deliberação individual:

"... e depois tenho que cumprir (...) mentalizei-me e tenho que cumprir."

"... quando saio já sei que tenho que voltar! Isso já está decidido..."

"... Já estava mentalizado (...) pensei que começa aqui e acaba ali, nunca me passou pela ideia não voltar."

Apelando à confiança existente aquando da decisão da concessão da precária:

"...ia destruir agora que eles têm confiança em mim..."

Ou concretizando perante quem foi assumido o compromisso:

"(...) eu sempre disse à minha mãe, vou voltar porque sou leal para quem é leal comigo, se chefes de guardas, se o Sr. director, se o director da educação, todo o mundo (...) se todo o mundo confiou em mim, me deu esta oportunidade, eu não vou deixar ficá-los mal."

"(...) porque as pessoas, o chefe de guardas, o director, a sub--directora, ou seja, toda a gente que se preocupou em me dar uma oportunidade de ir à rua. Eu acho que só tenho que me agarrar e ser leal com quem foi leal comigo. Se me deram a oportunidade, eu não a posso deixar fugir."

"Eu arranjei força, coragem, não, vou ser leal para quem foi leal comigo, porque acho que é assim, é bonito quando alguém confia em nós, não é?"

"Foi dizer ao senhor director e ao chefe dos guardas que podem contar comigo. Se me derem outra precária, nunca vou lá ficar fora, porque primeiro está a minha liberdade. Se eu ficasse lá fora, estava a falhar com a justiça, com o director... sempre que me derem uma oportunidade, eu gosto de recompensar a oportunidade que me dão. Temos de ter a responsabilidade. Se nos deram a oportunidade para que é que vamos falhar?"

"Eu provei às pessoas que fui a casa e voltei e se me derem mais precárias vou e volto e se me derem o RAVI também."

"Para já porque as pessoas apostaram em mim e eu quando dou a palavra às pessoas não gosto de falhar..."

"Uma obrigação, porque eu sei que há pessoas que confiam em mim e claro que não vou deixar as pessoas mal vistas, percebe? Houve aí quem apostasse em mim e eu não posso decepcionar essa gente, eu tenho que mostrar algum valor."

"... em questão de estabelecimento, os votos de confiança que me deram as pessoas, não mereciam virar-lhes as costas, houve muita gente que eu pedi, eu falei por causa da precária e as pessoas todas apostaram em mim, como directores, os guardas todos apostaram em mim".

"... a partir do momento que gozo a primeira precária, já não faz muito sentido, as pessoas já estão a depositar confiança em nós e nós aceitamos que estamos em situação..."

"... não fazia sentido, nenhum sentido, deixar as pessoas que tiveram confiança em mim. Eu nunca mais me esqueço das palavras que o chefe me disse lá em cima, olhe que isto é o começo de tudo, e eu fiquei a olhar para ele, realmente ele tinha um bocado de razão..."

"... já que cheguei até este ponto, já demonstrei confiança, quero continuar, já me deixam ir a casa pelo juiz, pela directora, tem que ser assim até ao fim."

Ou,

"... eu 'tou a ver que têm confiança em mim."

"... se as pessoas depositaram confiança em mim e me deixaram ir eu não as ia trair."

Ainda,

"... é as pessoas daqui que confiaram em mim, pesa! ... e é os meus companheiros que 'tão aqui, que 'tão a lutar para irem também, que pesa."

"A responsabilidade, acima de tudo não deixar ficar mal as pessoas que depositaram confiança em mim no próprio E.P. ..."

"... é bom a gente ir voltar e não falhar com as pessoas que depositaram confiança em nós, intercederam perante o juiz para que nos fosse concedida a precária."

Deixando transparecer a importância de serem pessoas em quem se pode acreditar:

"...as pessoas deixam de ter credibilidade, as pessoas deixam de confiar... sim, deixam de confiar no preso".

E que pagam a dívida à sociedade:

"...tenho o que me foi incumbido (...) estou em dívida perante a sociedade, não tenho problema nenhum em vir, chego a tempo e horas...".

E, um outro caso referindo a pena em que foi condenado:

"...é a obrigação de vir acabar a pena".

Ou, noutra forma de se expressar:

"É a minha obrigação (...) eu tenho uma pena a cumprir. E, enquanto essa pena não terminar eu não tenho obrigação de sair (...). Acho que é um dever."

Aqui o dever positivo é informado por um imperativo hipotético na medida em que recomenda um curso de acção apropriado para determinado fim, seja a honra do compromisso, seja o saldar a dívida perante a sociedade, seja o cumprimento efectivo da pena.

Se as primeiras respostas nos intrigam porquanto algo desinseridas do mundo hodierno, pautado pela constante prossecução de interesses de pendor individualista, já as segundas, pese a sua correcção social e ética, surgem como plenamente adequadas ao mundo de interesses egoístas que pauta a sociedade de hoje: age-se para obter algo em troca, mesmo que seja para manter o valor do compromisso «tout court».

Resultados

Da análise estatística efectuada através do programa SPSS (Statistical Package for Social Sciences), obtiveram-se os seguintes resultados para as seis categorias consideradas como motivação para o regresso – *apoio institucional, consequências jurídicas, família, noção de dever, projecto de vida* e *tempo de pena*:

Gráfico 1 – Categorias da motivação para o regresso

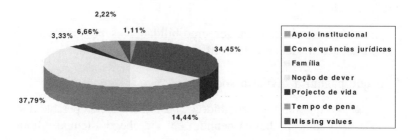

Dos resultados apresentados verifica-se que apenas três variáveis registaram valores significativos, a *noção de dever* surge como o principal motivo (37,79 %), seguido das *consequências jurídicas* (34,45%) e, com menor relevância, a categoria *família* (14,44%).

Discussão

Dado que se trata de um estudo exploratório, numa área carente de investigação, a definição de hipóteses surgiu como uma tarefa arriscada, o que justificou a ausência de uma qualquer proposta que procurasse prever resultados. Desta forma, o presente trabalho pôde atingir um carácter mais abrangente, levando a que a sua discussão resulte de uma sistemática reflexão sobre a importância relativa de cada uma das categorias que foram surgindo e que, pela sua consistência, se mantiveram ao longo deste processo.

No que diz respeito às duas categorias com resultados mais expressivos – *noção de dever* e *consequências jurídicas* – é de salientar a dimensão super-egóica subjacente a ambas. Com efeito, tal como referido anteriormente, a noção de dever advém do sentimento de responsabilidade ou obrigatoriedade perante alguém ou algo. Este pode ser determinado por factores intrínsecos ao sujeito (*locus* de controlo interno), ou extrínsecos, como sejam o contexto sócio-cultural, o acaso, outras pessoas, ou o enquadramento legal (*locus* de controlo externo).

Assim, parece que os reclusos que compuseram a amostra evidenciaram um funcionamento psicológico marcadamente super-egóico, nomeadamente, de origem externa, uma vez que a sua noção de dever advém, na maioria dos casos, de agentes externos, tais como a determinação legal, factor que condiciona o sentimento de obrigação. Parece clara a relação que este mesmo aspecto tem com a dimensão *consequências jurídicas*, dado que é a aplicação da lei que sanciona o desrespeito pela imposição de regressar ao estabelecimento prisional após o gozo da saída precária. Contudo, há que salvaguardar a existência de sujeitos que, revelando também uma estrutura super-egóica, demonstraram, através das suas respostas, o predomínio de um *locus* de controlo interno, ou seja, eles próprios se impuseram a obrigatoriedade de regressar.

Dado parecer inquestionável a ligação entre dever e medo das consequências, arriscam-se as seguintes perguntas: Será que se não existissem consequências jurídicas a maioria dos reclusos voltaria à prisão após o gozo da saída precária? E será que voltariam apenas mobilizados pela noção interna de dever?

No que concerne à categoria *família*, que reuniu também uma percentagem significativa das respostas, poder-se-á justificar a sua relevância a partir do valor que as relações afectivas e de (aparente) apoio incondicional (na maioria dos casos) assumem em fases de crise, como é o caso de um período de reclusão.

Em termos afectivos, constatou-se – a partir das respostas dadas – a importância acrescida atribuída à mãe, figura mais significativa para a grande maioria dos reclusos entrevistados, sobretudo os que não têm um relacionamento conjugal estável. No caso dos que já constituíram a sua própria família, verificou-se uma grande preocupação com a esposa/companheira e o(s) filho(s). De facto, com alguma frequência, surgiram referências à dependência (afectiva, educativa, económica) destas figuras relativamente ao recluso, mas também, noutros casos, do próprio indivíduo para com elas, especialmente para com a mãe.

Esta acepção de dependência parece remeter para a noção de dever, vivida, neste contexto, relativamente aos membros da família perante os quais sentem algum tipo de responsabilidade e compromisso, não só em termos financeiros, mas também (e sobretudo) no desejo de corresponder aos afectos, de não desiludir os entes queridos. Com base nestes aspectos poder-se-á compreender a referência à culpabilidade sentida pelos reclusos quando acham que não retribuem o cuidado, a atenção e o carinho manifestados pelos familiares. Este sentimento leva a uma baixa auto-estima e à desvalorização pessoal. O regresso após o gozo da saída precária poderá ser uma tentativa de corresponder às expectativas dos elementos da família, contribuindo para compensar a culpa e o medo de voltar a decepcioná-los.

Se as três categorias já analisadas se salientaram por corresponder à maioria das respostas, as restantes três – *projecto de vida, apoio institucional* e *tempo de pena* – merecem também ser alvo de uma reflexão atenta.

Relativamente ao projecto de vida, poder-se-á avançar a hipótese de que a sua baixa expressão percentual se deve, eventualmente, ao facto de grande parte dos reclusos, devido à sua personalidade e/ou às circunstâncias em que se encontram, não demonstrarem a capacidade de delinear objectivos a médio e longo prazo, ou seja, perspectivar a sua vida após a saída definitiva do estabelecimento prisional.

Todavia, é importante comentar a constatação empírica de que numa parte específica da amostra – os dez reclusos da ala "livre de drogas" do Estabelecimento Prisional de Lisboa entrevistados – se registaram alusões concretas aos planos pessoais (a nível familiar, social, profissional, etc.) e às metas por si delineadas para os alcançar. Talvez esta excepção se deva ao facto de, na referida ala, se encontrarem apenas reclusos integrados num programa de recuperação de toxicodependência que, pela sua própria estrutura, imprime a responsabilização pelo percurso pessoal e uma estruturação interna do sujeito. Por outro lado, dado que este programa é acompanhado por técnicos e pelos próprios colegas de ala, permite o estabelecimento e reforço de relacionamentos privilegiados, geralmente muito gratificantes, que parecem traduzir-se numa motivação suplementar e no reforço da auto-estima.

Este projecto é um exemplo de um, dos poucos, apoios institucionais valorizados pelos indivíduos entrevistados. Com efeito, é provável que a escassez e/ou ineficácia percebida justifiquem a baixa percentagem de respostas que destacaram a categoria *apoio institucional* como motivação suficiente para o regresso após a spp.

Quanto à categoria *tempo de pena*, o seu resultado pouco significativo pode ser contrário ao, que, eventualmente, seria de esperar. À partida, poderia pensar-se que quanto mais perto do final da pena – da liberdade! – maior a motivação para o seu correcto cumprimento, tendo em conta quer o tempo de pena decorrido, quer aquele que ainda falta. No entanto, o que se constata parece ser a ausência (ou, pelo menos, a baixa valorização) de percepção interna do passar do tempo, nomeadamente, devido a não existir planificação do futuro e criação de projectos de vida pós-reclusão.

Reflectindo sobre esta questão, parece que a baixa valorização da noção de tempo se prende com o facto de os aspectos que lhe estão inerentes em situação de reclusão nada dependerem da acção – positiva ou não – do sujeito. Com efeito, a nível, por exemplo, das consequências jurídicas, os reclusos têm (pelo menos alguma) consciência de que este factor pode ser-lhes mais ou menos favorável consoante aquilo que façam; por outro lado, no caso da pena que lhes foi atribuída, sabem que ela é inalterável, uma vez ditada por sentença transitada em julgado, proferida por uma entidade externa – neste caso, o juiz – e nunca por si próprios.

Assim, parece que para os reclusos entrevistados, o factor tempo (de pena cumprida / remanescente) se encontra indissociavelmente ligado a outra(s) das cinco categorias consideradas, nomeadamente às consequências jurídicas.

Uma última nota relativamente às respostas que serviram de base à análise de conteúdo diz respeito à pluralidade de informação útil, resultante do número de entrevistadores, que poderá ter comprometido a homogeneidade do material recolhido.

Conclusões

Assumindo-se como um estudo exploratório, uma das suas virtudes é a abertura de novos caminhos de investigação sobre uma questão tão pouco estudada no nosso país.

Do trabalho até aqui desenvolvido, uma conclusão fundamental a salientar é o facto de parecer não existir apenas uma só razão para o regresso ao estabelecimento prisional no termo da saída precária; com efeito, esta questão surge como multifactorial, fazendo interagir as várias categorias definidas a partir das respostas analisadas.

No entanto, importa salvaguardar o facto de se ter procedido à definição das categorias com base nas respostas dadas a um questionário muito amplo, no seio do qual uma só pergunta (de resposta aberta) permitiu inquirir sobre um factor tão complexo como a motivação para o regresso ao estabelecimento prisional após o gozo da saída precária, poderá ter limitado a recolha de informação relevante. Neste sentido, a primeira sugestão a avançar é a elaboração de um instrumento que permita investigar de forma mais clara e incisiva a variedade de razões que fazem os reclusos voltar à prisão; por outro lado, parece também aconselhável limitar o número de entrevistadores e definir critérios de aplicação do questionário que a tornem mais consistente.

Outra das situações que impossibilitou chegar a conclusões eventualmente mais completas remete para a opção metodológica de considerar apenas como resposta categorizável (e alvo de tratamento estatístico) a primeira registada, ou aquela que, aos investigadores, pareceu revestir-se de maior relevância para o entrevistado. Esta decisão comprometeu a leitura multifactorial, já abordada anteriormente.

As categorias que se constata assumirem maior relevância explicativa perante a questão levantada – *noção de dever* e *consequências jurídicas* – permitem reflectir sobre o modelo relacional existente entre o sistema prisional português e os reclusos. Com efeito, este parece basear-se num funcionamento predominantemente impositivo, com regras rígidas e permitindo pouco envolvimento dos sujeitos no seu próprio percurso de reclusão e reinserção social.

É neste sentido que surge tão grande valorização das consequências jurídicas, totalmente estipuladas pelas autoridades competentes, feitas cumprir por figuras de autoridade (juízes, directores do estabelecimento prisional, técnicos, etc.), muitas vezes impostas sem que haja a compreensão e o envolvimento do recluso. Neste contexto, parece ser inútil o desenvolvimento e/ou utilização de mecanismos de *locus* de controlo interno que, no entanto, virão a ser determinantes do sucesso do percurso de reintegração social do indivíduo e que, precisamente por essa razão, deveriam ser estimulados durante o período vivido dentro da prisão.

Uma outra proposta de análise futura passa por reflectir sobre a importância (até aqui aparentemente negligenciada) da existência de estruturas de acompanhamento – social, psicológico, médico e até mesmo jurídico – organizadas dentro dos estabelecimentos prisionais, cujo exemplo mais aproximado é o projecto de recuperação da toxicodependência desenvolvido na ala livre de drogas do Estabelecimento Prisional de Lisboa. Parece que este tipo de serviços seria também um valioso contributo para a criação e/ou desenvolvimento de projectos de vida pós-reclusão consistentes e realistas.

Relativamente à importância atribuída às relações familiares como motivação para o regresso à prisão após a spp, será de valorizar o papel que estas figuras assumem como (quase sempre) as únicas fontes de afecto e apoio, bem como da manutenção de algum contacto com o mundo exterior. Deste modo, parece que o sistema prisional deverá ter conhecimento destes laços e, consequentemente, promover a sua manutenção.

Para além do conhecimento dos laços e dinâmicas familiares dos reclusos, poderá ser relevante que o sistema prisional avalie e analise o funcionamento psicológico e o perfil de personalidade de cada indivíduo, não para que se justifique a concessão do gozo de saídas precárias, mas como forma adicional de compreensão dos factores internos que justificam o comportamento de regresso ao estabelecimento prisional no termo das spp.

Como última nota, a chamada de atenção para a importância que representa para cada recluso a possibilidade de gozar de períodos intercalados de "liberdade", de contacto com a realidade que está para além dos muros da prisão e com as figuras do seu universo afectivo. Na óptica dos investigadores parece que esta medida deverá ser implementada com maior regularidade (sempre que se vejam reunidas as condições legalmente impostas para a sua aplicação), mas também considerar a hipótese de a lei prever a possibilidade de gozar de saídas precárias numa fase mais precoce do cumprimento da pena.

Bibliografia

ALARCÃO, M. (2000). *(des) Equilíbrios familiares*. Coimbra: Quarteto Editora.
ANTONNUCCI, T.C. & DEPNER, C. E. (1985). Personal Characteristics and Social Behaviour. In *Handbook of Aging and the Social Sciences* (E. Shanas & R.H. Binstock, Eds), pp. 94-128, New York: Van Nostrand – Reinhold.
ATKINSON, J. W. (1983). *Personality, motivation and action*. Nova York: P. Publishers.
BORDIN, E. (1943). A theory of interests as dynamic phenomena. *Educational and Psychological Measurement*, 3, 49-66.
CAPLAN, G. (1974). *Social Systems and Community Mental Health*. New York: Basic Books.
CHAMBERLAIN, P. (1999). Residential care for children and adolescents with oppositional defiant disorder and conduct disorder. In H. Quay & A. Hogan (Eds.), *Handbook of disruptive behaviour disorders*. New York: Kluwer Academic.
COBB, S. (1976). Social Support as a Moderate of Life Stress. *Psychosomatic Medicine*, 38 (5): 300-314.
ESCAMILLA, M. (2002). *Los permisos ordinarios de salida: Régimen jurídico y realidad*. Madrid: Edisofer, s.l.
FACHADA, M. O. (2001). *Psicologia das relações interpessoais*. Lisboa: Rumo.
FARRINGTON, D., JOLLIFFE, D., LOEBER, R., STOUTHAMER-LOEBER & KALB, L.(2001). The concentration of offenders in families and family criminality in the prediction of boys' delinquency. *Journal of adolescence*, 24, 576-596.
FARRINGTON, D. & HAWKINS, J. (1991). Predicting participation, early onset and later persistence in officially recorded offending. *Criminal Behaviour and Mental Health*, 1, 1-33.

FERGUSON, T. (1952). *The young delinquent in his social setting*. London: Oxford University Press.
FREUD, S. (1923). The ego and the id. In: *Standard edition of the works of Sigmund Freud* (vol.21). New York: Norton.
GLEITMAN, H. 1993. *Psicologia*. Lisboa: Fundação Calouste Gulbenkian
GOPPINGER, H. (1975). *Criminología*. Madrid: Reus.
GUZMÁN, L. (1989). Los permisos penitenciarios. *Revista de estudios penitenciarios*. Extra 1, 89-102.
HALL, C. S. & LINDZEY, G. (1978). *Teorias da Personalidade*. São Paulo: Editora Pedagógica e Universitária, Lda. (18ª ed.).
HAWSKIN, J. & WEIS, J. (1985). The social development model: an integrated approach to delinquency prevention. *Journal of Primary Prevention*, 6, 73-77.
HENGGELER, S., SCHOENWALD, S., BORDUIN, C., ROWLAND, M. & CUNNINGHAM, M. (1988). *Multisystemic treatment of antisocial behavior in children and adolescents*. New York: The Guilford Press.
HIRSHI, T. (1969). *Causes of delinquency*. Berkeley: University of California Press.
HIRSHI, T. (1995). The Family. In J. Wilson & J. Petersilia (Eds.), *Crime*. S.Francisco: ICS.
HOUSE, J.S. (1981). *Work, Stress and Social Support*. Reading MA: Addison-Wesley.
JESSOR, R., GRAVES, T. D., HANSON, R. C. & JESSOR, S. L. (1968). *Society, personality and deviant behavior*. New York: Holt, Rinehart & Winston.
JUBY, H. & FARRINGTON, D. (2001). Disentangling in the link between disrupted families and delinquency. *British Journal of Criminology*, 41, 22-40.
JUNG, C. G. (1999). *A prática da psicoterapia*. Petrópolis: Editora Vozes. (Trabalho original publicado em 1971).
KANT, E. (1980). *Fondements Métaphysique des moeurs* (trad. V. Delbos). Paris: J. Vrin.
KANT, E. (1989). *Crítica da Razão Prática* (trad. A. Mourão). Lisboa: Edições 70.
KANT, E. (1971). *Métaphysique des moeurs. Doctrine du droit*. (trad. A. Philonenko). Paris: J. Vrin.
KAZDIN, A. (1998). Practioner review: Psychosocial treatments for conduct disorder in children. *Journal of Child Psichology and Psychiatry*, 38, 161-178.
KLEIN, D. M. e WHITE, J. M. (1996). *Family Theories: An Introduction*. Thousand Oaks: Sage Publications.
KURY, H. & WOESSNER, G. (2002). A família e os comportamentos desviantes dos jovens. In A. Fonseca (Ed.), *Comportamento Anti-Social e Família: Uma Abordagem Científica*. Coimbra: Almedina.
LAZARUS, R. S., FOLKMAN, S. (1987). "Transactional theory and research on emotions and coping". *European Journal of Personality*, 1, 141-170.
LE BLANC, M. & JANOSZ, M. (2002). Regulação familiar da conduta delinquente em adolescentes. In A. Fonseca (Ed.), *Comportamento Anti-Social e Família: Uma Abordagem Científica*. Coimbra: Almedina.

LEWIN, K. (1938). The conceptual representation and measurement of psychological forces. *Contr. Psychol. Theor.*, 1 (4).
LIPSEY, M. & DERSON, J. (1988). Predictors of violent or serious delinquency in adolescence and early adulthood: A synthesis of longitudinal research. In R. Loeber & D. Farrington (Eds.), *Serious and violent juvenile offenders: Risk factors and successful interventions*. Thousand Oaks: Sage.
LOFLAND, J. (1971). *Analyzing social settings: A guide to qualitative observation and analysis*. Belmont, CA: Wadsworth.
MASLOW, A. (1954). *Motivation Personality*. New York: Harper and Row Publications (2nd. Edition).
MCCORD, J. (2002). Forjar criminosos na família. In A. Fonseca (Ed.), *Comportamento Anti-Social e Família: Uma Abordagem Científica*. Coimbra: Almedina.
MCDOUGALL, W. (1923). *Outline of psychology*. New York: Charles Scribner's Sons.
MERTON, R. K. (1957). *The role set: problems in sociological theory*. British Journal of Sociology, 8.
MILHANO, I. (1977). *O Tribunal de Execução das Penas*. Coimbra: Almedina.
MINUCHIN, S. (1982). *Famílias, funcionamento e tratamento*. Porto Alegre: Artes Médicas.
MOREIRA, J. (2001). Estatísticas Prisionais – 2000. *Temas Penitenciários*, II, 6-7, 85-105.
NUTTIN, J. (1963). La motivation. In *Traité de psychologie expérimental*, V. Paris: P.U.F.
NUTTIN, J. (1985). *Future Time Perspective and Motivation – Theory and research method*. Leuven University Press: Lawrence Erlbaum Associates.
ORNELAS, J. (1994). Suporte Social: Origens, Conceitos e Áreas de Investigação. *Análise Psicológica*, 2 – 3 (XII): 333 – 339.
PATTERSON, G.; CAPALDI, D. & BANK, L. (1991). An early starter model for predicting delinquency. In D. Pepler & K. Rubin (Eds.), *The development and treament of childhood aggression*. Hillsdale NJ: Erlbaum.
PATTERSON, G.; CROSBY, L. & VUCHINI, S. (1992). Predicting risk for early police arrest. *Journal of Quantitative Criminology*, 8, 333-355.
PATTERSON, G.; DEBARYSHE, B. & RAMSEY, E. (1989). A developmental perspective on antisocial behavior. *American Psychologist*, 44, 327-335.
PATTERSON, G. & YOERGER, K. (2002). Um modelo desenvolvimental da delinquência de início tardio. In A. Fonseca (Ed.), *Comportamento Anti-Social e Família: Uma Abordagem Científica*. Coimbra: Almedina.
PELLETICE, D., et al. (1982). *Desenvolvimento Vocacional e Crescimento Pessoal*. Editora Vozes, Lda.
PROVEDORIA DE JUSTIÇA (1999). *Relatório sobre o Sistema Prisional*. Lisboa: Provedoria de Justiça.
PROVEDORIA DE JUSTIÇA (2003). *As Nossas Prisões*. Lisboa: Provedoria de Justiça.
REDONDO, S.; FUNES, J. & LUQUE, E. (1994). *Justicia penal y reincidencia*. Barcelona: Fundació Jaume Callís.

REISS, D., NEIDERHISER, J., HETHERINGTON, E. & PLOMIN, R. (2000). *The relationship code: deciphering genetic and social influences on adolescent development.* London: Harvard University Press.

RELVAS, A (1996). *O ciclo vital da família: perspectiva sistémica.* Porto: Edições Afrontamento.

ROCHA, J. M. (2001). Aplicação das penas: reflexões e práticas. In *Temas Penitenciários*, II, 6-7, 15-21. Lisboa: Direcção-Geral dos Serviços Prisionais.

ROCHA, J. (no prelo). *Ir de Precária – Estudo sobre a decisão de voltar à prisão.* Lisboa: DGSP.

ROCHA, M. & OLIVEIRA, I. T. (no prelo). Reclusões, números e interrogações In J. Rocha (Coord.) *Entre a liberdade e a reclusão: Estudos penitenciários, I.* Coimbra: Almedina.

RODRIGUES, V. A. & GONÇALVES, L. (1998). *Patologia da personalidade – teoria, clínica e terapêutica.* Lisboa: Fundação Calouste Gulbenkian.

ROTTER, J. B. (1954). *Social learning and clinical psychology.* Enghewood Cliffs, NJ: Prentice Hall.

ROTTER, J. B., CHANCE, J. E., PHARES, E. J. (1972). *Aplications of a social learning theory of personality.* New York: Holt, Rinehart & Winston.

SALGADO, C. (1986). Los permisos de salida. In C. Fernández, *Comentarios a la Legislación Penal.* Madrid: Edersa.

SANTOS, B. & GOMES, C. (2002). *As reformas processuais e a criminalidade na década de 90.* Coimbra: Observatório Permanente da Justiça Portuguesa.

SANTOS, B. & GOMES, C. (2003). *A Reinserção Social dos Reclusos. Um contributo para o debate sobre a reforma do sistema prisional.* Coimbra: Observatório Permanente da Justiça Portuguesa.

SIMONS, R.; WU, C.; CONGER, R. & LORENZ, F. (1994). Two routes to delinquency: Differences between early and late starters in the impact of parenting and deviant peers. *Criminology*, 32, 247-276.

SOHEIN, (1982). *Psicologia Organizacional.* Prentice-Hall do Brasil, Rio de Janeiro.

SPECK, R. (1985). Social Networks and Family Therapy In AAVV *Families and Other Systems.* New York: The Grilford Press.

STRAUSS, A. & CORBIN, J. (1998) *Basics of Qualitative Research – Techniques and Procedures for Developing Grounded Theory.* California: SAGE Publications, Inc.

SUPER, D. E. (1957). *The psychology of careers.* New York: Harper.

THORNDIKE, E. L. (1911). *Animal Intelligence: Experimental Studies.* New York: Macmillan.

TREMBLAY, R., LEMARQUAND, D. & VITARO, F. (2000). A prevenção do comportamento anti-social. *Revista Portuguesa de Pedagogia*, XXXIV, 1-3, 491-553.

TREPANIER, J. (1995). Les jeunes délinquants et leurs familles. *Révue de Droit Pénal et de Criminologie*, 75 (2), 119-142.

VROOM, V. H. (1964). *Work and motivation.* New York: John Wiley and Sons.

WELLS, L. & RANKIN, J. (1991). Families and Delinquency: A Meta-analysis of the Impact of Broken Homes. *Social Problems*, 38, 71-93.

NÃO VOLTAR...

João Luís de Moraes Rocha
Juiz Desembargador

Ana Miguel
Psicóloga Clínica

Introdução

Num esquema tradicional, a decisão racional fracciona-se em três momentos: preparação, decisão e execução. Como tal, a decisão surge como um acto criador, privilegiando o segundo momento, a decisão no seu sentido estrito, aquele acto livre que elege uma das escolhas possíveis.

Para além do esquema tradicional da decisão tipo racionalista ou intelectual, existe uma outra concepção que afirma, após Sartre, que muitas vezes se age mesmo antes de se ter concebido ou escolhido, escapando ao racional a decisão surge, assim, num esquema que se pode apelidar de anarquista.

De qualquer forma, a decisão tem por função primordial permitir ao actor agir. A acção, desde que não seja um acto servil, é em maior ou menor grau, dependendo das condicionantes e do determinismo conjuntural, resultado de uma decisão.

Submetidos a uma disciplina que lhes retira, em grande parte, o poder de decisão, os reclusos após cumprimento de uma pena de prisão efectiva no mínimo de seis meses, podem beneficiar de saídas precárias.

A saída precária, quando concedida, devolve ao recluso uma decisão importante: voltar ou não voltar ao estabelecimento prisional no termo final da saída precária.

Embora submetida a diversos condicionalismos, a decisão de voltar ou não voltar à reclusão é da responsabilidade individual do recluso.

E, tanto é assim que o sistema prisional e o juiz de execução das penas, ao concederem a saída precária, esperam que a decisão do beneficiário seja apenas uma, o voltar à reclusão no termo final da saída; no entanto, existem insucessos, há quem não regresse, o que definitivamente remete para o indivíduo beneficiário da saída precária a decisão, independentemente de todas as condicionantes da concreta conjectura.

O presente estudo incide sobre a decisão de não voltar ao estabelecimento prisional no termo da saída precária. Decisão no seu sentido amplo de preparação, decisão e execução.

Inserindo-se num projecto de investigação mais amplo (Rocha, 2004), constitui, de certo modo, o complemento de um outro trabalho também ele nascido da sobredita investigação, a saber: a decisão de voltar (Rocha, Caldeira, Miguel & Tavares, 2004).

Com efeito, tentar perceber a decisão sobre o incumprimento pressupõe ensaiar entender a decisão sobre o cumprimento da obrigação de voltar ao estabelecimento prisional.

Assim, de acordo com a percentagem geral de sucessos e insucessos aquando da saída precária, foram realizadas 13 entrevistas em casos de insucesso, num universo de 102 entrevistas.

As entrevistas respeitaram a voluntariedade e a confidencialidade, tendo sido levadas a efeito por uma equipe de psicólogas em estabelecimentos prisionais da área da competência territorial do Tribunal de Execução das Penas de Lisboa.

Quanto ao «resultado» das 13 entrevistas pareceu-nos que mais do que contabilizar as razões do não voltar, o que ressalta como impressivo é o próprio discurso do entrevistado. A verbalização da «sua» história de decidir não voltar à reclusão, representa um caso de estudo importante.

Assim, das 13 entrevistas seleccionaram-se 9 das quais se transcrevem os segmentos considerados relevantes para a compreensão daquele concreto «insucesso». As restantes entrevistas que não foram escolhidas reconduzem-se, no cerne da respectiva motivação da decisão, a outras escolhidas, sendo, de algum modo, repetição nada acrescentam de substancialmente novo aos casos já seleccionados.

Cada uma das 9 entrevistas foi considerada um caso a que se atribuiu uma letra alfabética. No fim do discurso do entrevistado, insere-se um pequeno comentário.

O presente estudo insere, ainda, algumas considerações sobre o processo de tomada de decisão, na perspectiva da psicologia comportamental, um dos diversos enfoques possíveis (Raiffa, 1973; Sfez, 1992, 1994; Gayant, J.-P., 2001; Kast, R., 2002), por nos parecer a abordagem mais adequada ao tema, e termina com algumas considerações a título de reflexão final.

Embora o estudo seja, no seu todo, da responsabilidade de ambos os co-autores, é possível surpreender ao longo do texto a variação entre dois tipos de abordagem e redacção. Assim, cumpre reconhecer que a parte do processo de tomada de decisão foi originariamente escrito por Ana Miguel, a qual seleccionou e comentou os casos B, D e H, o restante foi inicialmente redigido por Moraes Rocha.

Algumas considerações sobre o processo de tomada de decisão

Planear e decidir são actos da vida quotidiana. Implícito à tomada de decisão está a capacidade de previsão dos nossos actos assim como, a reflexão/ponderação sobre os riscos e oportunidades do meio envolvente, que nos levam a actuar de determinada forma.

Prever, segundo Decouflé (1977), é antecipar uma situação futura considerada como possível. Esta antecipação baseia-se num certo número de dados existentes no passado e no presente.

E planear é um processo que consiste na orientação das nossas acções para atingir determinados objectivos (Godet, 1993). Assim, torna--se necessário avaliar situações passadas e presentes de forma a perspectivar o futuro. Este tipo de análise permite-nos elaborar planos e tomar decisões de forma mais eficaz.

No processo de planeamento poderão enunciar-se três fases. Começa--se por analisar os factores à luz de valores, informação disponível, entre outros. Depois há que fazer considerações sobre as intervenções possíveis, para definir a intervenção propriamente dita, e, por fim, passa-se à implementação.

O conceito de decisão tem implícita a necessidade de escolher uma possibilidade a partir de um determinado número de outras.

O processo de tomada de decisão implica a tarefa de identificação, avaliação e escolha, a partir de um conjunto de opções que devem ser viáveis. Por conseguinte, o objectivo será reduzir o número de opções, eliminando alternativas até estarem apenas duas. Assim, quanto maior e melhor for a informação, mais fácil se tornará todo o processo. (Adair, 1992).

Normalmente a maior dificuldade para um deficiente processo de tomada de decisão será fazerem-se suposições erradas. Há que ser objectivo acerca do que se tem disponível: tempo, conhecimento e recursos.

As decisões que pretendemos tomar, terão consequências prováveis, que deverão ser analisadas da forma mais objectiva. De algum modo pode considerar-se que a melhor maneira de tomar decisões é avaliar as opções pela importância dos seus resultados quer seja a curto, a médio ou a longo prazo.

O risco é um elemento que está presente em muitas decisões que temos de tomar. Por conseguinte deverá ser cuidadosamente avaliado. Neste contexto, o surgimento de dúvidas será um acontecimento normal. A dúvida tem por função suspender todas as decisões precipitadas dando-nos um olhar novo sobre o problema.

É preciso ultrapassar os obstáculos com determinação e empenho.

É também importante que se reduzam as dificuldades de decisão a uma multiplicidade de decisões acessórias e subalternas. Deveremos distinguir o essencial do secundário.

Saber tomar decisões é uma das competências mais importantes que se pode aprender, visto que somos confrontados diariamente com a necessidade de o fazer. Escolher voltar ou não ao estabelecimento prisional após a saída precária...

Trabalhar em contexto prisional o processo de tomada de decisão pode contribuir para uma ponderação muito maior e mais eficaz das opções escolhidas. De acordo com o balanço dos aspectos positivos e negativos de cada consequência, e ainda tendo em conta objectivos pessoais de ingresso na vida activa o mais rapidamente possível...

Em suma, nem todas as decisões são devidamente reflectidas e por conseguinte, nem sempre fazemos as opções mais adequadas. Assim, o planeamento das decisões aumenta a probabilidade de eficácia das mesmas.

Em relação ao risco que se corre, podem-se considerar três tipos de decisões. Pode-se optar por uma decisão com incerteza, que é aquela cujas consequências, de cada alternativa, são completamente ou quase completamente desconhecidas. Uma outra possibilidade é a decisão com risco, aquela cujas consequências de cada alternativa não são completamente conhecidas, mas sabe-se alguma coisa quanto à probabilidade de ocorrer uma dada consequência. Por fim, existe a decisão com certeza, em que as consequências de cada alternativa são claramente conhecidas ou planeadas. (Adair, 1992).

Os conceitos fundamentais da tomada de decisão são: o decisor, a pessoa que, conscientemente, dedica tempo e energia ao processo de tomada de decisão; a decisão, ou seja, a escolha consciência de uma particular via de acção sobre outras alternativas; a(s) alternativa(s), uma, duas ou mais vias de acção que o indivíduo pode seguir; o objectivo, o alvo que um indivíduo conscienciosamente se impõe a si mesmo alcançar; as consequências, ou seja, os resultados, mediatos ou imediatos, bons ou maus, de uma decisão.

Considerando que a sociedade e o mundo estão em permanente mudança, hoje mais do que nunca, torna-se necessária a adaptação do indivíduo a novas situações, hábitos e comportamentos. De facto, as mudanças registadas nos tempos de hoje são extremamente rápidas e com grandes implicações a nível individual. Neste contexto, tudo parece apontar para que cada indivíduo tenha de explorar as suas potencialidades, exigindo--se-lhe cada vez mais um grande esforço no sentido de (re)construir o seu futuro.

Colocados perante estes desafios torna-se necessário reflectir sobre a situação individual, identificando e organizando as competências a adquirir para que venha a estar em condições de intervir no futuro.

Mas, não bastará apenas conseguir fazer uma boa previsão. Torna--se também necessário passar à acção e integrar as decisões no contexto da mudança.

O ser humano tem uma grande capacidade para aprender e adaptar-se às novas realidades. As alterações operadas em momentos de grande turbulência geram desânimo, sacrifícios e dúvidas. Para as ultrapassar é necessário saber gerir as situações face às mudanças de um modo eficaz. As novas atitudes, valores, necessidades e aspirações são fontes de outras oportunidades. Contudo, é necessário detectar os sentidos, as tendências da mudança e adequarmos os nossos comportamentos às circunstâncias. Compete, portanto, a cada um definir os momentos e os tipos de projectos pessoais e profissionais que mais convêm.

Caso A (entrevista realizada em 3 de Abril de 2002, por Clara Silva, psicóloga clínica)

Na data da entrevista A, do sexo masculino, tinha 29 anos de idade, cumpria pena de 2 anos e 8 meses de prisão, por crime de roubo.

Anteriormente havia sofrido condenações por crimes de roubo, furto e de evasão. Nas duas primeiras fôra punido com pena de prisão suspensa na sua execução, nas restantes prisão efectiva. Encontra-se preso, com pequenas interrupções, desde os 19 anos de idade. Tem pendente processos por crime de roubo e de sequestro.

Solteiro, de raça branca, 9.º ano de escolaridade, profissão ladrilhador, residia na Amadora.

Na pena que cumpria, já havia beneficiado de duas saídas precárias com êxito, sendo na terceira que não regressou.

O tempo de ausência injustificada foi de 10 dias, nos quais se computa os 4 dias de saída precária que lhe haviam sido concedidos.

O discurso de A bem como o comentário subsequente, será dividido de acordo com os assuntos que se afiguram de maior relevo na compreensão do caso, assim: percurso delinquente, reclusão, saída precária, os outros reclusos e, por fim, a prisão.

O percurso delinquente

*Para aí por uns 15 (*crimes de roubo e furto*) ... sempre que fui a tribunal admiti sempre tudo. Sou um homem para admitir o que faço, sempre admiti perante o tribunal e esperei sempre que o juiz me desse a sua sentença. O bom senso não me deixa estar a enganar o juiz... por muito tempo que eu leve de cadeia não vou mentir por isso, porque também ele tem provas... estão lá testemunhas em tribunal, não vou estar a contar histórias!... que foi para comprar fraldas para os meninos... depois as testemunhas contavam tudo e eu ia ser confrontado. Prefiro a sinceridade à mentira... por mais cruel que ela seja e que me venha a prejudicar!*

... tive um furto a um café com 2 indivíduos ... viram-me e foram-me buscar, perguntaram quem eram os outros e eu disse que não havia mais ninguém... fui responder e levei pena suspensa! O 2º foi um furto a um café, fui lá buscar tabaco... o guarda nocturno apanhou-me, fui responder e apanhei outra pena suspensa e... a partir daí tudo prisão efectiva.

Sim... preso efectivamente.... disse de quando? De 97, não foi de 92... estava a deixar passar... Desde 97 que eu estou a cumprir esta pena, acabei uma em 2001 e comecei a cumprir esta.

... foi uma tentativa de roubo!

... 4 anos e 2 meses, essa já terminou... já fui desligado dessa e começo a cumprir outra, essa de 2 anos e 8 meses. Não sei porque é que carga de água não fizeram cúmulo jurídico. Se tivessem feito já tinha ido embora.

Sim... Estou a pensar que foi uma tentativa e o que daria se realmente eu tivesse conseguido roubar o Opel Tigra.... o dinheiro que eu iria meter ao bolso se tivesse corrido bem, mas correu mal.

Se correu bem o roubo do BMW que ganhei 2 mil e 300 contos.

O do BMW, esse correu bem.... acabou por não dar em nada porque não houve provas... não deu processo. Foi crime perfeito! O crime só é prefeito quando não se deixa provas!
Tenho um (processo pendente).
É grave... é roubo, sequestro e violação.... mas eu não tenho nada a ver com isso.
... há quem diga, a quem compete saber, que isso ficou em águas de bacalhau... porque realmente foi apresentada uma queixa de roubo, sequestro e violação, mas isso não aconteceu. Eu apresentei declarações na DCCB perante psicólogos, criminologistas, inspectores e uma data de pessoas e eles concluíram que a pessoa em causa só queria a guita. Essa pessoa caiu em falsidade... porque aquilo que existiu... sexo não é violação, desde que não exista violência nem seja contra a vontade da pessoa. Sexo é normal, independentemente de ela ser casada e ser mais velha do que eu... ela sabe o que aconteceu entre nós e não houve qualquer tipo de imposição da minha parte. Portanto, a partir desse momento cai a violação.
O sequestro! Que espécie de sequestrador é aquele que vai beber copos para Queluz, para o Minerva que fica a 30 metros da esquadra da polícia e anda a passear com ela de braço dado... passam pessoas por nós e cumprimentam-nos e chamam-nos dois pombinhos? Que espécie de sequestro é esse? Isso não dizia com as declarações dela por isso caiu também.
E com o roubo! Roubo é se eu lhe tirasse ou se a obrigasse a dar-me dinheiro, mas eu não a obriguei... eu pedi-lhe, expliquei-lhe para o que queria o dinheiro e ela deu-me, meteu o cartão no multibanco tirou o dinheiro e deu-mo, por isso caiu o roubo também.
Portanto não sei... sei que existem essas declarações, mas ainda não sei de nada. Sei que se for condenado vou de certeza meter recurso e vou chatear pessoas que já há muito tempo não vejo que nos viram juntos: o dono do café, o dono do bar, enfim... são várias pessoas que podem comprovar.
Que aconteceu... aconteceu e o facto de ser filha de um polícia prejudica as coisas. De certa forma eu percebo porque é que ela apresentou uma queixa, mas... estivemos só 7 horas juntos e naquelas 7 horas aconteceu muita coisa, ela podia ter ido embora logo ao fim de 5 minutos mas quis ficar mais 6 horas e 55 minutos... ela encontrou-se comigo eram 7 horas e saiu de o pé de mim eram 3 da manhã. Ela deve ter chegado a casa e o marido apertou com ela e então contou aquela história.
Isto aconteceu aquando a precária.

... eu só fui recapturado 10 dias depois. Tive 10 dias para gastar 2 mil e 300 contos e o homem ficou a dever 300 contos, mas não faz mal... já estão pagos.

Há 9 anos (preso)... vai fazer em Outubro 10 anos, só com um intervalo de 17 dias, em Outubro de 1997.

Estive no EPL, desde 24 de Outubro de 97 a Dezembro de 2001, foi prenda de Natal... quando ele me deu a sentença eu até fiquei a olhar para ele, grande prenda de Natal!... Eu só me pergunto uma coisa: se eu tivesse feito alguma vez mal às pessoas... se eu alguma vez tivesse usado violência ou tivesse feito alguma coisa que magoasse as pessoas fisicamente... não só os danos à moral porque as pus em pânico e aproveitei-me desse facto para subtrair bens que não me pertenciam... mas se eu tivesse feito mesmo mal, usado medidas de coacção física... eu questionava-me quando o homem estava a ler a sentença que pena apanharia se tivesse feito mal!

Sim... era uma técnica que eu tinha para arranjar dinheiro. Era na linha de Sintra, nos comboios, outras vezes nos elevadores das Amoreiras, outra era nos carros... Pronto, a técnica era sempre a mesma: o comboio pára na estação... portanto sai de Lisboa e vai para o Cacém, às hora de ponta...6 horas, quando chega ao Cacém está cheio... chega ao Cacém sai tudo, fica completamente vazio, há lá 2 ou 3 que vão mas é na parte da frente e depois há umas solitárias que vão na parte de trás do comboio... são essas as vítimas e a essas, todo o dinheiro que tinham eu levava-lhes.

Houve uma vez uma senhora, que falou em tribunal e o juiz até ficou sem reacção... esteve ali uns segundos sem questionar nada. Porque foi assim: eu cheguei ao pé dela e disse-lhe para me dar o dinheiro muito rápido e ela entrou em pânico e eu pus o braço em cima do ombro dela e disse-lhe que não lhe fazia mal e... ela agarrou a carteira e começou a chorar e já era uma senhora para aí com 40 anos. Então, eu agarrei tirei-lhe a mala e sentei-me à frente dela e disse para não fazer barulho... abri a carteira e no sítio onde tinha o dinheiro estava um envelope com 70 contos. Nunca mais me esqueço disso, isto foi dito em tribunal por ela... Eu agarrei o dinheiro e ela começa: Ai os meus filhos, ai os meus filhos!... Eu olho para a carteira e vejo 3 fotografias: 2 putos novinhos, com menos de 10 anos e um homem com uma boina da tropa.... perguntei logo: quem é este?... e ela disse: são os meus filhos e... eu; não, quem é este? E ela disse: esse era o meu marido, já morreu!. A reacção dela foi espontânea e parece que atingiu os meus sentimentos...

O que é que eu vou dar de comer aos meus filhos? Como é que eu vou pagar a água e a luz? ... e eu a contar o dinheiro, eu estava cheio de branca na cabeça e precisava de mais dinheiro...então, pronto agarrei naquilo tudo, tirei 5 contos e dei-lhe o resto... Ela ficou a olhar para mim e eu disse-lhe: da próxima vez não tragas o dinheiro na carteira, esconde-o! E dei-lhe um beijo na testa... nunca mais me viu, viu-me na esquadra e no tribunal. Eles não tinham... em principio não tinham nada contra mim, tinham as queixas das pessoas e a navalha que era uma de ponta e mola, era gira, tinha estilo e para bater a branca era "totil".

Entretanto meteram-me nos calabouços e começaram a chamar pessoas... sei que chamaram 18, só 15 me reconheceram, foram essas que deu processo.... Todos foram iguais, sempre no comboio. De certa forma era anti-social para a segurança das pessoas mas de certa forma não lhes fazia mal, só lhes levava a guita... havia alguns que não tinham dinheiro e eu dizia: "Não tens vergonha de não ter dinheiro" e revirava-lhes tudo até encontrar dinheiro....... Era tudo igual o juiz disse-me que eu era metódico, que usava um plano e isso deixou-me perplexo... apanhei 4 anos e 7 meses.

Passei alturas mal... passei outras menos mal, até que saí cá para fora. E, quando saí, dei comigo outra vez dentro dos comboios. Quando eu fui agarrado outra vez para cumprir pena... eu não fui condenado por roubos dentro do comboio, eu fui condenado por outros roubos... mais exactamente também planeados.

Eu entrava nos elevadores das Amoreiras e a guita tinha que ir sempre comigo e era quando também não ia a chave do carro, o livrete e tudo... porque se fosse a chave e o livrete, eu tinha sempre onde ir vender o carro!... e tudo o que ele me dá é lucro, mesmo que ele ganhe 3 vezes mais e seja eu que dê a cara à morte... Se alguém me vir vai reconhecer-me, mas a cocaína faz com que eu ignoro isso tudo!... a cocaína é muito gulosa... dispara qualquer coisa que uma pessoa não consegue controlar.

Estive em Sintra, no EPL e aqui (Caxias).

Em 92 entrei no EPL, estive lá 1 ano e.... quase 2 anos a responder por processos, em preventivo. Depois fui condenado e recebi a decisão final e fui para Sintra... depois saí e passado uns dias voltei a entrar e fui para a Judiciária. Da Judiciária... estive, salvo erro, 3 meses...

Saí no fim da pena... depois fui agarrado mais tarde, passado uns tempos e fui para a Judiciária... estive lá 3 meses e fui para o EPL. No EPL estive mais algum tempo preventivo mas foi mais rápido dessa vez...

respondi logo e fui condenado e estive bastante tempo em regime 111... 3 meses e...

O regime 111 é um regime de segurança... é a mesma coisa que um castigo numa cela sozinho!... eu preferia estar sozinho, optei por estar sozinho... estava à espera que apanhasse uma pena suspensa mas como era reincidente o juiz não foi nessa, não foi benevolente e condenou-me!....

Depois ainda fui para a Ala A .... comecei a fazer parte do projecto, comecei como faxina, a seguir passei para o polivalente onde tem máquinas, tem karaoke, tem aparelhagens... estive bastante tempo aí e depois fui para a biblioteca. Na biblioteca fui delegado. Entretanto tive uma proposta para ir para a Comissão Executiva... é a comissão de reclusos que leva ao sistema de educadores e à chefia os problemas que houver, que os reclusos tiverem. Eu rejeitei isso e fui para o curso de informática... depois ainda fiz o curso de mediador.... quando estava a fazer o curso de mediador vim a casa uma vez e na segunda vez que vim já não voltei!...

Houve ali, digamos, a imparável que se chama branca!... E nada garante à justiça, a mim ou a quem quer que seja que eu vá lá para fora e não volte.... Se eu não entrar numa de consumir, se eu disser já chega... ganhei medo aquilo, de certa forma ganhei porque estou a perder muitos anos da minha vida! Gosto muito daquilo mas gosto mais da minha liberdade... gosto mais da liberdade!... de fazer aquilo que eu quero quando eu quero e aqui não tenho liberdade para nada, tenho de obedecer aos regimes que me impõem. A cadeia leva que as pessoas sintam arrependimento mas se eu olhar para a frente e vir as possibilidades que eu tenho na vida... quem me garante a mim que eu mais tarde ou mais cedo não volte a recair, independentemente de eu estar preso desde 92 até 97 e de 97 até agora e não existir nenhum consumo de cocaína!

Cocaína para mim... nem que sejam 100 gramas para mim é pouco!

Ou bem que é uma grande "jarda"... uma grande "jarda" mesmo, grande bolo tipo 200 ou pelo menos de 100 para cima ou não vale a pena! Quando arranjei o BMW fui logo buscar 3 sacos de 50 gramas... enfim é só branca, heroína cá para dentro não entra, não entra. Já experimentei e não me diz nada, penso logo na branca..... Se eu tiver uma graminha, eu agarro na graminha e consumo a graminha e a seguir fico a olhar e a pensar onde é que eu vou arranjar mais... aquilo não me chega nem para 10 minutos.

A cocaína não mata, pode-se cair para trás e passado 2 horas acorda-se. O que mata é a heroína que faz enrolar a língua e sufoca-se.

(Não concordo com a pena) porque ele julgou por aquilo que podia ter acontecido e não pelo que aconteceu... o que aconteceu foi que eu entrei dentro do carro e ao sair fui preso, mais nada!... E isso não merece 2 anos e 8 meses.

O crime não foi perfeito porque eu não sabia que existiam seres daquele género. A minha arma não é uma faca é a rapidez. Como é que houve discernimento necessário para quando eu entrei no carro dela ela observar-me, desligar o carro, tirar a chave e ir-se embora, sair do carro!? Como é que houve discernimento suficiente, amar mais o carro do que a própria vida? Eu só agarrei a camisola e quando olhei para a chave ela já não está lá... larguei e fui embora.

Ela conseguiu sair do carro!... O que me mete impressão, porque isso já aconteceu: as pessoas assustam-se e saem do carro e isso não é nada, eu agarro fecho a porta e levo o BMW, o Audi, o carro que eu quiser levar!

Ela estava dentro do carro, parou num semáforo e eu entrei em má fila... pronto isso é uma técnica, não está em questão. O que está em questão é o facto de ela ter saído e ter tirado a chave e eu não pude fazer nada!... Abri a porta e saí... e a polícia veio atrás de mim.

Não concordo com o facto de não terem feito cúmulo jurídico. Eu cheguei a pedir ao juiz e ele disse-me que não e que se não estivesse satisfeito para que recorresse e eu olhei para ele e disse-lhe que o que ele sabe já a mim se me esqueceu! E voltei-lhe as costas e vim-me embora... eu pensei: deste-me 2 anos e 8 meses, se eu recorrer a pena não vai baixar, dada a gravidade dos factos o que pode acontecer é subir... e eu não ando a dormir e fiquei com os 2 anos e 8 meses....

Por um lado, a gente revolta-se, todos os presos revoltam-se com os juizes, deve ser por eles terem um martelinho... o caminho dele é sempre o martelinho ou a condenar ou a absolver, pode ser que um dia tenham um filho um uma filha que vá dar ao martelinho!... se ele encontrar isso pela frente, vai apanhar um grande impacto e vai pensar 2 vezes em todos aqueles que tiveram problemas com as drogas e em todas as pessoas que já condenaram... eles vão pensar em tudo o que existe por detrás, não só nas pessoas mas nas suas famílias... a minha mãe anda a carregar sacos há 10 anos aqui para dentro!

Não acredito nisso (em sair antes do fim da pena), isso é uma utopia. Acho que não mereço, só merece quem trabalha e eu não trabalho e depois acho que o sistema não tem condições...

O IRS não é funcional, é um sistema que é surrealista... só existe para fazer relatórios: o A tem visitas, tem família e tem para onde ir morar e ponto final... E eu também sei escrever do outro lado: a assistente social que fez tal relatório não tem qualquer espécie de conhecimento da minha pessoa, esteve comigo 10 minutos a perguntar-me sobre a minha família, se tinha para onde ir e mais nada fez. Portanto estou preso há não sei quantos anos e nunca se aproximou de mim para saber qualquer outra coisa que quer que seja, só quando foi informada com dois meses de antecedência, pelo tribunal, que tinha que fazer um relatório assim o fez... portanto não fez absolutamente mais nada – incompetente! E ela escreve indeferido nas precárias e eu escrevo incompetente. Eu também sei escrever e elas também... portanto eu não entro em conflitos com o sistema de IRS, nem com a chefia. O grupo de guardas é o grupo de guardas, o IRS é o IRS e o sistema de educadoras é o sistema de educadoras... as educadoras se puderem ajudar ajudam, se puderem fazê-lo, agora o IRS eu não quero nada com elas. O sistema de reinserção social não é funcional comigo, porque eu não quero, eu não consigo aceitar tamanha burocracia... portanto se eu não consigo aceitar a burocracia logo a reinserção social não é possível comigo... por isso seria utópico para mim estar a pensar numa liberdade condicional, até porque não sei se consta nas suas folhas que eu já fui ouvido para a liberdade condicional duas vezes e rejeitei as duas vezes!... disse que prescindia da liberdade condicional, uma vez por motivos de formação profissional e outra vez por estar englobado num processo terapêutico.

Arrependido... Já pensei nisso... Eu não tenho nenhuma razão para me arrepender... já fui condenado a 2 anos e 8 meses e foi por algo que eu fiz e se eu fiz as consequências que advertem é um problema meu! E eu não me arrependo das coisas que faço, por isso é que sou sempre condenado, porque não me arrependo daquilo que já está feito... é uma questão de honestidade pessoal, uma questão de orgulho comigo mesmo!...

Houve uma altura que estava no manco e pensei se não tivesse feito aquilo agora não estava aqui e nada disto tinha acontecido e depois pensei: agora vens armado em menino a chorar sobre o leite derramado... aguenta-te! Por isso não há arrependimento, arrependimento não há!... Como é que eu podia fazer o que queria se não tinha ninguém nem tinha dinheiro? Ia trabalhar para as obras? Recluso que não volta de precária não pode ir trabalhar... então tem de se fazer à vida!

Compensou (o crime)... Eu não posso entrar por esse lado... não vamos ser extremistas. Não estou arrependido mas de certa forma não valeu a pena, passou e acabou! Existem dois extremos: o extremo do arrependido por ter feito e o extremo do foi super bom e existe o meio que é: foi, aconteceu! Existem coisas que nem são positivas nem negativas, o que aconteceu, aconteceu... o que fiz é um problema meu e o que eu sofri também fui eu que sofri!

A reclusão

Custa-me a incerteza que... nada me garante que eu mais tarde ou mais cedo possa correr o risco de voltar para aqui outra vez!

Não é o medo...é a incerteza de poder ou não voltar para aqui. Eu aceito o facto de ser impotente perante o facto de ser adito e ser consumidor de alucinogénicos, portanto eu a partir do momento que sou adito existe a possibilidade de voltar para aqui.

Só consumo quando vou à rua.

Sim, contínuo... quando chegar lá fora não sei se consigo parar, é difícil parar! Não posso dizer que vou fazer isto ou aquilo, não tenho garantias... como é que alguém que tem um percurso na vida extremamente revoltado como a maioria das pessoas que estão aqui, apesar de esconderem porque têm medo das consequências, das represálias... eu não tenho medo nada disso... se quiserem mandarem-me para Vale Judeus mandem é-me indiferente.

Eles com a mãozinha deles vão um dia ter que abrir a porta e vão ter que pôr na rua o que não querem, que é indesejável à sociedade e que se chama A... independentemente do que eu fizer ao fim da pena vão ter que me pôr na rua, saio obrigatoriamente.

Eu não tenho os dias da minha vida encurtados, não sou seropositivo apesar de já ter cometido milhões de comportamentos de risco... não sou seropositivo nem tenho qualquer tipo de doença infecto-contagiosa que me encurta a vida... Deus me livre de me acontecer alguma coisa dessas!

Aqui (custa-me) é o facto de estar preso... não ter liberdade, até a liberdade de expressão aqui dentro é condicionada!

A saída precária

Para mim não é o mesmo que significa para a sociedade, desde já.... a sociedade espera que eu vá de precária, que eu volte e ... enfim que eu cumpra o resto do meu castigo, que saia lá para fora e faça a minha vida!

Para mim mesmo... eu não espero ter mais nenhuma precária!... Quando eu soube que ia de precária fiquei contente, houve ali uma alegria qualquer que.... mas eu depois quando entrei, independentemente do que aconteceu lá fora, quando eu entrei senti uma tristeza muito grande!...

Eu não sou masoquista, não quero sofrer mais em relação a isso, por isso não quero ir mais de precária! A precária é o que o próprio nome diz: é uma situação precária, portanto eu tenho uma liberdade condicionada para fazer algumas coisas durante um período muito pequeno de tempo... e quando eu apanhei o gosto por aquilo que eu estava a fazer ou por aquilo que estava quase a conseguir ou a tentar fazer é quando acaba o tempo e eu tenho que voltar aqui para dentro e isso é muito triste!

A precária acaba por ser mais dolorosa do que desejava... há muitas pessoas aqui que querem uma precária porque nunca foram, é muito difícil ter de voltar. Eu já passei pela experiência de ir e voltar, ir e voltar e ir e não voltar... já conheço bem o que se passa.

Agora não... não vou pedir...se eu fizer um pedido de precária não sei o que vão pensar, mas também não me interessa saber, eu não quero ir mais!

É uma espécie de orgulho pessoal que faz com que não queira ir... o ter de voltar é um sofrimento maior e é uma obrigação que me compete, ter mesmo de voltar. E ir e voltar é muito doloroso!... E, eu acho que em 3 dias uma pessoa, se não tiver lá fora uma pessoa que ele ama, a mulher dele, a companheira dele ou filhos, uma casa ou que encontre um grupo de amigos ou que tenha dinheiro suficiente para fazer com que os outros se aproximem dele e de certa forma ser aceite.... se não tiver nada disso... eu não tenho mulher nem filhos, não sou rico, não tenho uma casa, tenho que ir para casa dos meus pais... e essas coisas fazem--me dizer que não quero ir de precária, nem que sejam 3, 4 ou 5 dias. Um dia vão ter mesmo que me abrir a porta, nem que seja no dia 6 de Setembro de 2004 ou mesmo mais tarde... a minha saída já foi adiada uma vez para 2004... por eu ter ido de precária e não ter voltado!

Antes da primeira precária fiz muitos pedidos... não sei.

O primeiro concedido foi no Natal.

Antes foram muitos, muitos, muitos pedidos!

A razão do corte era sempre o mesmo: por motivos de receio de insucesso, perigo de fuga. Eram sempre os mesmos motivos: receio de insucesso, perigo de fuga, alarme social, sempre o mesmo!

Uma pessoa fica triste quando uma precária vem recusada, vem indeferida... Uma pessoa fica desiludida porque passou desde o dia que fez o pedido a acreditar que era daquela vez que ia de precária... e mais uma vez voltou a sofrer e sente que o sistema é indiferente para com ele.... e, ainda por cima, aqui não há nada para fazer, não há trabalho.

Eram sempre os mesmos (motivos)... mas é para toda a gente, é chapa para todos!

Esses motivos têm fundamento para quem as decide.

Estão a ignorar os sentimentos e a humanidade que existe em qualquer detido... portanto ele é um ser humano e estão a ignorar o que existe, independentemente de ele ter cometido um erro!

Tem fundamento (o perigo de fuga)... tem porque é muito lógico, porque uma pessoa, por exemplo: está a cumprir uma pena de 6 anos e ao fim de 1 ano e meio, que é o quarto da pena, e a lei obriga que a pessoa seja sujeita a uma avaliação de precária e se é deferida... claro que existe um risco de fuga porque faltam 4 anos e 6 meses para o "terminus" da sua pena. Portanto, a pessoa tem 1 ano e meio cumprido, 18 meses não é nada! E se ela for a ver e se é uma pessoa que reúne algumas condições para que a fuga seja um sucesso... claro que é um risco... claro que tem fundamento. Eu não digo que eles não têm fundamentos, todas as justificações que eles dão tem algum fundamento, agora há justificações que nos são dadas que não se justifica... por exemplo: a assistente social falou comigo uma vez... como é que ela faz um relatório desfavorável? Isso é que já não se justifica, não tem fundamento!

Há muitos casos que eu aceito, há outros que eu não aceito. Claro que existe sempre o perigo de fuga, muitos até só voltam porque são obrigados pela família... é difícil voltar!

A primeira vez fui satisfeito, contente, estava com ideias de fazer muita coisa... acabei por, de uma escala de um a dez, por fazer... nem dois consegui fazer!

Gostaria de ter vivido algumas coisas que não vivi... mas não consegui fazer isso, é muito curto o espaço de tempo que a pessoa tem na rua.

Em 3 dias se não tem uma companheira, não tem tempo de a encontrar a não ser que... enfim recorra a outros meios e eu não quero recorrer a outros meios, nunca o fiz não é agora que o vou fazer... daí que meto a minha postura em prática e digo que se não tem, não consegue em 3 dias encontrar alguém que se disponibilize, que acredite e que sinta vontade de o fazer... portanto ou o faz com algum desejo, intensidade e vontade ou então não o faz!...

E depois uma pessoa também se sente um bocado à margem, está muito desactualizado porque não faz parte daquele mundo... e de certa forma, quando volta se não teve relações sexuais não conseguiu satisfazer-se a 100%... Portanto não teve tempo suficiente e não consegue aproveitar ao máximo... e anda muito tempo atrás de uma coisa que infelizmente se não tiver não tem tempo de encontrar isso e depois as outras coisas passam-lhe um bocado ao lado... Portanto, eu quando não voltei... essas foi as vezes que fui e voltei. Quando não voltei, tive tudo aquilo que quis e gastar 2 mil e 300 contos em dez dias é mesmo muita fruta... tive mesmo tudo aquilo que quis!

Foi com a venda do BMW... portanto, tudo aquilo que eu quis ter eu tive... tinha poder de compra, portanto hoje quem tem dinheiro tem tudo quem não tem, não tem nada... mas sempre foi assim! Tive tudo aquilo que quis, fui fazer tudo o que quis.... estive em Matosinhos, fui para Vila Real de Santo António, andei pela Lagoa de Santo André... desbundei, desbundei... andei com Audis, andei com grandes carros... andei com dinheiro, andei bem acompanhado, andei sozinho a maior parte do tempo.... mas tinha boas companhias quando as queria ter... fiz o que quis, jantei em bons restaurantes... comi o que quis.

Depois quando fui a ver já não tinha dinheiro e fiz um telefonema e foi quando ele me disse que precisava de um Opel Tigra preto novo e eu fui buscar um Opel Tigra novo só que não consegui fazer com que lá deixassem a chave... a senhora era mais rápida!

Das vezes que voltei... De certa forma o pensar que se voltasse podia ir novamente de precária, passado uns meses... o olhar e ver a vida com alguma perspectiva e não estar a desiludir a família.... não desiludir a família!

Quando não voltei... Não quis deixar para trás aquilo que devia ter feito, porque não consegui fazer nos poucos dias de precária que me deram... por isso não voltei, fui viver!

Desde comer, beber, dormir, ter paz, enfim... estar bem acompanhado com alguém do sexo oposto, poder sair, ir conhecer espaços que não conheço... Vasculhei a Expo de uma ponta à outra... foi viver e gostei das sensações que vivi, independentemente de agora estar a pagar um preço alto... por não ter regressado, que já era grave por si e, por ainda por cima ter cometido mais qualquer coisa ... enfim que tem a sua gravidade!

Eu aceito esse facto e digo que aquilo que vivi nos dias em que não voltei, independentemente de ter sido condenado a 2 anos e 8 meses, ninguém podia ter vivido por mim!

Sim... foi por arranjar dinheiro para poder ter a vida que eu queria... e tive!

Era o querer viver!

Quando saí não estava nada planeado. Foi quando eu pensei: amanhã às x horas tenho que entrar no EPL e então aí agarrei no blusão e fui-me embora. A minha irmã quando me viu a mexer no armário e a vestir o blusão disse: Mano não vistas isso!... mas já estava, fechei o blusão, meti o gorro e fui-me embora. A minha irmã começou a chorar e mais tarde disse que já sabia que eu não ia voltar!... Peguei na mota e fui correr Portugal!... Setúbal, Algarve, Batalha, Óbidos, Lisboa, Matosinhos.... Estava eu a beber, a beber uns copos, e pensei: depois eu vou lá cumprir, pode ser que saia um perdão!

Das vezes que voltei tinha uma vontade enorme de encher a cabeça de cocaína.

Quando não voltei senti-me bem... um pouco preocupado... enfim, dormia de dia e saía à noite... dormia? Descansava... à noite quando saía agarrava no carro e ia curtir... e não se passava nada, a cocaína faz de mim outro!

Quando fui recapturado senti-me triste e deprimido... só isso.

Quando voltei de livre e espontânea vontade, voltei por mim, vim triste mas já sabia o que vinha encontrar pela frente. Quando voltei obrigado a isso, portanto vim contrariado...fui cumprir cela disciplinar, estive 30 dias fechado no manco... portanto fiquei triste quando fui agarrado, fiquei meio preocupado ... o que iria acontecer com o processo..

Não fiquei preocupado por ter de voltar para a cadeia porque já sabia que mais dia menos dia tinha que voltar, tinha que cumprir o que me estava imposto... isso era inevitável, eu tinha que cumprir isso... não me preocupava nada com o voltar, estava a preocupar-me era com o que iria acontecer com o processo do Tigra, mais nada!... fui responder a isso e já está resolvido. De resto... já passou!

Das vezes que voltei, quando chegou a altura de voltar, voltei e voltei mesmo... nem sequer se colocou a questão e ponto final. Daquela vez que não voltei, disse que não voltava para aí com 7 horas de antecedência... disse para mim: "Não vou voltar! Ainda não fiz aquilo que eu quero e não vou voltar para dentro da cadeia"... E não voltei... foi isso que aconteceu!.

Fiquei em casa dos meus pais, eles têm uma vivenda na Amadora.

Passa muito rápido, num ápice...mas muito rápido mesmo. O que é que eu fiz? Estive com a família, fui jantar fora, joguei às cartas, à noite... estive só com a família. Era Natal estavam os meus avós, os meus tios... estava muito pessoal, estavam os meus primos, o cão... eram para aí uns 15 ou 16 lá em casa, grande malta! Estive a jogar às cartas com o meu avô, já não via o velho há uma data de anos. Estivemos todos entretidos... depois, queríamos sair, mas como era Natal não tínhamos para onde ir... ficámos em casa. Foi uma altura menos propícia ao divertimento fora de casa.

Agora, desta última vez, também fui para casa dos meus pais e no último dia era para voltar e não voltei... eram 4 da manhã, estava tudo a dormir menos a minha irmã e eu agarrei na mota e fui-me embora... e depois já sabe o que é que aconteceu!

Só uma: não vou mais de precárias, não quero mais precárias! Não quero passar por aquilo que já passei e não vou passar! Dói muito ter que entrar outra vez e pensar: ainda falta mais 2 anos, ainda falta mais não sei quantos anos.... Oh, meus amigos! Dói muito!...

Quando chegar a altura de ir de vez, eu vou.... Já sei o que é ir e voltar e ir e não voltar e não quero sentir isso outra vez... não quero sofrer o facto de ter de voltar, nem o risco de me envolver noutro processo!

Os outros reclusos

Isso é-me indiferente... se outros merecem ou deixam de merecer, cada um tem de fazer por si. Se ele não foi de precária e merece ir, ele que se desenrasque... fale por si, mexa-se se não, não vai!

A prisão

O que a prisão me mudou ... Modificações? Certamente... o quê é que eu ainda não sei... só depois de eu estar lá fora é que vejo o que é que ela me fez.

Não quero fazer esse exercício... houve mudanças, houve uma evolução: entrei com 19 e estou agora com 30 anos... tem de haver uma mudança qualquer, houve uma mutação, uma metamorfose qualquer... há qualquer coisa que mudou, ainda não me apercebi bem o que é que é, quando chegar lá fora e conviver com pessoas que não são delinquentes, nem são marginais, nem têm qualquer tipo de postura relacionada com esse comportamento... são pessoas cívicas, têm a sua vida normal... quando eu me começar a dar com elas, se calhar vou-me aperceber das minhas mudanças.

A única mudança que houve é que eu deixei de consumir alguma droga... com menos frequência. Consumia haxixe assim à brava, era mesmo ao pontapé.... aqui nos EPs haxixe é uma droga como os cigarros.

A cocaína eu deixei... porque eu para dar na branca ou tenho droga que chegue para mim ou não vale a pena, uma grama ou duas não chega... fica-se preocupado a pensar onde é que vai arranjar mais!

No haxixe também... primeiro para mais e depois para exclusão total... deixei de fumar haxixe aqui dentro em Caxias porque no EPL fumava bastante haxixe.

Só por uma razão...aqui não há ambiente, aqui é só miúdos... é só turmazinhas. No EPL era gente mais madura... aquilo era muito aberto...eu ia buscar a um, levar a outro...eu andava lá tipo pombo correio, tinha carta branca para o fazer. Aqui, não há ambiente... tenho de estar deitado e manter o respeito e fazer um esforço para não perder a cabeça com os miúdos!

Comentário

Percurso delinquente

O A tem antecedentes criminais, sobretudo no domínio dos crimes patrimoniais.

O seu percurso delinquente, com relevo criminal, inicia-se antes dos 20 anos de idade embora só venha a conhecer a reclusão com esta idade.

Além do comprovado passado criminal, A tem processos crime pendentes.

Também existe história de consumo de estupefacientes, nomeadamente cocaína.

Pese o elevado número de crimes cometidos, cerca de quinze, A não verbaliza o menor arrependimento: «arrependimento não há».

O crime é para si um meio «normal» de se obter o que se quer, de «viver»:

«... foi por arranjar dinheiro para poder ter a vida que eu queria... e tive! Era o querer viver!(...)..., fui viver!

Desde comer, beber, dormir, ter paz, enfim... estar bem acompanhado com alguém do sexo oposto, poder sair, ir conhecer espaços que não conheço...».

O elemento volitivo merece referência, A age com dolo directo, os factos representados são os desejados e actua com vontade de realizar esses mesmos factos.

Também não interioriza o desvalor da conduta, não fez mal, o que fez é, para si, justificado. Não reprova os seus actos embora, a certo momento do discurso, admita que age de forma asocial. Aliás, a consciência da ilicitude é constante no seu discurso.

Sem que a justificação dos seus actos seja para si importante, A desculpabiliza-se com o consumo de droga.

Sobre o seu percurso criminal, A assume uma postura pragmática: «Existem coisas que não são positivas nem negativas, o que aconteceu, foi, aconteceu... o que fiz é um problema meu e o que eu sofri também fui eu que sofri!».

A saída precária

Além do insucesso, este caso soma duas anteriores saídas precárias com sucesso.

Para A uma saída precária não passa de um lapso de tempo muito curto, demasiado curto para se «fazer algumas coisas». E, por ser efémero, considera-a dolorosa, sobretudo na hora de voltar ao Estabelecimento Prisional.

O A tem uma preocupação em «viver». Para si «viver» é ter tudo o que quer, é satisfazer-se a «100%», «desbundar»: ter boas companhias, andar com bons carros, jantar em bons restaurantes, viajar, ter dinheiro,...

A correcção social da conduta não parece fazer sentido, para A os fins justificam os meios e aceita «pagar» por aquilo que deliberadamente fez para atingir os seus objectivos.

Das duas vezes que regressou de precária A fê-lo «contrariado», sentindo-se «triste e deprimido». Voltou porque «tinha de voltar».

Da vez que não regressou decidiu-o, diz, com 7 horas de antecedência face à hora do regresso. Ou, então, como também verbalizou, quando pensou: «amanhã às x horas tenho que entrar no EPL e então aí agarrei no blusão e fui-me embora». Não existia, portanto, premeditação em relação ao não regresso, «não estava nada planeado». E, por maioria de razão, também não estava nos planos a determinação em voltar ao Estabelecimento Prisional.

O que motivou o não regresso foi o ir fazer o que lhe apetecia: «Não vou voltar! Ainda não fiz aquilo que eu quero e não vou voltar para dentro da cadeia».

A precária não é uma preparação para o reingresso ao meio livre, à sociedade. Este desiderato legal carece para si de sentido. E, carece de sentido porque o A não coloca sequer a hipótese de construir um futuro socialmente responsável. No seu discurso, o trabalho, a responsabilidade, o projecto de futuro, estão ausentes, mesmo em termos de mera probabilidade.

Os outros

O outro pode ser o familiar, o colega de reclusão, o semelhante em geral ou, mais especificamente, a vítima.

Em termos genéricos o outro, o cidadão comum, é para A indiferente. No seu discurso, A não verbaliza preocupação alguma pelo seu semelhante, o outro é quase um objecto. Sentimentos, respeito, consideração por outrém estão ausentes.

Quanto ao outro recluso, ele «é-me indiferente...se outros merecem ou deixam de merecer, cada um tem de fazer por si.», «ele que se desenrasque...fale por si, mexa-se, se não, não vai!».

A família ou, mais especificamente, o familiar não «pesa» nas decisões de A. Embora só exista família de origem, a de procriação está ausente neste caso, constata-se a ausência de qualquer espécie de vínculos significativos, no sentido de influírem nas decisões de A: «Foi quando eu pensei: amanhã às x horas tenho que entrar no EPL e então aí agarrei do blusão e fui-me embora. A minha irmã quando me viu a mexer no armário e a vestir o blusão disse: Mano não vistas isso!... mas já estava, fechei o blusão, meti o gorro e fui-me embora. A minha irmã começou a chorar e mais tarde disse que já sabia que eu não ia voltar!... Peguei na mota e fui correr Portugal!...». O facto de haver uma família numerosa em nada afasta a sua falta de relevo ou importância, no sentido de conformar ou, sequer, influir na conduta de A.

No que respeita às vítimas, também elas lhe são indiferentes. Utilizava uma técnica para lhes extorquir dinheiro mas para o A isso não era fazer mal, «dano à moral porque as pus em pânico e aproveitei-me desse facto para subtrair bens que não me pertenciam...», não é «fazer mesmo mal», «elas não tinham nada contra mim», «...e a navalha que era uma ponta e mola, era gira, tinha estilo e para bater a branca era "totil"».

As vítimas eram apenas pessoas, «todas iguais», no «processo chamaram 18...».

O sofrimento do outro é uma realidade ignorada pelo A.

Não deixa de ser interessante a verbalização de um caso que «atingiu os sentimentos» de A, uma vítima que chorou e se lamentou e a quem acabou por lhe retirar da carteira cinco mil escudos e «dei-lhe o resto...». A disponibilidade do património alheio como se seu fosse, a demonstrar a ausência de qualquer interiorização do desvalor da sua conduta; o amesquinhamento do outro a revelar falta de compaixão ou mero respeito pelo semelhante.

A reclusão

Para o A reclusão é, sobretudo, o tempo de prisão, o tempo de ausência de liberdade, tempo em que não «viveu», este no sentido de não ter feito o que queria.

Assim, a reclusão só o poderá modificar na medida em que a própria idade, isto é, o decurso do tempo, o fará.

Admite que possa haver modificações mas delas não tem consciência, «só depois de estar lá fora é que vejo o que ela me fez».

E, o que verbaliza, deixando perceber o que para si é importante, é a mudança na frequência do consumo de drogas. Mudança esta ditada pelas condições limitativas da reclusão e não por livre deliberação de A.

A permanência em diversos estabelecimentos prisionais, na Ala A, no «manco» ou no «regime 111», são factores que não o parecem ter afectado, são meras contingências da situação em que se encontra.

A «imparável que se chama branca» e a «minha liberdade», para «viver», são para o A os vectores da conduta, a reclusão parece ser um mero contratempo e nada mais.

Síntese

A saída precária é uma providência que só deve ser concedida se favorecer a reintegração social do recluso, isso significa que deve haver o cuidado de avaliar, casuística e devidamente, cada pedido de saída precária, saber se o requerente reúne as condições objectivas e subjectivas para a concessão da providência.

A reintegração social só é possível se o indivíduo a reintegrar não persistir na prática criminal, se assumir o desvalor da conduta que motivou a reclusão e, por fim, se pretender a reintegração social de forma a conformar a sua conduta em sintonia com tal desiderato.

A reintegração social não se impõe. O Estado não pode obrigar um indivíduo a comportar-se desta ou daquela forma, não pode impor que um sujeito constitua uma família, trabalhe ou estude,... O que o Estado pode e deve fazer é facultar o acesso ou criar condições para que o indivíduo possa, querendo, aceder a qualquer um ou a todos dos aludidos indicadores de reintegração social. Tal significa que é absolutamente fundamental que o recluso se decida por uma conduta inequívoca de sociabilização.

Cabe ao juiz de execução de penas apurar se o requerente da precária tem condições subjectivas e objectivas para dela beneficiar. E, para formular tal juízo, pode e deve o juiz recorrer às informações dos diversos elementos do Conselho Técnico do estabelecimento prisional, munir-se de outros elementos e informações para além daquelas fontes e, ouvir pessoalmente o recluso, se o caso assim o exigir.

Neste caso concreto, parece evidente que o A não reúne as condições necessárias e suficientes para que lhe seja concedida a precária, uma vez que esta não favorece a sua reintegração social, desde logo por este não a pretender.

O A não está minimamente preocupado na sua integração social, ele quer «viver», no sentido de «desbundar», mesmo que tenha de pagar por isso um «preço elevado».

A interiorização do desvalor da conduta é, assim, um requisito indispensável à reintegração social do recluso e, portanto, à concessão da saída precária.

Esta atitude acrítica por parte de A em relação à sua conduta criminal, coloca uma outra questão que, por si só, obsta à concessão do aludido benefício: a pena privativa de liberdade é um castigo pelo cometimento de um acto censurável e, simultaneamente, uma forma de protecção da sociedade; ora, enquanto o A não interiorizar o desvalor das suas acções pretéritas, primeiro passo para delinear de forma correcta a sua conduta futura, constitui um perigo para a sociedade pois continuará a cometer crimes, como aliás se verificou.

Por esta razão, o juiz não deverá sustar a reclusão efectiva, pois esta é exigida pelo fim da própria pena. Ao conceder a saída nas aludidas circunstâncias está o magistrado a frustrar a função da pena na sua vertente securitária o que de um ponto de vista comunitário pode ser grave.

Caso B (entrevista realizada a 27 de Maio de 2002, por Renata Magalhães)

À data da entrevista B, do sexo masculino, tinha 37 anos de idade. Casado, pai de dois filhos, possuía o 11.º ano de escolaridade e era reformado das Forças Armadas por incapacidade física.

Foi condenado a uma pena de 3 anos por burla e falsificação de cheques, com cúmulo jurídico de 11 anos e 210 dias por burla qualificada. A precária a que se refere o estudo seria a primeira da pena actual.

Percurso delinquente

Estive dois anos preso, no Linhó e agora esta. Eu do Linhó saí em liberdade condicional e emigrei, estive na Suíça e não sabia que não me podia ausentar de Portugal e quando regressei, no aeroporto de Lisboa, a PJ (Polícia Judiciária) *tinha um mandato de captura pendente. Não me prenderam logo, mas eu soube e dirigi-me ao TEP* (Tribunal de Execução de Penas) *(...) e disseram-me que tinha de ir ao Sr. Dr. Juiz a Monsanto. Em Monsanto o juiz disse-me para me entregar na cadeia mais próxima da minha área de residência e assim foi. Entreguei-me no E.P.* (Estabelecimento Prisional) *de Leiria onde acabei por cumprir o meu tempo sem qualquer punição e beneficiando de saídas precárias, tirando a revogação da condicional. Agora cometi este delito que fui obrigado a cometer.*

A reclusão

Deseja que fale com honestidade? Não concordo e vou-lhe explicar porquê. Eu sou deficiente das Forças Armadas, fiquei sem a minha mão numa mina que rebentou, estou com 95% de incapacidade física e estava a receber 32 contos por mês. Tenho dois filhos (...). O meu filho teve uma meningite, não anda, não fala, não mexe o corpo. Tenho todos os documentos comprovativos dos hospitais e quando cometi este crime eu não tinha dinheiro para dar de comer aos meus filhos. A minha mulher estava de baixa porque tinha tido a criança há 23 dias, eu não tinha meios nenhuns para dar de comer aos meus filhos e fui ao Pão de Açúcar de Cascais (...), passei um cheque no valor de 30.990$00 para comprar única e exclusivamente comida para dar aos meus filhos. O problema foi que falsifiquei a assinatura, ou seja, o cheque não era meu e entreguei o meu BI, porque eu nunca trabalhei com cheques, nunca.

(...) Acho que a justiça não funcionou neste aspecto porque se a justiça tivesse funcionado, há tanto crime à solta... tanta pessoa que anda por aí a roubar... tanta pessoa que anda aí a matar... (...) esses indivíduos vão-se embora. Ontem saiu um que foi apanhado no aeroporto de Lisboa com 2,5Kg de heroína e saiu em liberdade com 3 anos de pena suspensa. Se é assim, onde é que está a nossa justiça? Não concordo com a minha pena, muito sinceramente.

Tive um acidente dia 31 de Dezembro de 1982. Tive alta do hospital, 76 dias depois. Quando me fui entregar à minha unidade, porque eu era do quadro efectivo das Forças Armadas, (...) deram-me baixa por incapacidade física, baixa essa que me deixou na desgraça. Porque eu não podia ir trabalhar, porque ninguém aceita um deficiente, ainda para mais sem a mão esquerda, ainda para mais a direita não tem força porque está toda cheia de "preguinhos" (...). Trabalhar não conseguia. Respondi a um anúncio para trabalhar como vendedor. Era venda de apartamentos, só que aquilo era uma burla, a doutora ia lá, escolhia um apartamento e os meus chefes o que andavam a fazer, era pedíamos um sinal, esse mesmo apartamento era vendido 5, 6, 7 vezes. Eu não tinha nada a ver com isso, que eu tinha a minha comissão. (...) Sou detido, identificam-se PJ, sou condenado a 11 anos de prisão, ao fim de 6 anos de eu estar preso é apanhado o verdadeiro patrão, mas como eram 6 anos tinha caducado. O processo tinha sido caducado, a PJ não fez nada, eu fiz o reconhecimento, várias pessoas fizeram o reconhecimento, eu fiquei condenado porque a justiça não viu. Após eu ter cumprido a minha liberdade condicional no EP de Leiria, sou chamado ao STJ (Supremo Tribunal de Justiça) ao Terreiro do Paço e é-me dada a informação de que eu tinha sido condenado inocentemente e ia ser revisto o processo. Até agora já lá vão 3 anos e ainda não tenho revisão nenhuma. Porque eu não me calei! Eu sempre escrevi para o Tribunal Internacional, para o Tribunal dos Direitos do Homem, para todo o lado, porque eu estava inocente.

Não concordo que a pena dos 3 anos tenha sido em prisão efectiva. Eu cometi um crime e assumo que tinha que ser condenado, mas se o Tribunal visse a razão porque o fiz podia conceder-me a pena suspensa, porque eu nunca tive nenhuma oportunidade dada pela justiça, eu não tinha meios nenhuns. Peço apoio ao IRS (Instituto de Reinserção Social*), o IRS não dá apoio, nem a SS* (Segurança Social) *com provas que apresentei no Tribunal, disseram que não tinha verbas. Vejo o meu filho com 23 dias, a minha filha que naquela altura tinha 10 anos, sem comida para lhes dar, roubar não sei, só tive aquela hipótese!*

A prisão

... na prisão são umas condições... eu tenho a minha perna que, como pode ver, nem a posso mexer, queixava-me de dores nas costas, e o médico nunca me ligou. Até que um dia sou retirado da minha cela, pelos bombeiros voluntários, e sou levado para o Hospital S. Francisco Xavier, onde me é detectado 5 hérnias discais, em último grau com lesão do tendão. Tenho uma carta do hospital a dizer que a todo o momento vou ficar sem andar e vou ficar numa cadeira de rodas. Foi levantado imediatamente um processo contra o estabelecimento, pela Procuradoria Geral da República... isto a nível médico e de assistência social, não há nenhuma, não há apoio nenhum, nunca perguntaram "É preciso mandar alguma coisa para a tua esposa? Ajudar nos transportes?" porque eu não tenho visitas uma vez por mês, a minha esposa não pode deslocar a criança, nem sempre tenho visitas e quanto ao nível das instalações, superlotadas! Não é só desta cadeia. A nível de funcionários, podíamos ser mais bem atendidos pelos funcionários de educação. São escassos e tratam-nos com muita arrogância, principalmente da parte de um educador.

... os serviços de educação, a Sra. Directora, os serviços de assistência social, esconderam-me o estado em que se encontrava o meu filho e eu saí daqui com muita alegria.

A saída precária

Nas outras precárias foi sempre maravilhoso, poder estar ao pé da minha esposa e da minha filha. Desta vez foi pior...

Como acabei de dizer fui com muita alegria para poder estar com a minha esposa e com os meus filhos. Quando chego a casa apercebo-me do estado de saúde em que se encontra o meu filho. Porque o meu filho vinha aqui, estava aqui sempre uma hora ao colo da mãe, dava-lhe um beijinho, a minha esposa dizia sempre "Não pegues no menino porque está a dormir.", Deixa estar o menino." Para que eu não me apercebesse do estado dele e não sofresse mais. Eu sabia que o miúdo estava doente, mas nunca me pôs a par.

Cheguei a casa e vejo o meu filho naquele estado! Saio daqui no dia 15, no dia 16 de manhã pego no meu filho e vou com ele à médica, disse-lhe "Preciso de saber o que se passa em concreto com o meu filho!", ela contou-me tudo e passou-me os relatórios para o meu poder e eu pergunto "O que posso fazer?" "Muita coisa. O menino precisa de ser acompanhado no Hospital de Coimbra, ou corre o risco de não poder andar."

O meu filho tem dois anos e dois meses. O meu filho tem problemas de desenvolvimento, não tem reacção no corpo, nas perninhas também não consegue, sentar não senta, comida só se for papas...

Ajudar o meu filho! Porque a minha esposa não pode acompanhá--lo sempre ao hospital. Para estar a trabalhar e pagar a renda de casa não pode faltar ao trabalho para andar com o meu filho. Eu no dia 18 de manhã pego no meu filho e levo-o ao Hospital de Coimbra, o meu filho é visto pela equipa de neurocirurgia do Hospital de Coimbra, põem--me mais uma vez a par de tudo... não tive forças de voltar, não tive, nesse momento decidi não voltar, não pude.

Dezoito dias. A PJ bate-me à porta, eu abri, dois senhores extremamente educados perguntaram-me "É o Sr. Luís Manuel?" "Sou sim e os senhores são da PJ?" "Como sabe?" "Porque só podiam ser. Eu conheço toda a gente da terra." Pu-los a par de tudo. "Sr. Luís Manuel vamos ter de o levar mesmo, mas vamos telefonar para o juiz". Telefonaram (...).

Com toda a honestidade, o que eu fiz, não estou arrependido, é o que qualquer pai ou mãe que ame os seus filhos faria, não fui roubar nem nada, estava a ver por todos os meios, quais as condições que podia dar ao meu filho.

Senti que algo de mal iria acontecer à minha pessoa, mas primeiro os meus filhos, se eu tivesse que morrer por eles, não tinha problemas. Nunca andei escondido, eu andava com o meu filho para todo o lado, nunca tive medo. Ia à farmácia, ia buscar a minha filha mais velha à escola, nunca tive medo, porque tinha a consciência do que tinha feito, mas tinha a consciência que tinha feito por algo que não devia ser punido.

Comentário

Pela análise da entrevista pode-se constatar que B parece ter consciência dos seus actos e da sua situação jurídica. Parece, ainda, ser uma pessoa cumpridora das suas obrigações, uma vez que quando o juiz lhe disse para se entregar ele assim o fez "Em Monsanto o juiz disse-me para me entregar na cadeia mais próxima da minha área de residência e assim foi. Entreguei-me no E.P. de Leiria onde acabei por cumprir o meu tempo" .

Para B o único motivo que justifica o não regresso ao estabelecimento prisional foi a situação familiar que encontrou ao chegar a casa. Deparou-se com a doença do filho, que necessitava de cuidados de saúde imediatos. "Cheguei a casa e vejo o meu filho naquele estado!" "...não tive forças de voltar, não tive, nesse momento decidi não voltar, não pude."

Percebeu, ainda, que a sua esposa não podia dar a assistência necessária ao filho pois não podia faltar ao emprego, uma vez que recaíam sobre si as responsabilidades financeiras "Ajudar o meu filho! Porque a minha esposa não pode acompanhá-lo sempre ao hospital. Para estar a trabalhar e pagar a renda de casa não pode faltar ao trabalho para andar com o meu filho."

Aqui bem se evidencia a falta de apoio social aos reclusos. A pós--reclusão há-de ser preparada – recorde-se que um dos fins das penas é, precisamente, a reinserção social do recluso – o que pode passar pela assistência à família daquele que se encontra privado de liberdade.

Uma vez tomada a decisão de não regressar, já em casa, B não mais voltou atrás. Sabia que tinha agido mal, mas calava a sua consciência com o facto de se estar a sacrificar pela saúde do filho "Senti que algo de mal iria acontecer à minha pessoa." "...nunca tive medo, porque tinha a consciência do que tinha feito, mas tinha a consciência que tinha feito por algo que não devia ser punido."

Apesar de ser esta a única causa apontada pelo recluso, não se pode deixar de verificar alguma revolta sentida pelo mesmo quer no que diz respeito à sua pena "Deseja que fale com honestidade? Não concordo e vou-lhe explicar porquê.", quer no que se refere ao próprio estabelecimento "... os serviços de educação, a Sra. Directora, os serviços de assistência social, esconderam-me o estado em que se encontrava o meu filho", "... isto a nível médico e de assistência social, não há nenhuma, não há apoio nenhum" e à negligência sentida por parte do médico "... na prisão são umas condições... eu tenho a minha perna que, como pode ver, nem a posso mexer, queixava-me de dores nas costas, e o médico nunca me ligou."

Não poderão, também, estes sentimentos ter reforçado a decisão de não regressar?

Caso C (entrevista realizada em 10 de Maio de 2002, por Sónia Constantino, psicóloga criminal)

À data da entrevista C, do sexo masculino, contava 35 anos de idade, possuía o 6.º ano de escolaridade, o seu estado civil era divorciado, trabalhava aquando em liberdade como pedreiro. Açoriano, cumpria pena de 5 anos de prisão, por crime de furto. Já havia sofrido três condenações anteriores também por crime de furto.

O tempo de ausência ilegítima foi de 7 dias.

Para mais simples apreensão do discurso, este é dividido em assuntos que se afiguram relevantes na economia da entrevista e nas preocupações de C: antecedentes criminais, justiça, pena, precária, família, prisão e droga.

Antecedentes criminais

Estive duas vezes preso preventivamente. No máximo nove meses, em cada uma delas. Era apanhado, ia ao juiz de instrução criminal depois, de estar dois ou três dias no posto da polícia, vinha para aqui aguardar julgamento. Acontece, que a seguir ao julgamento ia-me embora, para casa. Isto já foi há bastantes anos: a primeira vez, em 1985; apanhei, três anos de pena suspensa; a segunda vez, apanhei, pena suspensa mas não me lembro dos anos; a terceira vez, foi em 1998, e apanhei três anos e dois ou três meses de prisão. Nesta última estive preso um ano e qualquer coisa depois, saí em amnistia. Agora, desta vez apanhei cinco anos, mas tiraram-me um ano fiquei com quatro anos.

Estou preso há dois anos e meio. Neste processo estive sempre lá fora fui condenado e vim preso.

Sempre furto.

A justiça

Se o tribunal e a polícia investigassem melhor, ou acreditassem mais na minha palavra iam ver, que o roubo não era meu e que o outro é que me levou a fazer isso. Eu fui tentar impedi-lo de roubar e no "fim do cabo" caí na asneira, a primeira vez.

Na segunda vez estava bêbado e não me sentia bem por isso fui--me embora, o meu colega veio atrás de mim e no caminho para a minha casa assaltámos uma moradia. Eu sei que agi mal, mas o juiz não quis acreditar que o vomitado que estava no interior da casa assaltada era meu. O juiz não acreditou nas provas que estava mal disposto e que o vomitado era meu apenas, considerou que eu não era primário. É sempre a mesma história! O tribunal apenas vê que eu não sou primário. De todas as vezes que já respondi, nunca tive um julgamento como este. O juiz não ouviu as testemunhas e elas estavam todas a meu favor.

O tribunal não quer ver onde está a verdade, desde o dia que entrei aqui que digo isso falei com o advogado e expliquei-lhe tudo. Ele disse-me que fez tudo por tudo e que ia pôr recurso, mas no fim de contas não me ajudou.

A pena

Queria ver se me reduziam a pena. Eu assumo aquilo que fiz, não assumo é a pena que me deram.

É muito grande e o tribunal não quis ver a verdade porque, o meu colega é que fez as coisas e empurrou as culpas para mim.

Televisões, vídeos... coisas em casas particulares, onde não estava ninguém. O meu colega, também, roubava comida porque, não tinha comida, "não tinha onde cair morto".

Foram uma série de furtos: o primeiro, fui a um farol; uma semana depois, encontrámo-nos e assaltámos uma casa. Esta casa estava em obras e roubámos: ferramentas da obra, televisões, vídeos... e só ao fim de um ano e tal é que descobriram tudo.

Ele disse-me que queria vender a televisão que tínhamos roubado e eu caí na asneira de ir buscá-la para minha casa. Ao fim de um ano ele descobriu, a pessoa a quem tinha eu vendido a televisão foi, também nessa altura que a polícia descobriu. Ele disse que tinha sido eu e que as coisas roubadas estavam na minha casa. Entretanto, a polícia foi lá a casa e eu disse-lhes aquilo que tinha e não tinha roubado... sei que fiz um roubo e que tinha as coisas em minha casa, mas não merecia ser condenado a 5 anos.

Foi muito grande e pesada. Além disso o tribunal não quis saber que eu tinha filhos e mulher.

A precária

Não sei, fui de precária e fiquei em casa, não sei! Tenho bom comportamento e sempre trabalhei aqui dentro. Eu falei com o doutor juiz, da outra vez, a respeito disso e disse-lhe que o que fiz não foi com intenção de fazer, que no dia no meu regresso deixei-me abater, o amor pelos meus filhos foi mais forte. Na hora de vir para baixo, na despedida, os meus filhos abraçaram-se a mim a chorar dizendo "pai não vás, pai não vás" foi isso que aconteceu.

Sim, com o castigo acaba por faltar mais ou menos um ano, espero que a partir daí a liberdade condicional seja apreciada.

Não sei, não posso dizer nada, eu não digo mais nada, não acredito em mais nada, mas se me derem a liberdade condicional sou o homem mais feliz do mundo porque os meus filhos precisam de mim.

É estar junto da família: passar os dias em conjunto com os meus filhos e a minha companheira por isso, quando vou de precária estou sempre em casa. Sim, tenho mesmo de estar com a minha família porque, a minha mulher é uma pessoa doente já teve duas vezes um esgotamento pensa muito no impossível. No dia em que fiz isso, também, estava preocupado com ela porque tinha tido um esgotamento naquela semana, mas aquilo que fiz não foi devido a isso, foram as coisas todas juntas!

Problemas de dinheiro, os filhos...

Eu fiz, mas não fui com intenção de fazer. Resumindo isto tudo, está muita coisa envolvida: ao falar assim posso estar a prejudicar-me ou a ajudar-me.

O baptizado do meu filho foi adiado por causa das datas; ameaçaram a minha companheira, houve tiros na minha casa. A minha casa é afastada das outras casas e eles andavam lá aos tiros. A minha companheira fez queixa, mas a polícia não fez caso. Esse é o problema da justiça! Nessa altura fiquei muito revoltado com isso e pensei mesmo em fugir daqui para fora.

Eu fui duas vezes de precária e se não estou em erro quatro vezes de RAVI. A primeira de três dias e a segunda de seis dias.

Nunca mais meti nenhum pedido.

Nunca mais fiz pedidos porque sei que o juiz diz que quem teve problemas durante a precária tem um ano de castigo.

Eu estou consciente disso e enquanto não fizer o tempo devido não meto mais precárias.

Por acaso já tinha falado isso com um colega meu: a primeira ou segunda são capazes de cortar se tiverem de me dar precárias talvez me dêem pelo Natal, não sei!

Acho que sim: tenho bom comportamento, não me meto com ninguém, trabalho e faço o que eles querem. Eu trabalho para a minha liberdade, para os meus direitos!

Dois pedidos. Não me recordo, mas mais ou menos há um ano.

A primeira coisa que, praticamente, faço quando saio e chego a casa é perguntar se "estão todos cheios" porque, o dinheiro que levo é para comprar coisas para os meus filhos comerem. De resto, estou sempre em casa com os meus filhos a ver cassetes de vídeo só saio para ir beber um cafézinho, mais nada.

Tenho de aproveitar ao máximo para estar com os meus filhos. Aquilo que fiz não tem nada a ver uma coisa com a outra, fiz e não quer dizer que vou voltar a fazer, caí na asneira.

Brinco com os meus filhos: jogo cartas, vejo televisão, jogo com jogos, cuido do quintal e ajudo a minha mulher.

Não sei, aqui dentro há crimes e crimes e como se costuma dizer, "quem tem padrinhos é que se baptiza". Agora estou a falar por mim, porque quando meti o primeiro pedido de precária e foi cortado houve reclusos com crimes piores que o meu, pena maior que a minha, com castigos e foram à primeira de precária. Eu não tenho nada disso, meti a precária e foi duas vezes cortada só saí à terceira vez. É essas coisas que se passam aqui dentro e eu não percebo!

Não senhora, só passamos pelo chefe da ala para assinar e... vai ou não se vai de precária.

Não, ninguém dá explicações, mas eu acho que deviam dar.

Eu pergunto, mas eles arranjam uma desculpa, têm sempre razão.

Se eu vir que está certo tenho que acreditar, mas eu não sou nenhum tolo para não perceber onde está a rasteira: se a pessoa tem a consciência que não fez mal não vou acreditar na explicação que me dão.

É uma alegria, a liberdade não tem preço.

Sentimentos... Não me recordo, eles são tantos. Sei lá. Uma pessoa está fechada, ainda mais o sítio que é, não se vê ninguém, está-se isolado... poder ver os meus filhos, apanhar sol, estar com a minha família é uma felicidade!

São essas, não sei explicar.

São essas razões... no momento exacto, em que me vinha embora, os meus filhos começaram a chorar e a dizer "o pai não se vá". Depois, também a minha mulher não fez força nenhuma não disse "vamos embora" e eu sozinho não ia para baixo.

Não sei explicar, aconteceu, aconteceu... não sei explicar! Foi tudo na hora: já tinha o taxi falado para me vir trazer, o saco pronto, foi na altura de me vir embora, no momento da despedida!

Na primeira vez, também ia fazendo, a mesma coisa. Eu não penso naquilo que estou a fazer, aí é que está o problema.

Exactamente era o que devia acontecer e não acontece, não sei explicar, não nasci para saber o que se está a passar. Da última vez que fui de precária um dos guardas disse-me que tinha ficado bastante "chocado" com a minha despedida, aqui à porta. Ele só me conhece, daqui, às vezes as pessoas ficam, admiradas de eu fazer aquilo que fiz.

A única razão que tive para não voltar é essa porque, não tinha nada pensado para fazer aquilo que fiz, aquilo foi uma coisa que simplesmente aconteceu. Não há motivos nenhuns que eu diga "não fui para a prisão por causa disto", o motivo foi na altura, foi tudo no momento "não vou, não vou".

Sim, mas no RAVI não foi tanto.

Eu tenho para mim que quanto mais tempo fico lá fora mais dificuldade tenho em regressar. Eu penso assim!

Não, o tempo que nós ficamos lá fora... se são dois dias o tempo passa depressa agora, cinco dias ainda leva muito tempo a passar, ainda mais se são 6 dias ou uma semana. A pessoa vai-se fazendo ao ambiente de casa depois, custa mais regressar, tem a ver com isso, nós esquecemo--nos que estamos presos e pensamos na liberdade. É mais difícil regressar, mais valia não ter saído e cumprir a pena toda.

Fazendo aquilo que fiz, preferia cumprir a pena "numa virada" e pronto.

Certo, eu fazia isso se soubesse que me davam a condicional, tinha de ter um benefício.

A primeira vez fui e regressei, à segunda não voltei.

Já se sabe que as pessoas dizem "na primeira precária foste e regressaste; na segunda foste e não voltaste, deve existir um motivo para não voltares à prisão", mas eu não tenho nenhum motivo.

Acho que sim, mas não sei explicar.

Pronto! Eu disse à minha mulher: "o que está feito está feito, se não fui ontem para baixo já não vou, mas também fugir não fujo" Durante o tempo que estive fora mantive-me sempre em casa, sempre em casa. Pensei: entregar-me não me vou entregar, não quero saber disso! Ainda mais já estou prejudicado, se me virem tudo bem, se não me virem não me vou entregar.

Na minha casa. Havia uma festa nessa semana, mas nunca saí de casa.

A partir daí pronto!... não sei, isto não dá para explicar. Eu só queria estar com os meus filhos eles sentem muito a minha falta, gosto muito de crianças sempre gostei, desde pequenino que tenho um afecto por crianças que a senhora não imagina.

Sabia mas... também não fiz força para me esconder. Quando os guardas apareceram, lá em casa meti-me atrás da porta passaram por mim e não me viram, estava "baixado" e nem sequer tinha nada a tapar--me. Os guardas foram lá a primeira vez e não me viram, à segunda prenderam-me e eu não ofereci resistência nenhuma.

Senti-me... sei lá, o que é que quer que diga. Senti-me revoltado por aquilo que tinha feito. Depois, fui fechado na cela disciplinar, aí comecei a meditar bastante e vi o erro que tinha feito. Não encontro uma explicação porque não sei, aconteceu simplesmente!

Não sei, não sei explicar, é isso.

Mesmo na hora de me vir embora. Eu já me ia embora só que a minha mulher disse "eu não vou contigo, vais sozinho porque da primeira vez aconteceu o que aconteceu". Dessa vez se o senhor guarda não me chama "eu ia para trás", não tinha entrado. Em casa, na hora de me vir embora, a minha mulher disse que não ía comigo; depois, vejo os meus filhos a chorarem, abracei-me a eles, comecei também a chorar ; passei--me logo e disse "já não vou" e não fui! Acho que não tenho força suficiente ou quer dizer não tinha...

Quem sou eu para dizer isso, eu não sei nada da vida deles: se têm direitos ou não têm.

Já houve aqui casos que deviam ter ido de precária e não foram e também há outros que já foram e não deviam ter ido: isso acontece aqui dentro, mas é a tal coisa "quem não tiver padrinhos não se baptiza". Há reclusos aqui dentro que para conseguirem alguma coisa prejudicam os colegas vão-se "chibar" dos outros para poder ir de precária. É uma coisa que não acho justo.

Exactamente, ajuda-nos em todas as partes: faz-nos andar mais direitos com os nossos direitos, faz-nos não meter em certas coisas – a não fugir à linha!

A família

Três filhos: o mais novo, com trinta e dois meses; o do meio, com cinco anos e o mais velho, com oito anos.

Sim, eu casei-me e ao fim de cinco dias separei-me, até no casamento tive azar! Agora, vivo há dez anos com esta companheira, e aproveitei estar aqui dentro para tratar do divórcio. A minha família, neste momento, sou eu, os meus filhos e a minha companheira, de resto não tenho nada.

Eu sei o que fiz e que errei, mas juro pela saúde dos meus filhos que quando sair, não vou fazer mais nada: já não sou nenhuma criança e tenho dois filhos que já começam a compreender. Espero que, pelo menos, me dêem essa oportunidade. Eu sempre fui uma pessoa que sofri muito, muito mesmo, desde que fiquei sem mãe. Tive uma vida bastante difícil: o meu pai gostava de beber umas pinguinhas e quando chegava a casa havia pancadaria; depois, estive numa casa de correcção, onde as irmãs responsáveis, também, nos davam maus tratos... e assim sucessivamente.

A prisão

Um dia para mim aqui dentro, é um ano. Eu não tenho nada, quero começar a minha vidinha, se não ficar de cabeça quente nunca mais me meto em problemas.

Não sei, acho que tenho um problema qualquer na cabeça desde criança que sinto este problema.

Sim, eu tenho impulsos que às vezes não controlo... toda a gente diz isso. Eu, também, acredito que tenho isso, mas não sei explicar. Há alturas! São fases! Há momentos em que sei o que estou a fazer e outros em que não me importo o que está feito, está feito! Eu já falei disto à Doutora... para ter um acompanhamento: contar a minha vida para ver se me ajuda a resolver este problema... estou, preocupado com ele.

Para falar francamente estou à espera... e espero que o doutor juiz também compreenda a minha situação. Se pudesse voltar atrás voltava, sinto-me bastante arrependido de ter feito o que fiz. Afinal, fiquei prejudicado, mas os mais prejudicados foram a minha mulher e os meus filhos. Eles é que sofrem mais, eu também estou a sofrer, mas são eles que sofrem mais.

É o passar dos dias apesar, de estar a trabalhar. Isso é o que custa mais! Além de passar o tempo? Eu sempre fui uma pessoa que trabalhei, tive bom comportamento, não tenho problemas nenhuns, aqui dentro. Eu estou no meu cantinho e no meu cantinho fico, às vezes até dizem que estou a isolar-me muito.

Não sei, comparo isto a uma creche aqui há muitos rapazes que não sabem o que dizem e eu preciso muito de pensar. É essas coisas assim.

Eu sinto-me mudado. Certo tipo de coisas... não sei explicar sobre as coisas que falo. A maneira como pensava é totalmente diferente da maneira como penso agora.

Em tudo, eu só pensava nas coisas para o lado torto; agora, penso positivamente e no futuro. Antes de fazer alguma coisa tenho que pensar três vezes antes. O que me vinha à cabeça era o que eu fazia, agora não.

Agora, só penso no dia da minha liberdade.

A droga

"Conselhos", também, tenho melhorado porque, a minha experiência aqui foi bastante má. Espero que com a força que tenho, como já disse, nunca mais volte a experimentar drogas.

Foi uma experiência que vivi aqui dentro! Experimentei para esquecer os problemas foi bom até a um ponto, pelo menos já sei o que é que passei. É um risco que tenho que passar porque, se cair na asneira de consumir mais drogas nunca mais vou deixar de pôr mais drogas no meu organismo.

Isto muda tudo: a maneira de pensar de ver, as coisas...sei lá. Por exemplo, ao nível do trabalho: antes não me sentia na obrigação de trabalhar, não gostava muito, agora sei que tenho de trabalhar para sustentar os meus filhos. Tento pensar positivamente!

Porque se não tivesse força de vontade não deixava a droga.

Comecei aqui dentro, foi preciso vir preso para começar a consumir. Injectava-me com heroína e cocaína, drogas pesadas.

Eu trabalhava e comprava com o dinheiro que recebia. Agora é que caí em mim e deixei de consumir, não quero fazê-los sofrer mais. Nunca me senti com tanta força como me sinto agora, tenho 35 anos e não tenho nada. Há que construir alguma coisa, tenho de fazer os possíveis e impossíveis para deixar alguma coisa para os meus filhos. Já tinha, mas não fazia as coisas com muita "garra".

Comentário

Com um percurso delinquente no domínio dos crimes patrimoniais, concretamente por furto, C sofre inicialmente condenações em pena de prisão cuja execução lhe é suspensa e, posteriormente, condenação em prisão efectiva. Este crescendo na gravidade das condenações surge como uma resposta doseada do sistema judicial a um percurso criminal que teima em persistir.

A pena em que, por último, foi condenado é de 5 anos de prisão, à qual foi perdoada 1 ano. Dos 4 anos de pena efectiva já cumpriu 2 anos e 6 meses.

No que respeita à sua visão dos crimes e da justiça, C não assume a sua conduta delinquente. Culpabiliza "o outro" que pretensamente o leva a cometer o crime, afirma a sua falta de lucidez por estar "bêbado" mas não assume.

E, por essa razão, acusa o tribunal e a polícia de terem falhado a sua missão, prejudicando-o.

Também culpa o juiz que o julgou e o advogado que o defendeu. Por diversas razões que enumera, C considera-se uma vítima do sistema judicial, todos os intervenientes actuaram mal em seu prejuízo.

Os crimes que cometeu não são para o C relevantes, as casas estavam vazias, a comida era para comer,...

Minimiza ter sido preso, reconhecendo que caiu na asneira de ir buscar um dos produtos do furto, por isso foi "descoberto" passado um ano mas não merecia ser condenado na pena que cumpre.

O alegado excesso da pena é por o tribunal não ter querido "saber que eu tinha filhos e mulher".

O não regresso aquando da precária não é assumido, "...não foi com intenção de fazer que no dia do meu regresso deixei-me abater, o amor pelos meus filhos foi mais forte"; de alguma maneira C coloca nos filhos e na mulher a "culpa" do seu incumprimento, "os filhos começaram a chorar e a dizer "o pai não se vá". Depois, também a minha mulher não fez, força nenhuma, não disse "vamos embora" e eu sozinho não ia para baixo." Ao nível do discurso C demite-se da decisão, são os outros que lhe determinam o comportamento.

A própria recaptura surge como paradoxal," não fiz força para me esconder. Quando os guardas apareceram lá em casa meti-me atrás da porta, passaram por mim e não me viram, estava "baixado" e nem sequer tinha nada a tapar-me. Os guardas foram lá a primeira vez e não me viram, à segunda prenderam-me e eu não ofereci resistência nenhuma." Não fez para esconder mas esconde-se...

A incoerência entre a preocupação pelos filhos e as consequências nefastas para estes, também verbalizada, decorrentes da conduta do progenitor, não são equacionadas por C.

A importância, ao nível de todo o discurso, do relevo da família restringe-se à família de procriação, a família de origem cedo ficou incompleta pela morte da mãe e o "pai gostava de beber umas pinguinhas e quando chegava a casa havia pancadaria". Maus tratos que perduraram na "casa de correcção".

O tempo de reclusão é demasiado longo, o dia de libertação surge como uma obsessão, "Agora só penso no dia da minha liberdade". A noção de tempo é para C predominantemente subjectiva, a utilidade da reclusão está ausente no seu discurso embora reconheça o que tenha "mudado".

A droga, experiência de prisão, surge para C como causa de conduta irresponsável e um abismo para o futuro.

A verbalização do abandono dos estupefacientes é mera intenção, desde logo, com reservas.

Uma certa perturbação e incoerência, aliados a uma falta de vontade própria, no limite uma certa irresponsabilidade, ao nível do discurso e da conduta de C, parecem ser determinantes na análise do não regresso aquando da saída precária.

É o próprio recluso que pede ajuda do foro psíquico, "acho que tenho um problema qualquer na cabeça desde criança que sinto este problema".

Sim, eu tenho impulsos que às vezes não controlo... toda a gente diz isso. Eu, também acredito que tenho isso, mas não sei explicar. Há alturas! São fases! Há momentos em que sei o que estou a fazer e outros em que não me importo o que está feito está feito! Eu já falei disto à Doutora... para ter um acompanhamento: contar a minha vida para ver se me ajuda a resolver este problema... estou preocupado com ele."

Essa perturbação e incoerência, o que o próprio apelida de "o problema", mereceriam por parte dos sistemas de justiça e penitenciário uma resposta. Avaliar o comportamento do indivíduo, conhecê-lo, é fundamental para quem tem de decidir sobre ele e acompanhar homens em reclusão.

Um indivíduo carente de ajuda psíquica não poderá, com segurança, encetar uma readaptação social. Não por falta de vontade mas por indeterminação desta. A ajuda no âmbito psíquico surge assim prioritária no tratamento penitenciário e, necessariamente, na própria concessão de saídas precárias.

Caso D (Entrevista realizada a 8 de Maio de 22 por Elisabete Ramos, psicóloga criminal)

D, do sexo masculino, à data da presente entrevista tinha 49 anos de idade, era divorciado, vivendo uma união de facto, tinha o 4.º ano de escolaridade e tinha a profissão de carpinteiro.

O entrevistado foi condenado a uma pena de 7 anos e 6 meses, por tráfico, tendo já cumprido 6 anos, 10 meses e 9 dias. Já tinha gozado duas saídas precárias prolongadas e na terceira não regressou ao Estabelecimento Prisional, sendo o tempo de ausência ilegítima de 2 anos, 7 meses e 14 dias.

Esta condenação é já a terceira. Na segunda pena que cumpriu não teve direito a nenhuma saída precária.

Percurso prisional

Eles aqui dentro estragaram-me a vida toda, nos outros 8 anos anteriores... (...) Passei aqui as passas do Algarve. (...) É verdade, depois tive um acidente de trabalho... cá dentro, até estou a receber indemnização, mas também há outra coisa, que ajudou a prejudicar-me ainda mais, quer dizer, se eu tivesse abdicado, se eu tivesse abdicado da tal indemnização, talvez me mandassem embora, como não abdiquei, como não abdiquei da indemnização ruí tudo até ao osso. (...) A condenação toda até ao fim. (...) E qualquer coisinha eles iam fazer rusgas, fui apanhado muitas vezes aí com droga. Da outra vez eu não tinha encomendas, não recebi encomendas, não tinha visitas de ninguém, nesses 8 anos... (...) Havia uma marcação cerrada, metiam-me droga dentro da cela, depois iam, 2 vezes, 2 vezes e fui responder aqui aos tribunais, inocente, inocente sempre... (...) Eu disse mesmo ao Juiz que era uma perseguição que me estavam a fazer.

A reclusão

Não, de maneira nenhuma. (...) Quer dizer, se eu, se não há provas contra mim, não há provas contra mim, sou condenado à convicção, só porque há uma pessoa que disse que eu fui levar droga à Peneira, nunca me apanharam nada, só porque há uma pessoa... (...) Deram-me 7 anos e meio. Por isso não posso concordar de maneira nenhuma. (...) não cometi o crime, aliás, não fui só eu a desconcordar dessa... Porque os próprios advogados, não meus, os próprios advogados, que tiveram, muita gente, havia muitos advogados, os próprios advogados pediram recurso dos outros constituintes deles, isso quer dizer que fui mal condenado...

O que custa mais aqui dentro, quer dizer... (...) ... também não somos só nós que estamos a sofrer, é as famílias, principalmente as famílias... esses sofrem muito mais que nós... ver-nos aqui dentro e depois (...) o pessoal aqui não tem tantas visitas, as próprias visitas também evitam cá vir, derivado às revistas que fazem.

O tempo

Muito tempo. Muito tempo. Claro, uma pessoa aqui e então numa pena e não há distracção, porque não há... não há divertimento...

... já levo 4 anos e tal. Mas eu na minha maneira de ver, falo por mim, é muito tempo, muito tempo.

... é claro que custa, custa sempre. (...) custa muito tempo. Um indivíduo se não tiver força, não consegue sobreviver, não consegue, por isso é que há, há muitas mortes aqui dentro, muitos enforcamentos, pessoal, pronto... Não se aguenta derivado ao stress aqui dentro, pronto, e até um, o sistema prisional aqui, têm um sistema prisional aqui muito pesado. (...) É conflitos, é, é, é, até mesmo os guardas, não têm, não têm, não me sei exprimir.

A prisão

No princípio, quando dei aí entrada, a comida ainda, o comer ainda escapava, agora já começaram a... a comida é pouca, mal confeccionada. Ao princípio quando houve aqui os problemas que houveram... a comida ao princípio ainda se aguentava, mas agora não, está a voltar ao mesmo... está a estabilizar novamente, a cadeia já não é o que era há 3 ou 4 anos atrás e a comida já está a voltar ao que era antes. (...) A piorar.

Não. Felizmente, (...) felizmente e infelizmente, já levo (...) muitos anos disto... E toda a gente me conhece... Respeitam-me e não tenho problemas, problemas com companheiros meus, eu não tenho nada... Não tenho nada, não tenho nada a temer, toda a gente me respeita, tanto a nível de companheiros como a nível de guardas, isso está fora de questão.

... nestes anos todos já assisti a muitos, já assisti a muitas mortes, algumas causadas, causadas pelo próprio recluso, mas outras em que o recluso estava envolvido, mas eram mortos pelo sistema prisional, pelo sistema prisional. (...) Pois, fecham-nos, matam-nos, eu cheguei a presenciar, porem indivíduos em regime de observação, e depois esquecem--se, esquecem-se deles lá... Esquecem-se deles e depois para os tentarem segurar começam a dar comprimidos e... E só os conseguem segurar por intermédio dos tais comprimidos, ora eles já vêm de uma desintoxicação e então...

Bom, a nível de higiene melhorou muito. Melhorou, a nível de higiene melhorou, não tenho nada... nada a apontar, em relação aquilo que é não tenho nada a apontar.

Sim, está muito mais fechado em relação ao à vontade que a pessoa andava aqui dentro... (...)Exacto, no próprio estabelecimento, isto agora está muito mais fechado, é isso que eu me quero referir.

A precária

Uma coisa, não há palavras, não há palavras, uma sensação maravilhosa, uma pessoa ao fim de 1, 2, 3, 4, 5 anos depois de uma pessoa... poder sair, uma pessoa nem, sabe andar na rua. (...) é um mundo totalmente diferente, que é, é pronto, é uma sensação que há, não sei explicar a sensação.

... senti uma alegria muito, muito, muito grande, enorme, pronto, é uma alegria, é uma coisa que só quem passou por aquilo é que sabe.

Foi isso que ainda agora estive a dizer, foi as tais 48 horas que eles não me davam aqui. Quando chegava a altura de eu pedir as 48 horas que eram dadas pelo director daqui, é que eles olhavam p'ró meu passado e eu então aí resolvi ir, resolvi-me ir daqui.

... porque eu via aí os indivíduos que não faziam aí nada, a beneficiar de precárias. Ora se eu trabalhava aí, não tinha castigos, não tinham nenhuma repreensão, ora se eles tinham, eu não tinha porquê? (...) Estavam a olhar para o passado, o que conta é agora o presente, não é o meu passado, mas para eles não, eles chegavam, por escrito, derivado ao meu passado. Quer dizer, o meu passado... (...) A pena anterior, estava a contar, foi isso que me levou... (a fugir).

... eu lá nisso ando à vontade, andei sempre em Lisboa, nunca fugi. Inclusive eu ia trabalhar para a casa de polícias, eu agora aqui sou carpinteiro, eu trabalho. (...) Trabalhei, trabalhei 2 anos, numa carpinta-

ria em Carnaxide. (...) Mas ele sabia, ele sabia que eu tinha estado preso, contei-lhe tudo, menos que andava fugido.

Inclusive eu tinha ficado de precária, eu saí em Maio, Maio ou Junho de precária e passados 3 meses faleceu o meu pai e pronto, fui ao velório dele, a casa dos meus pais fica lá perto do estabelecimento prisional de Paços de Ferreira. (...) Que fica a quilómetro e meio lá de casa e os guardas são praticamente ali da zona. (...) Não é para me gabar, mas a minha família é muito querida ali... (...) ... e então quando fui lá ao velório do meu pai, estavam lá guardas no velório, lá de Paços de Ferreira, sabiam da minha situação, do meu passado, prontos, tinha o meu filho, tinha a minha mãe, estavam sempre com aquele medo, tinham receio, sabiam como eu era, que eu era uma pessoa exaltada e de um momento para o outro podia surgir um caso qualquer... (...) Mas eles tiveram sempre medo, "olha vê lá, no dia que isto tenha que acontecer...", só posso é ir cumprir aquilo que me falta. (...) Eu sabia que um dia mais tarde tinha que vir cumprir isto que me faltava, tanto que eu podia fugir agora desta vez, quando fui preso dia 14, foi no dia dos namorados. (...) Eu podia ter fugido. (...) Eles não andavam à minha procura, eles andavam à procura de um amigo meu, que tinha acabado de fugir... (...) da prisão de Pinheiro da Cruz. (...) Tínhamos ido almoçar, eu, ele, a mulher dele e o filho dele, uma criança de 15 meses e íamos tomar a bica e a polícia... (...) Abordou-o, a polícia ali dos Olivais. Abordou-o, eu entretanto acompanhei-os até à esquadra. Acompanhei-os, a ele, à mulher e às autoridades, fomos todos para a esquadra. Fomos todos para a esquadra e esperei cá fora, eu e a mulher. (...) ... mais tarde, estava ali eu e a mulher dele, chegou um polícia à porta e disse-me que o meu amigo queria falar comigo, quando eu fui lá falar com ele, despedi-me e fui-me embora. Passado 1 hora, 1 hora e meia, 2 horas é que eles foram à minha procura para me buscar, depois foram buscar a perícia desse tal meu amigo e viram a minha e então...

Não quis voltar derivado a eles não me darem aquilo que davam aos outros, se somos todos iguais porque é que os outros... (...) Isso é que me levou a ter ficado lá fora. Foi a gota.

Foram tantas que cheguei a comentar com alguns, a próxima que me dêem, que eu vá de precária...

... sai agora um indivíduo, aí no dia 24, 25 de Maio, que sai, cumpriu até ao fim. (...) Nunca foi de precária, nunca lhe deram, quer dizer, vão deixar o indivíduo cumprir pena até ao fim para o pôr lá fora, quer dizer, ele antes de meio ano ou um ano não tem condições para ir *de precária, de condicional, não tem condições para ir à rua, mas quando acabar a condenação... são obrigados a pô-lo na rua, aí já tem condições para estar, para porem na rua?*

Porque as pessoas não estão preparadas, quer dizer, chegam ao fim da condenação, pronto, acabou a condenação, vai-te embora, não se preocupam se ele tem visitas, se ele não tem visitas... se as visitas não o apoiaram... onde é que vai viver.

O meu caso, pronto, eu fiquei de precária, mas já tinha ido a primeira, tinha ido a segunda, já ia a terceira, tanto na primeira como na segunda já estava a preparar, quando eu saí na terceira, já tinha o patrão para onde eu fui trabalhar.

Acho que eles, eles não dão oportunidades às outras pessoas. Não dão, dão a meia dúzia deles, meia dúzia deles, se calhar que não mereciam tanto apoio...

A captura

Naquele momento senti um grande arrepio. (...) Uma pessoa está ali no bem bom... (...) E de um momento para o outro... (...) Recapturado...

Quer dizer, fiquei desempenado, há aquele desânimo, há um desânimo muito grande...

Muito arrepiado, mesmo muito arrepiado, pronto, a minha preocupação era eu saber que tinha que vir comer o resto, mas eu só não queria vir, era vir e comer o resto e vir agarrado...

Comentário

Neste caso, parece fácil concluir sobre a motivação para não regressar após o gozo da precária. D exprime a sua revolta contra o sistema prisional "Eles aqui dentro estragaram-me a vida toda...", quer por não lhe concederem precárias na pena anterior (sendo que se declara inocente dos acontecimentos, alegando ter sido incriminado), quer por não conseguir obter saídas precárias atribuídas pelo Estabelecimento Prisional (as de 48 horas) na pena que cumpre actualmente "Não quis voltar derivado a eles não me darem aquilo que davam aos outros, se somos todos iguais porque é que os outros... (...) Isso é que me levou a ter ficado lá fora. Foi a gota." D sente-se injustiçado em relação a outros reclusos "Acho que eles, eles não dão oportunidades às outras pessoas. Não dão, dão a meia dúzia deles, meia dúzia deles, se calhar que não mereciam tanto apoio..."

D chega mesmo a referir que, ainda preso, algumas vezes ameaçou não regressar "Foram tantas que cheguei a comentar com alguns, a próxima que me dêem, que eu vá de precária...". Portanto, existia já a intenção, a premeditação, que se verifica, igualmente, no facto de a primeira e a segunda saídas precárias servirem para encontrar trabalho para quando saísse, na terceira "O meu caso, pronto, eu fiquei de precária, mas já tinha ido a primeira, tinha ido a segunda, já ia a terceira, tanto na primeira como na segunda já estava a preparar, quando eu saí na terceira, já tinha o patrão para onde eu fui trabalhar."

Seria difícil detectar a intenção, de D, em não voltar? Não poderia ter sido evitada esta fuga? Talvez com uma comunicação mais eficaz entre os guardas prisionais e o chefe dos mesmos se tivesse podido detectar o intuito do recluso.

D também fala da sua revolta pelo facto de se basearem na sua pena anterior para não lhe atribuírem precárias "Quando chegava a altura de eu pedir as 48 horas que eram dadas pelo director daqui, é que eles olhavam p'ró meu passado e eu então aí resolvi ir, resolvi-me ir daqui.", sente-se injustiçado e resolve fugir à situação.

Durante o tempo que esteve fora do estabelecimento prisional nunca se escondeu, muito pelo contrário "... eu lá nisso ando à vontade, andei sempre em Lisboa, nunca fugi. Inclusive eu ia trabalhar para a casa de polícias" "...faleceu o meu pai e pronto, fui ao velório dele, a casa dos meus pais fica lá perto do estabelecimento prisional de Paços de Ferreira. (...) Que fica a quilómetro e meio lá de casa e os guardas são praticamente ali da zona." Parece ser um comportamento provocatório, para confirmar a sua inteligência e superioridade em relação àqueles que lhe fizeram mal. Ou, antes, uma deficiente avaliação da realidade?

CASO E (entrevista realizada em 7 de Agosto de 2002, por Clara Silva, psicóloga clínica).

Com 36 anos de idade na data da entrevista, do sexo masculino, solteiro, possuía o 9.º ano de escolaridade, sendo pintor de construção civil. Contava cinco condenações por crime de tráfico de estupefacientes, uma por crime de evasão e uma por crime de dano. Cumpria actualmente a pena de 5 anos e 9 meses. Já havia beneficiado de uma anterior saída precária com êxito.

O tempo de ausência ilegítima, resultante do não regresso aquando a saída precária, foi de 1 mês e 6 dias.

Da entrevista destacam-se duas preocupações relevantes: o percurso criminal do entrevistado e a sua visão da reclusão e das precárias. Nestes dois blocos se divide o discurso de E.

O percurso criminal

Portanto a primeira vez que fui condenado, foi em Dezembro de 1987... a 2 anos e 6 meses mais 80 contos de multa... cumpri 19 meses. Aqui... em Vale Judeus.

Depois em 1991 fui condenado a 2 anos e 6 meses de prisão mais 250 contos... mas depois por amnistia foi perdoado 1 ano e metade da multa... também cumpri esta pena de prisão em Alcoentre.

E depois em Março de 1993, fui condenado a 45 dias de prisão, substituídos por igual tempo de multa à razão diária de 200$ ou alternativa de 30 dias de prisão... Cumpri a pena de prisão.

Em Junho de 1993, condenado a 10 meses de prisão por evasão que entretanto foi perdoada. Foi do Montijo... mas fui logo recapturado. Sim... não cheguei a fugir.

E depois em 1994, uma pena de prisão de 8 anos.

E depois, estando em liberdade condicional outro tráfico, condenado a 5 anos e 9 meses

Esta é a quarta vez que estou preso. Estou preso desde 30 de Setembro de 99.

Em Vale Judeus e no Montijo como preventivo... estive sempre como preventivo no Montijo e depois vim para Vale Judeus... e depois também estive em Setúbal desta última vez, antes de vir condenado para Vale Judeus.

Cometi... mas é tráfico de menor gravidade, apanhei 7 anos eu é que recorri e me deram

5 anos e 9 meses... eu não fui apanhado com nada... encontraram umas palhas e disseram que eram minhas.

Não concordo com a pena... Porque não cometi este crime.

Cometi o da terceira condenação, agora os outros não... é a tal coisa, nunca me apanharam nada... fui condenado inocente!

Não... outra pessoa é que foi apanhada e eu é que vim preso!

Outro foi para consumo... eram 0,6 gr ... já cumpri... já não interessa foi dentro do Estabelecimento, era para consumo... apanhei um mês.

Na altura... não posso concordar com uma coisa dessas, não é? Então aquilo não era meu, estava na cela de outro.
Aquilo estava na cela de outro... e eu sou condenado a 1 mês?
... isso já passou eu já cumpri a pena, já passou!... isso já está tudo feito... o que posso agora eu fazer?.. pronto concordo, está bem!
A evasão.. Concordo, é crime. Porque está mal, não é permitido pela lei, não é?
E depois em 1994, 8 anos de pena por tráfico...
É crime grave... Porque destrói muitas pessoas!
E depois... agora condenado a 5 anos e 9 meses. Com esse não concordo... deram-me 7 anos e depois baixaram a pena. Não concordo porque... na altura apenas apresentaram-me umas fotografias e mais nada... e condenam uma pessoa assim!
Na linha de comboios... a droga não era minha, estava no chão e disseram que era minha.
Vou sair no fim. Já tive uma liberdade condicional aqui.
Sair no fim da pena...é muito, mais ou menos... É muito tempo!

A prisão e a precária

O que mais custa na prisão? É o stress... é uma cadeia muito fechada, não sei?.. é um sistema muito fechado.
É muito fechado... não temos nenhuma liberdade... não há nada para fazer... eu perdi a vontade de fazer tudo, sei lá!
E em termos das condições da prisão... São más. A nível de alimentação... isto cada vez está mais feio.
Não tenho medos aqui dentro... é uma perda de tempo.
Ir de precária... Acho que é bom... ajuda.
É desanuviar um bocado a cabeça!
Fui uma vez.
Fiz dois pedidos antes de ser concedida a precária.
O primeiro pedido foi no 1/4 da pena e o segundo foi em Maio.
Agora nada... Receio de insucesso. E concordo. Porque ainda é muito cedo.
Ao sair de precária... Senti alegria! Não sei... senti-me contente mas depois já vim triste!... fui contente por ir passar uns dias mas entretanto não sei o que se passou comigo.
Alegre por poder sair... ir ver a família.
Da segunda vez não voltei. Estava farto disto.

Fiquei em casa de um irmão meu.
Foi só porque estava farto disto
Um mês e pouco fora disto...
Praticamente não fiz nada... não sei... desde que tive o traumatismo não sei... não sei o que fiz. Depois de terem passado os 3 dias disse que vinha para cá e ... andei de um lado para o outro depois fui para casa de um amigo.
Como me senti ao não voltar à prisão? Sentimento de arrependimento. Senti que devia ter vindo. Mas... estava farto já disto.
Então... devia cumprir o que tinha que cumprir.
Depois quando volto à prisão é que me arrependi...
Eu primeiro pensava em voltar mas depois... não sei, passou-se qualquer coisa comigo e... fez-me não voltar!
Estava farto disto... não queria cumprir a pena toda... não quis voltar à cana.
Decidi não vir no dia em que era para vir... foi mesmo nesse dia.
Não foi nada... foi estar farto disto, mais nada.
Durante este mês e pouco fiquei em casa praticamente os dias todos fechado.
Saía mas... Senti-a a tal coisa... senti-a sempre aquele arrependimento do ter que vir.
Porque tinha muitas dores de estômago fui ao hospital e então fui recapturado.
Preferia que não me tivessem apanhado.
Fiquei no Barreiro porque não quis cometer mais nenhum delito.
Sei lá... tinha de sobreviver.
Os outros terem precárias? Acho que sim. Não têm mais precárias porque o sistema da cadeia é assim! Porque esta cadeia é muito pesada.
É muito fechada.
Só dão as precárias ao meio da pena.
É o tal receio de insucesso.
A prisão muda... Mudou porque perdi muita coisa. Perdi aquela alegria que eu tinha... tenho que ver se agora começo novamente.
Custar, custar... É o estar aqui fechado.
Quero ver se não volto mais à cadeia... deixar de fazer asneiras.
Espero que seja melhor... Vou trabalhar.
Já... ir para a minha profissão que é pintor da construção civil.
Aqui dentro é difícil... há muito tempo que já não consumo.

Comecei aqui dentro da cadeia. Porquê? Porque não conhecia... era uma novidade e comecei a consumir e nunca mais parei... só agora desta vez é que parei. Cheguei à conclusão que não me leva a lado nenhum... sabe que dentro das prisões há muita droga.

Comentário

A adaptação à prisão é um processo penoso em que cada indivíduo desenvolve aptidões que o permitem lidar com um sistema que lhe é imposto. Esses mecanismos de adaptação diferem de indivíduo para indivíduo, não existe um processo "globalizante e impessoal"(Gonçalves, 1999) na adaptação à prisão.

A maneira como cada recluso vive o cumprimento da pena constitui um importante factor para equacionar a continuidade do encarceramento e o próprio reingresso ao meio social livre.

Alguns dos estudos mais conhecidos na área da adaptação à prisão (Zamble & Porpino, 1988) referem que o processo adaptativo desencadeia em quase todos os reclusos distúrbios, sobretudo no início do cumprimento da pena e que os mais jovens possuem maior capacidade de adaptação por o seu repertório de estratégias de confronto ser mais limitado.

A questão da socialização na prisão pode constituir uma dificuldade de tomo numa fase inicial do cumprimento da pena mas é um problema que tende a ser superado com o prolongamento da encarceração.

Das realidades que o tempo de reclusão tende a agudizar, é precisamente gerir o decorrer do tempo. O tempo real e, sobretudo, o tempo subjectivo torna-se omnipresente, sobretudo o tempo que ainda falta... «Custar, custar... É o estar aqui fechado.»

E, então, a justificação do incumprimento, «Estava farto disto... não queria cumprir a pena toda... não quis voltar à cana.

Decidi não vir no dia em que era para vir... foi mesmo nesse dia.

Não foi nada... foi estar farto disto, mais nada.»

Esta atitude, referida por diversas vezes, deve ser equacionada com outras realidades:

«É o *stress*... é uma cadeia muito fechada, não sei?.. é um sistema muito fechado.

É muito fechado... não temos nenhuma liberdade... não há nada para fazer... eu perdi a vontade de fazer tudo, sei lá!

E em termos das condições da prisão... São más. A nível de alimentação... isto cada vez está mais feio...
Não tenho medos aqui dentro... é uma perda de tempo.»

A saturação de E evidencia a sua inadaptação à prisão, «eu perdi a vontade de fazer tudo,... » pois não conseguindo superar a contrariedade que a reclusão representa, ele afronta as regras.

Embora referidas, as condições da prisão parecem não ser, realmente, a causa principal da inadaptação, esta refere-se sobretudo ao sistema, à cadeia no seu todo.

A sua falta de capacidade para lidar com as regras da instituição aliado à noção de tempo «perda de tempo» subjectivo, conduz o indivíduo a transgredir o que pode ser um mau prognóstico na ulterior adaptação ao meio livre.

Talvez a necessidade de acompanhamento psicológico individualizada pudesse minimizar a inadaptação do recluso e, assim, obviar ao insucesso na saída precária.

Caso F (entrevista realizada em 14 de Maio de 2002, por Clara Silva, psicóloga clinica)

Aquando da entrevista F, do sexo feminino, tinha 27 anos de idade, solteira, doméstica, com a 4.º ano de escolaridade, cumpria pena de 6 anos e 9 meses de prisão, resultante de cúmulo jurídico, por crimes de furto qualificado e roubo.

Tendo beneficiado de duas saídas precárias com êxito, vem na terceira a incumprir, sendo recapturada 6 meses e 16 dias após.

O discurso de F está dividido em quatro grandes preocupações: o percurso prisional, os crimes e as penas, a prisão e a precária.

Percurso prisional

Estive no E.P. Porto e aqui... e estive uma semana em Castelo Branco, só que não havia medicação para mim, mandaram-me novamente para cá!

Porque é assim: eu era do Norte e tinha feito o pedido para Castelo Branco e eles mandaram, a Direcção-Geral mandou-me para lá... só que não havia medicação e o chefe entendeu vir para cá novamente.

Conhecia pessoas... tive aqui miúdas comigo presas, que eram lá do Norte e tudo!... estava-se melhor.
Só, em Custódias (estive em preventiva).
E depois sobre esta pena... Vim para aqui, para Tires... estive em Custódias e depois vim!
Porque é assim: o E.P. Porto é uma cadeia de trânsito e não tem capacidade para ter tanta mulher e então mandaram-me para aqui, que as pessoas vêm todas para aqui do Norte!
Conheci pessoas do Norte e elas foram para lá, para Castelo Branco e eu também queria ir, não é? ... Foi quando eu fiz o pedido à Direcção Geral, mas depois mandaram-me novamente para cá.
Em Castelo Branco estive 1 semana.
Em Custódias estive meia dúzia de dias, mandaram-me logo para Tires... acho que foi a 28 de Maio.

Crimes e pena

Concordo com a pena que me foi aplicada.
Se é justa? Para aquilo que eu andava a fazer é!
Porque é assim: aquilo que eu andava a fazer era grave, não é?... Eu metia-me na paragem a engatar os clientes, que é mesmo assim que se fala, não é?... levava-os para casa, obrigava eles e ameaçava-os que eram homens à minha beira, não é?... obrigava eles a dar-me tudo o que tinham com eles, ficavam lá fechados e eu ia levantar o dinheiro ao Multibanco, vinha entregava a cartão e assim!... e muitos tentaram pronto, reagir e havia ali, pronto puxei muitas vezes faca, puxei muitas vezes pistola... e eles pronto é assim: se eles estavam num sítio que eles não conheciam, fechados numa casa, pronto... e não sabiam o que é que estava por detrás daquilo!... E acabavam por ceder, não é? Fazia-o por causa da toxicodependência. Era heroína e cocaína, às vezes... dependia. Houve outros roubos e furtos,... muitos não apresentavam acusação porque eram casados e tinham empregos e não queriam que ninguém soubesse e nem sequer apresentavam. Eu tive uma altura que tinha 22 queixas na esquadra... mas depois tiraram a queixa.
Dia 6 de Junho de 2002 devo sair... está quase!.... será com os 5/6.... o definitivo ainda fica a faltar 9 meses, tenho de estar em apresentações.
... porque é assim: já fui notificada, o TEP mandou para cá o papel, eu meti a declaração como aceite, pronto... o mandato de soltura

chega cá dia 6, é quando eu saio em liberdade e vou para Campo de Ourique, para a REMAR.
... sair em liberdade... é diferente! Estar lá fora já é bom, mesmo que não seja no sítio que a gente quer!

A prisão

Custa a rotina, o próprio stress quem o faz somos nós, não é?.. a cabeça... não sei explicar, não sei explicar, é tudo... tudo me faz confusão e ainda para mais agora a ir para a marmita é uma fila enorme e para a bica é uma fila enorme!... depois juntam-se 3 ou 4 mulheres e é um rol de barulho e a gente não tem cabeça para isso, eu não tenho ...falo por mim!
Somos 3 na cela e comigo 4. Tudo bem... isso tudo bem!
Isolo-me muito, eu gosto de estar dentro da cela, agora eu estou a trabalhar nas etiquetas, pedi autorização à Sub-Chefe para fazer o trabalho na cela, onde as minhas colegas me ajudam e passo lá o dia!... só saio mesmo quando é preciso!
Faço assim por tudo, por tudo... depois eu sou uma miúda muito alterada e tudo me enerva e... pronto!
As guardas, chega a um ponto que a gente já não pode ver uma farda, eu falo por mim! Mas as colegas também enervam muito!... aqui, onde há mais falsidade é aqui dentro, a gente aqui não pode contar... é assim: a gente às vezes conta mais depressa com uma farda do que com uma colega nossa... e pronto, isso também dói, não é? .. mais do que propriamente as condições da prisão...
Eu já estive na rua e estive pior do que estou agora aqui, não é? Já passei muitas vezes fome, já quis uma cama para dormir e não tinha, mas quando entrei não tínhamos condições mas agora temos condições, não é?... O comer não é assim grande coisa, mas muitas vezes eu queria comer e não tinha, não é?.. A gente tem de sujeitar também!
É sempre a mesma coisa! ...é o passar do tempo devagar... lentamente!

A precária

A gente está aqui muito tempo fechada, não é?... e quer ir para a rua, sente-se bem em ir à rua, estar com os amigos, convive com as pessoas, vai-se adaptando ao dia-a-dia lá fora, não é?... que a gente não está habituada, pronto é uma sensação diferente, não sei... não há explicação!

O portão, aí é um alívio, mas quando a gente se vem entregar... só pensar que a gente tem de passar aquele portão, para vir outra vez para aquele pavilhão, encarar com a rotina do dia-a-dia, custa imenso! ... Começa-se a pensar naquilo que se teve lá fora, o que deixa para trás.

A precária é liberdade e alívio.

Portanto fui 3 vezes: a 1.ª vez 4 dias, a 2.ª vez 6 dias e a 3.ª vez 3 dias.

Tive, tive precárias aí e depois deixei de ter, que eu estava no RAVI e tive de passar para o pavilhão e... agora tinha de estar um ano de castigo sem precárias.

Entre Agosto de 2000 e Março de 2001 não tive interrupção de precárias. Só a partir daqui é que tive interrupção de precárias e até agora não voltei a ter...

Não vale a pena pedir, também já vou sair daqui.

Foi a partir da precária dos 4 dias que tive o RAVI. Estava a fazer faxina no convívio, pronto.

Às 8 horas fechavam o portão de cá de fora, mas a gente tinha a sala e estava lá toda a noite se quisesse a conviver, era diferente pronto!

Eu estava habituada a um tipo de colegas mais calmas (no RAVI), porque já iam mais vezes à rua... já é diferente, não é?

... aqui ficam mais tensas e pronto era diferente, depois fui para o pavilhão e voltou tudo novamente!

Para a precária fiz 9 pedidos.

Razões... para negar... Há uma porque eu tinha vários castigos. Eram castigos relacionados com porrada, fui apanhada com droga, várias coisas prontos!

Fui apanhada com uma quarta de pó a fumar, não era minha... era da minha colega mas a minha colega estava a sair e eu disse que era a minha, porque estava eu a fumar e ela estava ao meu lado e pronto... ela ajudou-me na mesma, pronto estive a cumprir o castigo e ela ajudou-me, tanto ela como a mãe e... era mal criada para as guardas. Era a minha revolta... ninguém me tratava mal, era a minha revolta.

Estou mais calma... aliás eu estou mais calma por causa da senhora com quem eu estou, eu com ela sinto-me bem, sinto-me mais calma, é diferente senão não estava assim! Sinto-me amparada, sinto-me bem porque senão não estava assim!

Por mau comportamento... depois de eu começar a ter bom comportamento, que eu era uma miúda muito frágil para ir para a rua, dito pela minha Assistente Social após a morte dos meus pais... e pronto, foi-me negada mais 2 vezes e depois é que me mandaram a casa.

É uma questão de fazer contas se foi em 2000 e se tinha entrado em 96, já estava há 4 anos.

Nessa altura já tinham falecido... Primeiro foi a minha mãe e depois foi o meu pai.

Pensava que não era correcto (negar a precária), não é?.. À partida quando eu tinha os castigos, tudo bem! Aí concordava porque fazia tinha de pagar! ... Só não concordo com a minha Assistente dizer que, depois de eu ter um bom comportamento, dizer que eu era frágil psicologicamente para ir para a rua!...Porque não estava em condições de encarar a campa dos meus pais, encarar a minha casa sozinha... isso não tem desculpa, não tinha lógica! Mas é isso... se eu estava tão frágil, passado um ano e tal... como agora que estou a sair, não estou assim frágil, não é? É isso que eu não concordo! Duas vezes por ser frágil e 7 vezes foi pelo mau comportamento.

Eu disse à minha Educadora, à Dr.ª Conceição um dia que fosse Conselho Técnico que eu visse a minha Assistente que eu ia virar a secretária por cima... no dia de eu lhe disse isso, passado 2 ou 3 dias houve Conselho, fui chamada... fui ao Dr. que assina a saída precária de 4 dias tanto que a Assistente Social está sempre presente nesse Conselho e nesse dia ela nem estava presente quando eu cheguei cá em cima!... Eu estava de uma maneira tão revoltada, que eu não sei o que é que eu fazia! Não sei!

Quando soube que ia... Não acreditava!... não acreditava... foi a Dona Lisete que me chamou para me dar a precária, não me acreditava, pensava que era mais uma cortada.. ... porque eu metia, o papel não é meu, a caneta também não, não custa nada tentar!

Senti-me bem, senti-me diferente, senti-me livre!

Apanhei o autocarro até Carcavelos, em Carcavelos apanhei o comboio até ao Cais do Sodré, cheguei ao Cais do Sodré apanhei um táxi.

Cheguei aqui à Fofinha e perguntei, o Sr. da Fofinha disse-me, explicou-me e eu fui lá. Depois apanhei o Alfa para o Porto.

Eu não entrei na minha casa, entrei na casa de um primo meu que morava por cima de mim, que a minha casa estava entregue àquelas pessoas sem abrigo.

E passei lá os 4 dias em casa do meu primo. A relação com o primo era boa, mas ele é assim: ele mudou de residência não sei para onde, nesta altura que eu andei fugida e... pronto, não soube mais nada dele. Tenho o número de telemóvel da filha, só que toca... toca e ninguém atende... não sei mais nada dele!

Da terceira precária estive fugida... nessa altura fui para casa da minha mãe.

A sensação de andar de comboio, pronto... a minha vontade era de quanto mais depressa o comboio andasse para chegar ao Porto melhor! Mas eu pronto, quando eu saí daqui era uma sensação, pronto... estava livre, ...

Parecia que não tinha de regressar para cá novamente, era diferente, parecia uma parva a olhar para as pessoas... tudo, pronto... eu ia a passar, um carro metia-me confusão! Isso é normal! Era diferente!

É uma sensação tão, tão boa... que a gente, não sei!

Eu não me preocupava com as outras pessoas! Eu preocupava-me era comigo!

Os amigos... Pronto... Gostaram de me ver, que eu estava diferente, estava gorda, bonita... é normal! Pronto... e convivi com eles.

A emoção é sempre a mesma. É de liberdade!. A 2.ª precária foi passado uns meses, foi de Agosto a Dezembro...Pronto, foi diferente. Fui para casa da minha mãe.

Eu telefonei à minha mãe, a minha mãe disse para eu ir, para eu ir... eu cheguei a Campanhã, estavam lá à espera, fui para casa da minha mãe e tudo começou assim prontos, é assim: ela mora com um Sr. já há uns anos bons e isto foi assim: no dia 3 para dia 4, que era o último dia que eu tinha que estar lá, o meu padrasto trabalhava nos reboques... e saiu com a minha mãe, eu estive em casa até às 2 horas, estava à espera de uma colega minha que íamos para a discoteca para a Rock's, ela tinha ido levar o filho a casa... entretanto veio o meu padrasto, veio a minha mãe e é assim: o meu padrasto gostava muito de brincar com a minha mãe e quando eles chegaram a casa já vinham bêbados e começaram a brincar, nessas fantochadas... é assim: uma coisa que eu nunca admito a ninguém... admito quando quero, mais nada... o meu padrasto começou, desculpe lá, a apalpar as mamas à minha mãe e depois disse: mas as da nossa F são melhores e apalpou-me a mim, foi quando eu disse: ó ti Carlos, desculpe lá não leve a mal mas eu sou uma mulher, não sou nenhuma criança e eu não quero esse tipo de brincadeiras! Ele começou a discutir com a minha mãe, que tinha de sair de casa e eu... que isto era sempre assim, que eu só queria noitadas e não sei quê! E eu disse: a minha mãe não tem de sair, quem tem de sair sou eu... peguei no saco e saí, eram 5 horas da manhã, chovia muito! Para onde é que eu vou? Apanhei... estive à espera na paragem até às 6 da manhã, apanhei o primeiro autocarro e fui para Perafita, onde não estava o meu primo.... não estava o meu primo e eu fui bater a casa do meu co-réu, o moço que esteve comigo no meu processo, onde fui...

Cheguei lá no dia 4, não é? Pela lógica... onde às 9 horas da manhã entra a bófia por lá a dentro, já tinham de fazer aquela casa... entra a bófia e fui levada com a bófia naquela rusga. Estive até às 5 e tal e eu a dizer que precisava de falar com o estabelecimento prisional, dizer o que se tinha passado e não sei que e eles disseram para eu ir para casa na mesma e eu disse: para casa, só se for para a mesma direcção, que era a do meu co-réu e que eles iam entrar em contacto com Tires para explicar o que se passou e para no outro dia me ir entregar no E. P. Porto, foi o que eu fiz!... foi assim que aconteceu!

O meu co-réu esteve preso 10 meses comigo e depois saiu absolvido. Por isso é que ele estava em casa. Pronto... lá faziam tráfico e a polícia já andava em cima daquilo e pronto apanhou-me a mim, tanto que vim eu e vieram várias pessoas do prédio sem ter nada a ver uma coisa com a outra não digo que não sabia, eu sabia, não vou mentir... eu sabia, mas não tenho nada a ver com isso!

Isto fez com que entrasse um dia mais tarde.

A GNR entrou em contacto... mesmo assim na precária que eu tinha direito a 4 dias em Março eles tiraram o dia que eu vim de atraso, deram-me só os 3 dias.

Na primeira precária não estava muito coiso para ir para casa da minha mãe, optei pelo meu primo. Fui criada com pais adoptivos.

A mãe biológica conheci-a tinha 9 anos de idade e depois ela foi-me procurar outra vez aos 14 e pronto foi assim! A relação entre nós era má.

Na terceira vez fui para lá, para casa da minha mãe... passei só um dia lá, almocei lá, depois voltei para o bairro onde é que eu morava... fui para casa do meu co-réu e pronto e quando chegou o dia de me entregar eu disse: não me vou entregar, vou andar por aqui... fui assim que eu fiz!

Fiquei primeiro com ele... depois chateei-me e andei por aí!

Das duas primeiras vezes tinha o objectivo de poder vir, pronto... faltava pouco tempo para eu me ir embora, não ter de andar fugida por aí!

Nestes casos tomei a decisão de voltar um dia antes, porque a gente quando está lá fora a passar a precária, não se vai pensar em quando é que a gente se vai entregar, não sei que quando está a chegar o dia é que a gente começa a pensar: vou, não vou... vou, não vou!

Eu acho que toda a gente pensa assim... se a gente vai a pensar nisso nem goza a precária!

Na véspera é que já se pensa um bocado.

Vou-me entregar, porque é assim: eu agora falta-me pouco tempo para acabar o meu percurso, não quero andar fugida e é bom para mim que fico bem vista e entretanto estou no RAVI e mandam-me embora, foi o que eu comecei a pensar.

E na segunda vez, aquele problema da rusga, sabia que não ia conseguir entregar-me a tempo.

Que as pessoas iam começar a pensar que eu me pirei, que eu não me vim entregar porque não quis e eu pronto... se tenho alguma coisa a ver com a rusga, tudo bem... mas eu não tinha nada a ver, estava ali, não é? Sentia-me mal... tanto que quando eu cheguei aqui a Tires eu não encarava as pessoas bem, parecia que as pessoas estavam a olhar para mim de uma maneira diferente.

Principalmente as educadoras, a minha que foi incansável comigo, pronto... pensava que eu a tinha deixado ficar mal, foi coisa que ela mais me pediu, pronto e até para confiar outra vez em mim, foi assim um bocado...

Eu fui a casa do meu co-réu que era para ir buscar mais dinheiro para vir para cá, que o dinheiro era pouco... é assim: eu não tive culpa, eu sabia que tinha que me vir entregar, só tinha que vir a Campanhã apanhar o Alfa e não sei que... só que como o dinheiro que eu tinha, tinha 3 contos... o comboio era de 3 e 700, não chegava... tanto que a policia me apanhou com 10 contos no soutien, que era o dinheiro que o meu co-réu me deu!

Eram 6 da manhã quando apanhei o autocarro para ir para Matosinhos e a polícia entrou em casa do meu co-réu era um quarto para as nove, arrombou a porta.

Havia de estar em Tires às 4 da tarde.

O comboio partia de lá ao meio dia, chegava aqui às 3... tinha uma hora para cá chegar, dava-me muito bem!

Foi tudo, foi tudo... não tive apoio de ninguém, vi a minha situação da maneira que estava, deixei-me ficar por lá! Disse: eu não me vou entregar!

Eu disse logo ao meu co-réu que não me vinha entregar, se ele me deixava ficar por lá... e ele disse tudo bem! Não queria, não queria encarar tudo isto... não sei, queria-me desgraçar! Queria desgraçar-me... não estava bem psicologicamente.

A situação que... estava sem apoio, sem nada... eu queria, pronto dar cabo de mim! E assim... tanto que queria dar cabo de mim que comecei logo a consumir em casa do meu co-réu!

Aqui tinha apoio mas é diferente, não é? Não pensei em ninguém, só pensei em mim!

E quando saí daqui foi com a intenção de não voltar.... tanto que eu nunca saí daqui à noite e naquele dia saí às 7 e meia da noite, fui já com a intenção de não voltar!

Eu saía com os 5/6 em Dezembro, a 24... e não saí por causa do tempo que andei lá fora, na rua... que é o tempo que agora estou a cumprir! Não... não pensei em nada! Sentia falta de apoio. Da minha família, principalmente.

O meu co-réu é toxicodependente, que apoio é que ele me podia dar? Dá-me a casa, pronto o que ele comia também me dava a mim mas pronto... é diferente, não tem nada a ver ele disse que eu ia fazer mal, que me devia entregar e não sei quê e disse: eu é que sei da minha vida... pronto ele concordou e tudo bem! Estive por lá um tempo, depois chateei-me... comecei a ver muita gente a ir por lá, a polícia também andava lá em cima daquilo...pego e fui morar para uma pensão, para o centro do Porto, foi quando comecei a andar aí outra vez na vida... comecei a dar mais forte na porcaria e pronto... quando estive mesmo mal, a bófia apanhou-me... na Avenida da Boavista, quando eu estava a tentar assaltar um carro com duas senhoras lá dentro... pronto, isso não deu nada, mas... porque eu não assaltei ninguém, não cheguei a assaltar e prontos, estive aqui... entrei aqui em Tires, fui para o Hospital de S. José, estive um mês e tal em coma.

Começou-me a dar ataques de epilepsia, eu vinha com 28 kgs, não me alimentava, consumia... vinha num estado crítico mesmo. Eu entrei aqui num dia, foi numa quinta numa carrinha do Porto, no outro dia às 7 da manhã, estava aí a sub-chefe a chamar a ambulância.. começou a dar-me ataques de epilepsia, entrei em convulsão... ninguém dava nada por mim! Estive um mês e tal em coma, no S. José e depois saí do coma e mandaram-me para Caxias, só tive alta de Caxias a 29 de Novembro. Vivi com ele para aí 2 meses e tal. É assim: o Sr. que lhe ia entregar a droga, levava para lá senhoras, levava... pronto, toda a gente fumava e era um entrar e sair! A bófia tinha de entrar lá por aquela entrada e eu tinha de saltar a janela para eles não me apanharem lá dentro, eu e todos!

Eu receio tinha... é assim: a polícia quando passava ou havia uma operação STOP, eu sentia medo... queres ver que eles me vão pedir documentos e eu não tenho documentos? Queres ver que eles me vão conhecer? Estava sempre com aquela paranóia, mas pronto! Estive 6 meses e 15 dias em ausência ilegítima. Pensava que se a bófia me conhecia que eu vinha para aqui outra vez... ia ser uma desgraçada, mas pronto!

Como já disse... falta de apoio, sentia-me mal, sentia-me sozinha, sem nada, sem ninguém, decidi não me vir entregar... a minha vontade era dar um caldo e dar cabo de mim! Acabava com tudo, não é? Nessa altura estava a tomar metadona, não consumia!

Vir presa outra vez... de voltar tudo à mesma coisa, à mesma rotina e depois estar com aquela ansiedade: quanto tempo mais vai demorar para ir outra vez à rua ou para sair, essas coisas!

Senti-me mal mas disse que pronto!

Mais por causa da minha educadora... não tem nada a ver, tanto que eu se pensasse no pouco tempo que me faltava para sair, não fazia o que fiz!... Mais da minha educadora, que foi... eu acho que foi a única pessoa aqui dentro que lutou por mim.

Ao pensar nela, na Dr.ª Conceição... é a única pessoa que realmente me dava apoio em todos os aspectos, mesmo.

Vou curtir... vou andar até acabar, é o que eu pensava! Era o dia-a-dia.

Não trair a educadora e também para obter mais depressa a minha liberdade, pronto era o que eu pensava!

Pensava em não voltar... passava um bocadinho pela cabeça, pronto mas depois passava!

Consegui combater esse pensamento? Consegui.

Pronto quando foi a minha 3.ª precária tive apoio do meu primo, tive apoio da minha mãe, não sei que... depois começou tudo a avariar, tudo a correr bem, foi aí que eu me fui abaixo!

A atitude do meu padrasto, por exemplo, o eu não aceitar, não sou obrigada a aceitar isso! Eu aceito quando eu quero, agora pronto!

Sentia-me sozinha, pronto... o único refúgio que eu via era a droga e pronto!

Pensei logo em não voltar.

Tomei essa decisão no dia que me deram a precária, eu disse: não tinham que me tirar o dia que me tiraram, porque foi justificado que eu fui levada numa rusga. Portanto eles fizeram-me isso e eu vou também deixá-los mal, porque eu não vou aparecer, foi quando eu fiz isso!

Foi isso e foi a situação que eu encarei lá fora! Portanto, no dia que deram a precária e vi que tinha 3 dias e não os 4 dias, pensei logo em não voltar... Foi isso... vou deixá-los ficar também, foi isso e foi a situação que encarei lá fora, foi tudo ao mesmo tempo!

Eu já tinha dito que não voltava!. Eu disse, eu disse... quando eu saí com a minha colega, eu disse à minha colega: eu não venho!... És maluca!... Estou a te dizer eu não venho!... És maluca!... Ela pensava que eu estava na brincadeira!.

Aquilo aconteceu por acontecer!... Cheguei ao Porto e pronto... aconteceu!

Com a minha mãe? Mais ou menos... entre mudos e calados, mais ou menos...

O que podia acontecer? Não... não tinha a mínima ideia, daquilo que eu ouvia quando alguém se apresentava de uma saída precária ou levava algum castigo ou não sei quê... pronto e eu pensava que ia levar um castigo, que me iam meter na CD... várias coisas! Que ia roer a cadeia toda que me faltava!

O que me aconteceu... é assim: eu saía a 24 de Dezembro, fazia os 5/6, não saí... começou a contar os 6 meses que eu andei lá fora a partir do dia 24 de Dezembro, é por isso que eu saio para o mês que vem, mais nada e saio na mesma com os 5/6.

É... se eu andei lá fora, só tenho é que fazer isso, não é?

Estava à espera de coisa piores. Estava, estava... quando eu falei com o Sr. Dr. Juiz, ele chamou-me... falei a verdade, não tinha nada que esconder e pronto... lá isso foi porreiro!

Acho que há outras que deviam ir de precária.

Não vão por insucesso da medida... é o que dão a muita gente! Porque é que é insucesso de medida se a pessoa tem bom comportamento, tem apoio familiar... só que é assim: podem não ter o 1/2 da pena, podem não ter o 1/4 da pena e é por isso que deviam ter precária e que não têm precárias?

Dizem insucesso de medida! É isso que eu não concordo!

É assim: o essencial para ter precária é o comportamento, o apoio familiar, ter o percurso prisional como deve ser... eu acho que isso é o essencial!

Acho que ao fim de 1 ano e tal, 2 anos as pessoas já começam a conhecer... tanto técnicas, como educadoras, como guardas que vivem 24 horas com a gente... acho que já dá para ver!

Claro que uma pessoa que tem 20 anos, não lhe vão dar logo ao fim de 1 ano e tal, mas acho que quando chegar o momento deviam dar!

A prisão em mim mudou muito! A maneira de pensar!

Pensava... eu acho que não tinha maneira de pensar, não tinha pensar nenhum!... Agora não, agora acho que, pronto... quero ter uma vida normal como outra pessoa qualquer, quero lutar pelos meus objectivos! Ter o meu dia-a-dia, ter o meu trabalho. Eu sempre gostei de ser costureira... pronto, sei que filhos não poderei ter por causa da doença que eu tenho, não é? Mas pronto... Ter o meu marido, pronto... Ter o meu dia-a-dia, a minha casinha, estar lá o meu caminho!

Sim... pensava era na droga! Tinha 14 anos.

Foi o dia-a-dia... isto é assim: a gente aprende é com a vida, não é?... Com o dia-a-dia aqui, começa-se a amadurecer, a compreender melhor as coisas, a dar mais valor à vida... que eu não sabia o que era uma discoteca, não sabia o que era curtir! Agora tenho aquela ansiedade de saber o que é uma discoteca, saber o que é curtir, pronto... é diferente! Droga não é propriamente curtir... a droga fica-se com aquela moca e depois passado... a gente quer é arranjar dinheiro para ir buscar mais!

Neste momento ... A única coisa que eu consumo é o café e o tabaco... isso, eu não deixo, por amor de Deus!

Aprendi muito, amadureci muito... tenho outra maneira de pensar, é diferente!

Comentário

Em termos estatísticos o insucesso em população feminina na sequência da concessão de uma saída precária é muito diminuta (Moreira, 2001).

O caso de F constitui, assim, uma excepção no universo da reclusão feminina.

A droga, as perturbações psíquicas e comportamentais, a falta de apoio familiar, a inexistência de uma rede social equilibrada de apoio e a revolta quanto a uma "injustiça" contra si cometida em saída precária anterior ao insucesso, tendo como pano de fundo uma fragilidade ao nível dos propósitos e ausência de perspectivas de futuro, parecem ser as condicionantes que enquadram o incumprimento de F.

A instabilidade psíquica é verbalizada. E, a infracção a uma conduta devida surge estreitamente ligada a essa instabilidade.

Esta questão da instabilidade psíquica em meio prisional vem evidenciar a necessidade de um acompanhamento dos reclusos por pessoal especializado, nomeadamente psicólogos e, eventualmente, psiquiatras.

A existir de forma efectiva esse acompanhamento e sendo transmitido ao Conselho Técnico, em tempo útil, informações pertinentes para as decisões de apreciação de saídas precárias e liberdade condicional, os pareceres desse Conselho e as subsequentes decisões judiciais seriam mais lúcidas e melhor fundamentadas e os insucessos estariam um pouco mais acautelados. No entanto, concede-se que a intervenção do psicólogo ou do psiquiatra no Conselho Técnico pode levantar a questão do sigilo profissional. Contudo este obstáculo poderá ser contornado mediante a expressa anuência dos visados.

Caso G (entrevista realizada em 9 de Maio de 2002, por Sónia Constantino, psicóloga criminal)

Do sexo masculino, 32 anos de idade, viúvo, servente de pedreiro, com o 6.º ano de escolaridade, G cumpria uma pena de 14 anos de prisão por crime de homicídio. Sem outras condenações anteriores, com oito anos de prisão cumprida, já havia beneficiado de quatro saídas precárias com êxito.

O último tempo de precária concedido havia sido de 6 dias, pelo que se computa em 7 dias a ausência ilegítima.

O discurso de G, para mais fácil leitura, é dividido em grandes temas, de acordo com as preocupações da entrevista: o crime, a prisão (em dois momentos) e a precária.

O crime

Estive três meses em prisão preventiva e depois vim para aqui. Concordo plenamente com a pena aplicada, foi homicídio. Concordo, para o crime que foi, acho justa.

Porque eu não queria que ninguém matasse ninguém da minha família. Não sei, também, não fui só eu foram, uns amigos porque, se fosse eu sozinho nada daquilo tinha acontecido, nem sequer me metia em confusões só que estava, com os outros e ainda por cima estava embriagado por isso houve aquilo, se fosse por mim aquilo não acontecia. Eu acho que aquilo que se faz, tem de se pagar.

Pois não, eu não queria que ninguém matasse ninguém da minha família e também nunca tinha pensado que ia chegar a fazer aquilo que fiz. Influência dos amigos. Agora, também, não tenho amigos. Estou melhor os meus amigos são a minha família e mais ninguém.

A prisão

Sair... Estava à espera de sair em 2004, em Março, pelo menos.

O Juiz diz que não pode mandar, ninguém para casa com mais de cinco anos de pena. Ora assim, só me fica a faltar quatro anos e sete meses.

Tenho trabalhado, mas também tenho tido alguns castigos. Acho que falta muito tempo. Então não! Dois anos é muito.

Já estou há muito tempo preso, já nem sei bem o que é liberdade e outras coisas mais. Agora arranjei, uma namorada quero sair, quero arrumar a minha vida e ver se não volto para aqui.

Custa-me muito....

As horas que passo cá dentro porque, de dia trabalho fora do estabelecimento e só à noite é que venho para aqui, por isso essas horas é que me custam.

Estar longe da minha namorada, da minha família e de estar privado da liberdade.

Há mais coisas... coisas que são mesmo da prisão, eu tenho que "acatar" ordens mas há coisas que nós devíamos conseguir melhor aqui dentro e não se consegue.

Não se pode mexer no nosso dinheiro como queremos, nós precisamos do dinheiro para isto e para aquilo e os pedidos não são autorizados. Nós aqui dentro não somos nada. Eu não tenho ninguém para me trazer nada, a minha namorada trabalha e não pode trazer sacos com coisas para mim.

Além disso, praticamente, não me custa mais nada porque eu, como já disse, trabalho na rua e só venho passar a noite aqui dentro, não me custa mais nada.

Isto aconteceu há três anos a trás porque, antes quando passava os dias inteiros cá dentro custava-me tudo; agora é como se eu trabalhasse na rua e fosse dormir a casa.

Até ver as paredes me aborrecia, custava-me olhar para os guardas, custava-me tudo!

A precária

E veio a precária ..... muito grande, ao fim de cinco anos ir a casa pela primeira vez teve, um significado muito grande.

É que antes ia só para passar uns dias lá fora, agora se for já é por outros motivos: é para estar com a minha namorada e começar já a fazer a minha vida.

Antes era para ir ver, os meus pais e estar com a minha família agora, já é para começar a refazer a minha vida porque, agora não tenho vida.

Não tenho. Oito anos preso e tudo o que eu tinha foi "por água a baixo" tenho que começar do zero.

Se eu fosse agora de precária ia tratar do registo e já era um passo que dava porque, não quero perder a minha namorada.

No total foram oito saídas. Quatro precárias. De três, quatro, cinco e seis dias.

Antes foram onze pedidos. O primeiro pedido foi em 1997, por aí.... Porque não me deram logo... Não sei porquê, eu sempre trabalhei aqui dentro e dizem que quem trabalha tem mais direito a ir de precárias do que quem não trabalha, e para mim não foi muito fácil ir de precária.

Ninguém me explicou o porquê de não ir de precária, aliás só uma pessoa é que me disse que havia uma pessoa que estava sempre contra a que eu fosse de precária.

Eu penso que é injusta. Na altura havia aqui dentro uma pessoa que fez "um quarto" de pena e foi logo de precária e para o RAVI e trabalhava como eu trabalhava.

Ele tinha mais do que eu porque, ele tinha quatorze anos e seis meses e eu tinha quatorze anos, não sei porque é que me fizeram isso!

Sinto-me prejudicado... Claro.

Depois lá fui...

Como é que eu me senti... parece que assentei os pés no chão, alegre.

Ia ver a minha família, também, já não tinha visitas porque, a minha mãe adoeceu e ia vê-la. Uma alegria imensa.

Acho que não há outra expressão para dizer.

Depois foi esta asneira...

Eu embriaguei-me no próprio dia de voltar porque, nos outros dias não bebi. Era dia de festa – "Dia de Reis" e por isso, bebi uns copos a mais e para uma pessoa que já está, cá dentro há tantos anos chega lá fora vai beber, embriaga-se logo.

Fugir... Não, nunca na minha vida. Os senhores guardas apanharam-me no caminho para cá, às sete da manhã, quando me vinha apresentar...

Senti-me mal....

Muito mal, posso dizer que me senti muito mal porque, sempre quis resolver a minha vida e voltei para trás...eu falhei, a culpa é minha não deito culpas a ninguém e aprendi muito com isso.

Só percebi a asneira no outro dia quando acordei.

Eu fui de precária, no dia em que era para me apresentar, embriaguei-me, quando fui apanhar a camioneta para vir para o estabelecimento caí pelo caminho e adormeci quando acordei olhei para o relógio, seis da manhã. Senti-me muito mal porque, sabia que tinha perdido as precárias, o RAVI, tinha perdido tudo!

Porque fiz uma asneira, não foi bem fazer asneira.

Das outras vezes que fui de precária nunca bebi, esta última precária fui, no Natal e no fim do ano bebi uns copos a mais e não me apresentei na hora certa. Quando vinha apresentar-me no outro dia os guardas já andavam, lá em baixo à minha procura.

Deram-me um ano de castigo, já levo um ano e seis meses também, já meti três precárias e não sei se me vão dar esta ou não.

...porque se fosse assim não tinha fugido, na oitava precária tinha fugido logo na primeira precária além disso, ando a trabalhar na rua e um guarda não dá para guardar a todos, mas não quero, eu quero é cumprir a minha pena e ir para a liberdade.

Foi a minha perdição, foi a coisa mais patética do mundo.

Por a caso não me senti...pensei que não ia ver mais a minha mãe e a minha família pois, sabia que as precárias iam acabar.

Foi difícil porque, ao fim de três dias de entrar aqui a minha mãe faleceu.

Sim, estive vinte e quatro dias de castigos, mas entretanto o senhor director voltou-me a pôr-me a trabalhar e já me distraí mais. Embora tenha sido difícil. Eu chorei muito, muito, um homem também chora.

Porque sabia que tinha acabado tudo que tinha, estragado tudo aquilo que tinha conseguido aqui dentro.

Eu nunca tomei a decisão de não voltar, eu por mim tinha vindo apresentar-me só que caí e como tinha bebido várias qualidades de bebida...

Pensava que não me ia fazer mal como já disse, são muitos sem beber e beber tanta bebida "tocadas", como se costuma dizer. É que aquilo não me bateu logo bateu-me aos poucos mas quando bateu!

Foi um acidente, assim sim senhora, eu nunca pensei a fugir. Como já disse, se eu quisesse tinha fugido na primeira precária de três dias tinha-me posto sei lá onde. África do Sul, Venezuela tenho família em tantos países por isso, podia ir para qualquer um deles. Acha que, também, se fosse para fugir tinha fugido quando estava, a aguardar julgamento.

Eu já sabia que não ía mais de precária e que neste estabelecimento dificilmente dão uma nova oportunidade, o que eu acho injusto.

Fora estive... Doze horas porque, eu tinha de me apresentar às cinco e só entrei aqui às sete da tarde, se fosse de dia certeza que vinha agora de noite ninguém passava ali, é uma "vereda" que enquanto me lembrar dela não passo mais lá.

Outras precárias... Eu queria acreditar, mas não sei se vou ter outra oportunidade porque, eles aqui quando uma pessoa faz qualquer coisa nunca mais perdoam essa pessoa. Eu gostava de chegar do trabalho e ver no quadro o G vai a casa três dias, mas acho difícil.

Na última vez que fui de precária acho que deviam pensar bem porque se quisesse ter fugido não era na última precária.

Sim, de seis dias não ia deixar para o último dia para fugir, tinha fugido quando fui pela primeira vez de precária. Nessa altura faltava-me muitos anos para cumprir, não ia esperar que me faltasse menos, tinha sete anos não ia esperar para fazer metade da pena agora, já sabia que ia ser chamado para a condicional, não tinha esperado.

Os outros...

Para não ser injusto, acho que há reclusos aqui que estão a trabalhar, não têm castigos merecem, ir de precária mas há muitos que não mereciam nem merecem, mesmo, ir de precária.

Quando vou de precária...

Estou com a minha namorada. Antes ficava na casa dos meus pais agora, fico em casa da minha namorada.

Estou com a minha namorada, dou umas voltas com ela, vou ver as coisas que estão mudadas gosto muito de ir às terras fico em casa a ouvir música, essas coisas.

A prisão mudar-me?...

Não tenho dado por isso. Eu não vou para o pátio estou sempre na minha cela só saio da cela quando vou ou venho trabalho, ao Domingo e ao Sábado vou almoçar e mais nada. Nunca vou para o pátio estou, sempre sozinho gosto de estar sozinho porque, aqui não se pode fazer amigos.

A prisão (de novo)

A prisão mudou-me. A mim mudou-me muito, muito.

Eu entrei aqui com vinte e quatro anos e já tenho trinta e dois, fiquei mais maduro e ainda mais a partir do momento que fui de precária e não vim. Realmente, estou muito mais mudado, nunca me interessei por nada agora, já me interesso pelas coisas.

Se uma pessoa é má vai ter de pagar pelo que faz e o crime não compensa. Aqui na cadeia tenho aprendido muitas coisas: já aprendi a ser calceteiro e a trabalhar com máquinas que não sabia, assim quando sair já tenho trabalho para electricista e para calceteiro mas não sei qual vou escolher, os dois dão bom dinheiro.

Estou mais maduro penso mais, só sei que quando sair daqui vou fazer os possíveis e os impossíveis para não voltar para aqui porque, nem sequer os passarinhos gostam de estar presos na gaiola.

Drogas não, de qualidade nenhuma, a minha droga é o cigarro, depois de estar preso é que soube o que era a droga mas não quero nem sequer experimentar.

Queria uma segunda oportunidade ao menos para mostrar, que não quis fazer aquilo e que não era minha intenção não me apresentar mas se não me derem a precária nunca vão saber se estou ou não a falar a verdade.

A precária é importante... É sim senhora, para a integração em liberdade porque, a Madeira é pequenina e eles apontam sempre o dedo às pessoas que estão presas se a pessoa andar na rua pensam que a pessoa não é tão má quanto dizem.

Comentário

Este caso é peculiar embora não seja inédito. O álcool pode ser um problema quando o recluso experimenta a liberdade, a falta de regras... mesmo que seja por poucos dias.

Em certos Estabelecimentos Prisionais faz-se o controlo de álcool e droga nos reclusos que voltam de saídas precárias ou de curta duração, sendo frequente haver quem acuse o consumo daquelas substâncias o que lhe acarreta consequências nefastas para o percurso de liberdade.

Aliás, o alcoólico e o toxicodependente apresentam distúrbios físicos e psicológicos que importam tratamento médico imediato, sem prejuízo do tratamento continuado imposto por estas patologias. A existência desses tratamentos no sistema penitenciário constitui um dever do Estado para que a reclusão não seja um mero parêntesis doloroso.

Parece que no caso de G não existe um problema de alcoolismo, antes um mero excesso, «uma asneira» de consequências indesejadas «Foi a minha perdição, foi a coisa mais patética do mundo».

Recluso cumprindo pena longa pela prática de um único crime, a evidenciar sentido crítico em relação à sua conduta e discurso, parece ser um caso de incumprimento involuntário. De qualquer forma, a conduta anterior ao facto que está na base do incumprimento não deixa de gerar alguma perplexidade, um excesso como tal reconhecido "uns copos a mais" – acidental ou não – sempre constitui um reparo numa conduta que se desejava e esperava exemplar.

Será, assim, pertinente questionar até que ponto é que alguém que diz querer cumprir tudo à risca vai beber na véspera de voltar, será que é um desejo inconsciente de fuga? E, como tal, não se revela de forma consciente ao recluso, daí parecer um caso involuntário...

Será, eventualmente, um daqueles casos em que o sistema não pode prever o insucesso, constitui uma daquelas excepções que sempre existem quando se trata de prever o comportamento humano.

Caso H (entrevista realizada a 17 de Maio de 2002, por Paula Almeida, psicóloga criminal)

De 55 anos de idade, viúvo, técnico de vendas, com o 6.º ano de escolaridade (antigo). Cumpria pena de 19 anos de prisão por burla agravada (três condenações no mesmo julgamento). À data da entrevista já tinha cumprido 8 anos e 6 meses de prisão. Tinham-lhe sido concedidas, anteriormente, 8 saídas precárias, todas realizadas com êxito.

A pena

Não, acho que é injusta...
Porque nestes longos anos que aqui tenho tido, tenho visto indivíduos que chinaram, mataram, violaram, indivíduos com duplo homicídio, triplo homicídio e que apanham dezasseis anos, quinze anos, catorze anos e eu cá sou condenado por burla, tive o azar de ser condenado num tribunal de província e servi de exemplo...pois...
Em Torres Novas, eu tinha uma empresa em Torres Novas e serviu de exemplo até para mostrar aos funcionários dessa empresa, que eu como proprietário da empresa, que os tinha lesado que... eu não lesei os funcionários, lesei bancos e finanças e... Estado e...
Não concordo porque realmente foi um exagero... eu servi de exemplo... o Juiz influenciado pelo Delegado do Ministério Público, a Delegada do Ministério Público fez algo que até o meu advogado se admirou e... quase todos os advogados se admiraram, foi o julgar crime a crime,

em vez de ser crime continuado porque a empresa era uma única e os crimes foram... cometidos dentro dessa empresa e ela julgou um crime, uma dívida que eu tinha para com... a Caixa Geral de Depósitos, um crime, uma dívida de um empréstimo que tinha adquirido na Caixa de Crédito Agrícola outro crime, um empréstimo que eu tinha adquirido no BPA outro crime, e assim sucessivamente...

Não fez um crime único, com uma pena única.

Fiz vários crimes que no somatório deram um número elevado...

As penas... as penas mais altas que eu tenho é de três anos, dois anos e meio e depois somou e ao fazer o cúmulo exageraram no cúmulo.

Prisão

(Cumprir toda a pena) *Não isso acredito que não, acredito que não, até porque já tenho oito anos e meio, acredito que não, mas estou a contar sempre cumprir uns treze a catorze anos.*

É... inicialmente eu disse eu já me adaptei o homem é... o ser humano é um animal de hábitos não é? Eu já me habituei. O que me custa mais realmente é o cativeiro... não é... nem é bem o cativeiro é estar aqui...

As condições não tenho... ultimamente este estabelecimento aqui onde eu estou em cima, tem umas condições razoáveis, aceitáveis, quando um gajo chega não, quando um gajo chega isto é realmente um... isto era uma tormenta era... era realmente uma coisa muito má, muito má.

(Estupefacientes) *Eu afasto-me um bocado disso, não... não... vejo, não sou cego, vejo, realmente a grande população, a grande parte da população neste estabelecimento e como nos outros, são indivíduos realmente toxicodependentes, que estão aqui precisamente por pequenos furtos, ou pequeno tráfico para arranjarem dinheiro para poderem consumir... mas aqui dentro neste estabelecimento principalmente neste estabelecimento, não vejo assim grandes movimentos de negócios, de estupefacientes...*

A mim mudou muito, aprendi a dizer não, uma coisa que eu não sabia dizer era não, aprendi a dizer não, aprendi a desconfiar, tenho medo das pessoas que me rodeiam e não tinha...

Acontece. Não tanto como aqui dentro, aqui dentro nós criamos um escudo à nossa volta, porque aqui dentro estou... é um barril de pólvora! As pessoas estão fechadas vinte e quatro horas por dia, o espaço é muito limitado, convivendo a toda a hora e todo o momento uns com os outros, há sempre aquela fricção e então tenho sempre o cuidado de me afastar, de me fechar na minha cela, estou num lugar que é a biblioteca, que tenho que ter muita diplomacia para lidar com as pessoas porque aquilo funciona quase como um refúgio, eles vão ler os jornais, vão discutir alguns assuntos e para mim este ambiente... a conhecer mais o ser humano do que aquilo que eu conhecia porque, cheguei à conclusão que não há só rapazes bons, há rapazes maus também.

Tempo

Estou numa cela só... o que me custa mais é o tempo a passar, é a idade que já tenho...
Eu sou responsável pela biblioteca.
Eu... o que me custa mais é o tempo a passar, sem... sem eu estar a projectar nada do meu futuro, é um tempo morto, é um tempo em que eu tento... tento utilizar da melhor maneira para tirar alguns cursos, já tirei um curso de informática, já tirei um curso de teatro que foi ministrado aqui dentro, já tirei um curso de literatura aqui dentro,... mas isso são... são valores que modificam mas em... em futuro, em estabilidade futura não me garante nada, eu estou a ver o tempo a passar tenho cinquenta e cinco anos entrei com quarenta e seis para... para... ia fazer quarenta e sete... e quando sair eu pergunto o que será o meu futuro? A única coisa que me custa mais disto...

Saída precária

É uma aproximação à família muito grande... é nós sentirmos que estamos perto da liberdade, nós sentirmos que estamos ou que vamos começar a ser reintegrados na sociedade,... é o ensaio para quando nós sairmos em liberdade, eu quando fui a primeira vez de precária estava com um bocado de receio da...
Da maneira como ia ser aceite pelas pessoas da rua onde eu nasci, onde fui criado, das pessoas que sabiam que eu estava detido...
..., não tive uma única pessoa que me recriminasse, não tive uma única pessoa que até falasse da minha situação de preso... é como se eu tivesse voltado de uma viagem, que estava no estrangeiro emigrado...
Ah! Fiz imensos (pedidos de precária), *não tenho memorizado, mas fiz imensos, tenho impressão que fiz uns cinco ou seis.*
(Não foram logo concedidas porque...) Porque a minha pena era muito longa e... e havia realmente um risco de me darem a precária.

Eles disseram que era uma pena muito longa, eu já tinha feito o quarto da pena, a lei diz que ao quarto da pena eu posso obter essa benesse da precária, mas a minha pena era realmente muito longa e o Sr. Dr. Juiz achou por bem só me conceder já.
É lógico estava... estava... eu assim que saí aquele portão ali e entrei dentro do carro eu senti que estava em liberdade, senti que estava a viver... e aquilo que eu não estava a viver aqui dentro, aqui dentro estava estagnado, estava parado no tempo e assim que saí a porta comecei a viver.
Hum... reunir-me com a minha família, tenho mãe, já não tenho pai, mas tenho uma irmã, um sobrinho e tenho muitos amigos ainda bem que assim é porque realmente não me afectou nada, as minhas amizades... algumas que se afastaram mas essas não eram amigos, os amigos ficaram. Os amigos ficaram então eu fui muito bem recebido quando vou de precária, quando ia, era com eles que reunia.
... jantava com uns amigos, saía, ia assistir a algumas peças de teatro porque gosto de teatro, fui jantar fora... essencialmente jantar fora...
Eu não posso, eu não posso atribuir culpa a um determinado... motivo mas, há um motivo que foi realmente, foi realmente primordial para eu não voltar.
Não voltei porque... achava que estava cada vez mais perto da minha saída em liberdade, e que queria cumprir realmente a minha pena até ao fim e estava precisamente com vários objectivos que era passar para o RAVE e no RAVE eu já ia... porque o meu grande problema não é estar detido, é realmente a idade que eu já tenho e não saber o que vou fazer no dia em que saia daqui e eu quero precisamente, queria precisamente preparar o meu futuro, então as minhas saídas de precária davam-me esperança que eu obtivesse o RAVE mais à frente e portanto poder começar a organizar a minha vida.
... entretanto eu meti os papéis para o RAVE, tive a chance de um amigo meu que é presidente de um grupo empresarial que engloba quatro empresas me propor ele... ele... surgiu um projecto que era importar móveis da Indonésia e precisava de um indivíduo para organizar as vendas, criar uma equipa de vendas, essa equipa de vendas para trabalhar junto do mercado nacional, junto ao comércio e me propôs eu ir trabalhar com ele e eu disse é pá com uma carta dele, ele deu-me essa carta eu trouxe a carta e propus-me para o RAVE, a primeira vez negaram não entendi porquê, porque eu já tinha ido de precária várias vezes,

oito vezes, tinha aqui dentro um conceito muito bom junto da administração do estabelecimento da directora e assim como da chefia, colaborava com eles em tudo e negaram-me. É que nem chegou a ir à Direcção--Geral negaram e...

Ainda fui pedir precária outra vez com a esperança de uma segunda vez... voltou a segunda vez cortaram novamente...

Sabe foi achando que eu estava muito verde, estou preso há oito anos quase nove e acharam que eu ia... que eu estava muito verde para ir para o RAVE e nessa altura o meu amigo disse se eu não tenho nada ele não pode esperar por mim eternamente.

Não, não fugi, eu fui influenciado por amigos sabe isso... isso também contou essa parte, essa parte realmente do RAVE do estar dorido, magoado porque não me deram o RAVE e eu a ver o meu futuro a fugir, e fui influenciado por...

Aconteceu precisamente eu estou... eu aluguei uma casa na Ericeira, fui viver para a Ericeira e foi lá que eu fui recapturado.

Frustração. Sabia que isso ia acontecer mais tarde ou mais cedo eu sabia que isso ia acontecer, mas foi uma frustração.

Agravou de não poder ir a casa de precária tão depressa.

Frustrado, dorido comigo... comigo mesmo...

Eu acho que não porque realmente foi um disparate, eu hoje se ponderar as coisas com... a frio eu digo assim porque é que eu o fiz? Se eu sabia à partida que ia ser recapturado amanhã ou depois.

Uma frustração muito, muito grande... (...) uma frustração muito grande. Não fiquei dorido com ninguém, nem contra ninguém... (...)

Fiquei frustrado, só não senti assim nada de especial, fiquei arrependido evidentemente porque pensei "agora olha, dei uns passos para trás, estava-me a sentir perto da liberdade..."

Foi precisamente... eu tinha que me apresentar Domingo à noite e foi na noite de Sábado para Domingo... foi na noite de Sábado para Domingo que eu resolvi precisamente isso, ao conversar com uns amigos...

A conversar com uns amigos, um jantar, aquelas coisas que as pessoas dizem "é pá porque é que vai voltar" ah... não sei quê... e eu fui para casa pensei e no Domingo resolvi não voltar, foi só isso.

Não nesse Domingo mesmo, nesse Domingo mesmo aluguei a casa.

Neste estabelecimento hum... é um estabelecimento muito... aberto eu conheço é indivíduos que não deviam ter e têm, isso é que eu conheço...

Pelo comportamento deles, porque eu acho que o... a precária tem que ser um prémio para...

Para quem se porta bem, para quem... para quem não cria casos, para quem não... para quem colabora com o sistema, colabora entre aspas não é... e neste estabelecimento, o Director deste estabelecimento, principalmente o RAVI, não estou falando do Dr. Juiz, o Dr. Juiz é mais selectivo, é mais severo a dar a suas...

O Director é muito humano, talvez das pessoas mais humanas que eu aqui conheci e ele realmente é... dá uma abertura muito grande e isso muitas vezes é mal interpretado pelas pessoas.

Em casa da minha mãe, que é minha por herança...

Passeio, acompanho a minha mãe a vários locais onde ela quer ir por exemplo: ao cemitério à campa do meu pai, à campa da minha mulher, que eu sou viúvo...

Eu sou viúvo... vou às compras com a minha mãe porque ela... vou à missa, eu sou católico e a minha mãe também, vou à missa com ela porque eu só ia de mês e meio em mês e meio é que eu ia a casa, de dois em dois meses, três em três meses e então aproveitava precisamente esses pequenos tempos...

Para estar com ela, precisamente com ela que tem oitenta anos não é?..

... a precária é realmente... um duche de água fresca num dia de calor...

Comentário

Temos perante nós um caso curioso que, ao contrário do que se possa pensar, não é tão invulgar quanto isso.

As razões apontadas por H são essencialmente duas. Primeiro fala--nos da influência dos amigos e de como eles lhe sugeriram que não voltasse "é pá porque é que vai voltar". Aparentemente, foi nesse momento que começou a pensar nessa possibilidade.

Depois aponta, também, o facto de estar desiludido com o sistema por não lhe terem concedido o RAVE, que tanto ambicionava "dorido, magoado porque não me deram o RAVE e eu a ver o meu futuro a fugir".

A nossa análise, no entanto, faz-se ao contrário. H estava, desapontado, mas não se atreveu a pensar na fuga até alguém lha ter sugerido. Um amigo disse aquilo que ele, possivelmente, não conseguia dizer. Contudo, uma vez dito parecia mais fácil e até executável, ao ponto de ter providenciado o aluguer de casa no dia a seguir.

Agora, "a frio" refere o seu arrependimento e questiona a sua atitude. Conclui que foi uma decisão errada, mas atribui as culpas unicamente a si "Frustrado, dorido comigo... comigo mesmo..." "realmente foi um disparate".

A única questão que nos aflora é se H teria alguma vez tido coragem de tomar a decisão que tomou se não tivesse jantado com os seus pretensos amigos, na véspera do fim da saída precária!

Caso I (entrevista realizada em 16 de Maio de 2002, por Ana Miguel, psicóloga clínica)

Solteiro, 35 anos de idade, electricista de automóveis, com o 9.º ano de escolaridade, cumpria pena de 5 anos e 9 meses de prisão por crime de furto qualificado. Tinha pendentes processos por crimes de furto de uso de veículo e de evasão. Já havia beneficiado de uma saída precária prolongada com êxito.

O discurso de I é apresentado sem divisões, tal como foi produzido aquando da entrevista.

Soubera eu não quero falar mais sobre isso. Acho que já está mais que esclarecido. Não quero falar sobre o meu processo. Já falei. Já disse o que há para dizer. Não quero falar sobre isso. Pode fazer as perguntas que quiser mas nada sobre o meu processo.

Quando vou sair... Não sei soutoura. Não sei. A sério que não sei. Que quer que lhe diga? Não sei. O que é que eu posso dizer? Eu consigo-lhe dizer as coisas se me dissessem "você sai hoje, sai amanhã". Assim dizia-lhe já. Agora... posso-lhe estar a dizer uma ideia, depois ter outra, não sei. Sinceramente, não sei.

Contas? Soutoura, se for eu, saio já hoje. Se for a dizer, assim, saio já hoje. Mas é preciso é que me deixassem sair dali. Agora como não depende de mim, pronto, não lhe posso dizer nada, soutoura. O que quer que lhe diga? Há muita coisa que não depende de mim. Esta é uma delas. Infelizmente esta é uma delas!

Aqui na prisa... Custa é o seguinte: porque eu. Isto é assim, eu quando vim preso tinha uma família. Estava a viver com uma mulher, com a filha dela e isso, pronto, ao fim de 8 meses, 9 meses, as coisas tiveram que... aconteceu muita coisa. Ela tinha a vida dela, a filha dela. E pronto, ela fez a vida dela e separámo-nos.

E eu sempre fui uma pessoa... eu tenho um filho com 16 anos, já. Fui pai aos 18 e pronto, a minha vida não tem corrido bem. As coisas... tenho tido uns problemas, meus mesmo. Sei lá se foram causados por mim. Acho que não, que eu não os provoquei, mas sei lá, alguns também, sei lá, destino... está a perceber? Estas coisas, não sei. Destino, se calhar. É mesmo assim, não sei. Eu tive, pronto, tive a minha infância. Tive as minhas cenas, não sei quê. E eu separei-me da mãe do meu puto muito cedo. Separámo-nos para aí, tinha ele 3 anos. E eu vejo hoje o meu puto. Gostava de estar mais tempo com ele. Sei lá, curtir. Estar mais tempo com ele, está a ver? E é isso. O meu objectivo, sinceramente, é esse, porque é, poder reconstruir a minha vida toda de novo. Porque a minha vida ficou de cabeça para baixo. Ela já não estava nada boa e agora é que está mesmo para baixo. E a minha vida no fundo é assim. Minha ideia, se um dia puder... eu acho que... ainda agora as coisas parece que tão todas do avesso, está a ver? É só problemas. Não sei. Por vezes luto, luto e depois chego a um ponto que acho que não vale a pena continuar a lutar porque... não é?

Pronto, há muita coisa que custa. Privado da liberdade. Dou muito valor a chegar ali, pegar no meu carrinho e dar uma volta. Eu adoro conduzir, é uma coisa que eu tenho mesmo paixão. Desde miúdo. Comecei a conduzir com 10, 12 anos, sei lá. Mal chegava aos pedais já me metia ao volante e começava a conduzir. Pronto eu adoro conduzir. Depois é aquela situação soutoura, eu sempre gostei de... construir uma família é uma das coisas que eu gostava mais e pronto, isso é aquelas coisas. Eu, por acaso já tenho 35, não sou nenhum puto. Depois há 3 anos... pronto tive a minha vida... pronto tive um acidente grave há uns anos atrás, de carro. O de mota foi grave, mas só fui eu, não tive problema nenhum. Mas, de carro tive um problema grave que afectou outra pessoa. Essa pessoa, por acaso... pronto é uma das pessoas que eu curti mais. Pronto, que mais me ficou cá dentro, que mais me marcou, que foi a mãe do meu filho. E então, a partir daí comecei a ter uma vida... o meu relacionamento era com amigas. Pronto, hoje estou com uma amiga, está a ver, depois... nunca levei as coisas assim a sério. Pronto, antes disso estava de facto junto. Mas depois separámo-nos e pronto!

Mas já entrei naquela fase em que quero é chegar a casa, do trabalho, estar a ver a minha "Maria", ver o meu puto, curtir o meu puto, curtir a minha "Maria", está a ver?

E pronto, a minha onda toda é essa. Depois tenho uma cena. Eu curto muito o surf e depois tenho aquelas cena que é assim, eu curtia ver o meu puto pequenininho numa prancha de surf. A habituá-lo, prontos, mais ... sempre curti essas cenas. Às vezes estou deitado e ponho-me a sonhar com essas cenas. O meu puto a curtir uma prancha de surf, ou outra cena qualquer. Pronto, eu curto, assim, essas cenas, está a ver soutoura? Pronto. dou valor a isso. Eu acho... isto é assim soutoura, eu acho que isto para si em termos psicológicos também é capaz de ser vantajoso. Eu fui toxicodependente e larguei a droga. É uma coisa que eu notei em mim, não sei se isto se passa com as outras pessoas, comecei a dar mais valor à vida.

Eu, por exemplo, era miúdo, 18, 19 anos, já tinha carta. O carro, andava a 200... o que o carro desse, nas minhas mãos tinha que dar. Nas curvas tudo no limite. O que ele desse tinha que dar. E eu hoje noto que dou muito mais valor. Por exemplo, vou por uma estrada, começo a notar o cheiro das árvores, a curtir a condução. Vou conduzir descontraído. Dou valor a essas coisas todas. Se calhar quando era puto não dava.

Não sei se será isso. Não sei se posso explicar porque posso estar a induzi-la em erro e então não vou fazer. Mas o que é facto é que é o que se passa comigo. Eu dou muita importância às coisas do que se calhar dava há uns nos atrás. E pronto, o que me levou isto, se calhar foi o meu passado, o problema que tive com o carro. Com uma pessoa de quem gostava. Marcou-me, e ainda hoje marca, mas não ligo, pronto é uma marca que tenho.

Precária, pronto... uma precária é uma precária. É uma saída para a liberdade. Eu gostei. Vou já dizer, eu gostei.

Pronto, saí pelo Natal, tive com família, com o puto, volto.

À segunda cometi... uma cena que acho que não fiz bem, foi ter voltado. Mas também sou sincero. Se calhar já tinha arranjado uma solução, já estava a trabalhar. Mais tarde ou mais cedo se calhar ia conseguir aquilo que eu queria. Infelizmente, pronto, não aconteceu.

Estou a falar sinceramente. Senão vinha para aqui bater-lhe um coiro e esqueci e não sei o quê. Não, eu sou sincero. Sinceramente eu estou arrependido de estar de cana. É a coisa que mais detesto... eu, não pelos anos que cá estou... eu acho que ninguém gosta de estar privado de liberdade e eu sou uma dessas pessoas.

Ainda mais sendo um amante de desportos de ar livre... prontos, sou. Asas delta e coisa assim, não. Mas, gostava de andar de avião, gostava de... de aprender, não sei, mas de andar, gostava. Digo-lhe sinceramente, curto windsurf e carros... mas derivado à experiência que tive, isto não sei se um dia posso passar esta mensagem para os jovens, mas pelo menos dou este conselho: o perigo está sempre à espreita e se querem dar cabo dos carros há sítios para o fazerem. Isso era o conselho que eu dava, principalmente para os jovens.

Eu, por acaso, escolhia sítios porreiros, na altura. Como não tinha muito dinheiro para os pneus ia para a gravilha, para não estragar o pneu, punha o carro a andar de lado. Depois estragava a embraiagem e a caixa. Mas, pronto, poupava os pneus, já poupava qualquer coisa. E então eu sempre... eu é assim, eu sei o que é que eu vi. Vi o meu puto com 16 anos já andava a desafiar para o picanço. Eu vi a minha namorada 5 minutos antes do acidente e 5 minutos depois do acidente. Porque isso é que eu se calhar falo assim. Depois do acidente eu queria puxar a fita atrás mas ela já não voltou. Já tinha sucedido e não há como mudar. Por isso é que eu penso assim.

Fiz pedidos de precária.. Para aí umas 3 ou 4. Sempre negados.

Olhe, as explicações que me deram a mim é que negavam porque eu tive um problemazito. Uma desculpa que me deram é que só me davam precárias ao meio da pena, no mínimo. Não sei como é que tá a minha situação, nem sei qual é a minha pena actual, para lhe ser sincero. Não sei se falta um dia, um mês, ou um ano.

Já pedi para me informar e como tal a situação é essa.

Mas a lei são ¼ da pena. Mas, pronto, passamos à frente!

Comigo as coisas são "bué da" complicadas. Eu notei isso. Eu para lhe ser sincero, eu notei isso. Mas em Espanha eu notei isso. Eu, é do tipo quero qualquer coisa tenho de esperar uma hora e meia e se esperar uma hora e meia tenho que esperar duas horas e pronto, nunca consigo atingir o objectivo e então desisto. Por isso acho que não sou a pessoa indicada.

Senti-me em liberdade. E a liberdade sabe bem. Acho que ninguém gosta de ser privado disso. Se há coisas que o dinheiro não paga é a liberdade. Eu acho que é assim. Eu, pelo menos é assim que eu penso. Ninguém paga a liberdade. E eu sou apologista de que liberdade não tem preço.

Não voltar... Eu não vou responder à pergunta. Por uma simples razão, eu não gosto de mentir, por isso não vou responder.

Como já lhe disse sou uma pessoa que já lutei muito. Eu luto para não ter essa vida. Em tribunais. E o que é que acontece: eu fui para Espanha, se calhar podia ter optado por ficar em Portugal, não sei, mas fui para Espanha.

Porque é seguir a Portugal. E é assim, eu tive... eu procurei emprego em Espanha, procurei trabalho, mas as coisas parece que não estavam bem e então o que é que acontece? Eu fui à procura de uma vida melhor. Eu quando saí de Portugal, ia com uma intenção de ficar num sítio onde me dessem melhores condições de vida, que eu achasse. Tive em Madrid e em Sevilha. Gostava de qualquer uma das cidades, mas Sevilha por acaso, gostei. Madrid, houve lá um problema. Mas qualquer das cidades eu gostei. Qualquer um dos sítios onde tive gostei.

Mas eu sou uma pessoa, que desde pequeno, sempre tive um sonho. É ir para outro continente. Não me leve mal, não sei se é dos filmes que eu vi, se é da roupa que me compravam...

Ora bem. E eu até lhe posso dizer os filmes que gostei, se calhar já não é do seu tempo, "Oficial e Cavalheiro"; "Top Gun"; "Motas da Morte"; "Mad Max" onde ele está com a mulher e o filho naquela paisagem, nas dunas ao pé do mar, não sei se chegou a ver esse filme... pronto são filmes que me tocaram. E... não quer dizer que eu fosse para lá viver um filme mas é a terra.

Sinto muita coisa cá dentro. Isto é assim, gostava de conhecer o mundo. Isto é mesmo assim, mas sonhar, tenho um sonho que era viver na América. Gostava de estar em toda a parte mas viver, gostava de viver lá, está a ver? Eu não tenho nada contra a meu país, não tenho nada contra Portugal. E aliás, até posso ter, mas isso agora nem se vai falar sobre isso. Eu não estou a dizer que Portugal não presta. O que eu estou a dizer é que gostava. E se um dia tivesse essa oportunidade, pode estar descansada, que era essa a opção que eu ia tomar. Para já sinto-me uma pessoa que quer alguns desafios, não sei. Eu sempre optei por enfim, sou do tempo em que... a minha juventude era aquela, enfim. Sabe como é que é surf de manhã, à tarde discotecas, roupas à cowboy, aquelas coisas todas é fascinante. Automaticamente sempre gostei disso. Grandes estradas, grandes lombas, um homem chega ali e mete uma velocidade, pronto está a ver a ideia. E depois é, há uma coisa que eu acho... eu gosto de saber como é que nada o mundo e se o país é assim ou assado. Mesmo a nível económico, gosto de saber. Saber não ocupa lugar.

E os americanos... aquilo que eu lia sobre os americanos é que verdade o americano tem sempre um sonho, que é o sonho de ter um rancho, ter cavalos, daquelas cena. E eu sempre curti. Acho giro, por exemplo, um rancho, imagine, há coisa melhor que ter um rancho estar ali com a mulher, o filho, está a lareira acesa, está tudo numa boa. O puto quer ir lá para fora vai, se quiser pega num cavalo, pega numa égua, vai curtir à maneira dele... isso para mim tem valor, acho que pronto.

A América para mim... mas se você dissesse "Inglaterra é fixe, Paris é fixe é a cidade mais romântica, também gostava de conhecer. Gostava de ir à Alemanha, ainda em Espanha tive com um casal alemão que foi impecável comigo, pronto. Agora o meu sonho de criança... eu se pudesse soutoura era tipo, tem um apartamento em Manhatan e tem um rancho fixe.

É um sonho... Fui à procura dele. Olhe...

Fora daqui... Só em Madrid tive 3 semanas. Depois tive em Sevilha. Eu em Sevilha gostei imenso. Qualquer um dos sítios onde estive não tenho nada contra. Pronto, passei algumas dificuldades mas se calhar podia ter optado de outra maneira. Se calhar podia ter mais coisas do que aqui tenho.

Apanhado... Foi cá em Portugal, fui parvo e voltei para Portugal. Estou, muito arrependido. Voltei porque o meu pai foi lá e não sei quê e voltei. E depois bati numa porta que era a porta que eu gostava que tivesse aberta para mim. Bati e alguém ma fechou, a Embaixada Americana. Tentei telefonar daqui para lá também não deu.

Depois a prisão... Pensei que tivesse as coisas minimamente aceitáveis para eu tentar pensar um pouco. Mas não dá.

Aqui mexem com as pessoa que eu gosto...

Estou de cana, foi o que pensei. Isto não vai ser fácil mas paciência, o que é que eu posso fazer?

Olhe eu se calhar na altura própria para falar nisso. Eu estou a deixar... sou uma pessoa que gosto de dar passos com certeza. Não estou na altura própria para falar nisso. Não é um assunto que vou poder continuar.

A primeira coisa foi telefonar ao meu filho. Ainda me lembro, combinei com o meu filho ir almoçar. Depois apareceu o meu pai. O meu pai levou-me para almoçar, o meu filho não quis ir almoçar com a gente, fui almoçar com o meu pai.

Fiquei até à Páscoa.

Eu sei, aliás eu não sei nada. Não sei nada. Quando saí, precisava de arranjar uma vida estável para mim, precisava de uma vida estável. Preciso de organizar a minha vida. Preciso de re-organizar a minha vida. Mas com coisas concretas, sabe? Sem que ninguém sai prejudicado. E o que acontece? Eu quando saí de Portugal fui à procura disso. Tanto que eu acho que tive em Espanha e acho que ninguém pode dizer nada de mim. Pelo contrário, penso eu. E então tive em Madrid, se não corresse bem ia para Barcelona, se não corresse bem ia para Paris, e assim andava. Ou achava a porta da América ou então deixava-me andar assim. Prontos, eu às vezes posso ser acusado de falar muito disto, mas é um sonho e ninguém me pode tirar.

Os outros... eu não gosto muito de opinar sobre os outros, mas eu acho que há aqui boa gente. Há aqui gente que é possível ter uma vida normal lá fora. Agora não vou opinar sobre o assunto. Eu penso que sim, mas a minha opinião...

Ver o meu filho e o meu pai, basicamente. Estar em casa. E estar em Espanha, eu gostei. Mas volto a dizer o meu sonho está nos Estados Unidos. Gostava de conhecer outros países, mas para viver...

Mudado... Acho que a prisão tem-me mudado. Em quase tudo. Quase tudo. Se calhar há certos caminhos que não tem a ver com os meus princípios e eu não tomo. Mas há quem tome.

É aquilo que eu lhe digo, eu tive problemas com as drogas. Antes de ter problemas com as drogas eu já a minha vida e com a droga... e os problemas... será que sou a pessoa ideal para falar?

Do meu ponto de vista... Eu acho que é capaz de dar muito mais valor à liberdade, àquilo que interessa. Ser. Eu não sei, não sou a pessoa mais indicada. Sem dúvida. E a coisa que mais me custa cá é bicha. É ser trancado estou farto disso. O que é que acontece, não sei... aquilo que lhe digo que se tiver possibilidade de me livrar disto, livro, se tiver possibilidade de ir para a América...

O que é que eu posso fazer? Fugir não consigo. Eu sei isso.

Em relação a precárias? O que é que eu posso dizer? Quem me dera a mim ter mais precárias! É a liberdade. Desde que seja livre. Provavelmente é o significado de precária! Quem me dera a mim ir para a liberdade. Se fosse de precária ia tentar aproveitar ao máximo, sou sincero. Como se fosse a liberdade. O tempo passa e eu não consigo agarrar o tempo atrás.

A ideia é essa. Tentar aproveitar. O que já perdi paciência, ninguém me pode dar.

Comentário

A permanência, contra vontade, por longos períodos de tempo, em instituições fechadas, pode dar lugar a diversas reacções psicopatológicas. Quando se trata de instituições penais, as reacções psicopatológicas derivadas do encarceramento são apelidadas, na respectiva literatura científica, de síndromas reactivos à encarceração. Na psiquiatria forense utiliza-se o termo «psicoses carcerárias».

Dos vários síndromas possíveis, a doença da Montanha Mágica, descrito sob o aspecto literário por Thomas Mann, é aquele em que o indivíduo dedica todo o seu tempo a construir a possibilidade de um mundo novo, fantástico e gratificante, apartando-se cada vez mais da realidade. O aspecto criativo e fantasioso do sujeito vai projectá-lo e identificá-lo com um mundo diverso do real, é um "salto em frente", muitas vezes num mundo criminal, numa contracultura de «impregnação criminal» (Ellenberger, 1979; Sanna, 1990).

No caso de I, o sonho, a ilusão de uma realidade é motivo bastante para determinar a sua conduta. Recusa-se a encarar a realidade prisional – "Não quero falar sobre isso." –, a sua vida familiar está "do avesso" embora reconheça "nunca levei as coisas assim a sério" mas, em contrapartida, "Às vezes estou deitado e ponho-me a sonhar (...)" e, desta feita, constrói um mundo ideal, visualiza uma realidade a partir dos filmes, dos sonhos. A fuga do quotidiano, da realidade, passa por romper com tudo o que o rodeia, desde logo sair do país e ir para o estrangeiro, depois um novo dia-a-dia "... surf de manhã, à tarde discotecas, roupas à cowboy, aquelas coisas todas é fascinante."

Mesmo depois de lhe ser fechada a "porta da América", o discurso de I sobre o seu futuro é guiado pela fuga para o sonho: "Preciso de organizar a minha vida. Preciso de re-organizar a minha vida. Mas com coisas concretas, sabe? Sem que ninguém saia prejudicado. E o que acontece? Eu quando saí de Portugal fui à procura disso. Tanto que eu acho que tive em Espanha e acho que ninguém pode dizer nada de mim. Pelo contrário, penso eu. E então tive em Madrid, se não corresse bem ia para Barcelona, se não corresse bem ia para Paris, e assim andava. Ou achava a porta da América ou então deixava-me andar assim. Prontos, eu às vezes posso ser acusado de falar muito disto, mas é um sonho e ninguém me pode tirar."

É interessante verificar que I nem sequer contabilizou o tempo em que esteve ausente, mesmo depois de ser recapturado. A fuga à realidade a repercutir-se na falta de noção do tempo...

Faz parte do ser humano esperar um futuro melhor, antever uma possível realidade de forma gratificante, sonhar... Mas se o poeta nos diz que o sonho comanda a vida, esta ensina que não é só aquele que determina a acção, sob pena de tornar a vida um pesadelo. O apelo ao concreto, à realidade será, assim, um elemento omnipresente no trabalho prisional, por muito doloroso que seja para o recluso e quem com ele trabalhe.

Neste caso parece não ter havido o cuidado de conhecer devidamente o recluso, os serviços prisionais e as demais entidades que lidam com o recluso não se aperceberam da Montanha Mágica...

A saída precária prolongada é uma providência que apenas deve ser concedida se favorecer a reintegração na sociedade, na realidade social. Teria sido importante conhecer a "realidade" deste recluso antes da concessão do benefício...

Considerações finais

Na amostra da investigação matriz (Rocha, 2004) foram entrevistados 89 reclusos que voluntariamente regressaram ao estabelecimento prisional no termo final da saída precária e apenas 13 entrevistados que não o fizeram, vindo estes a ser recapturados.

Como referem Rocha & Oliveira (2004) num estudo estatístico sobre as aludidas entrevistas, uma comparação entre as características de ambos os grupos deve ser lida à luz dessa disparidade numérica. Não obstante, cientes de que «As diferenças entre as proporções observadas nas duas situações só podem ser consideradas caso tenham a magnitude suficiente para sugerirem a existência de uma diferença efectiva na realidade e não resultarem de diferenças causais, que se encontrem sobreavaliadas devido à diminuta dimensão da amostra de casos de insucesso» (Rocha & Oliveira, 2004), registam algumas diferenças interessantes.

Assim, diz-se, o crime de tráfico de estupefacientes está mais ligado ao sucesso nas saídas precárias do que outro tipo de crimes, daí concluir-se que parece haver menor risco de insucesso quando a saída precária é concedida a recluso condenado por crime de tráfico de estupefacientes do que a reclusos condenados por outro tipo de crimes.

Um outro aspecto, menos surpreendente que o precedente, refere-se à expectativa do recluso em relação à sua saída antecipada por concessão de liberdade condicional. O recluso de insucesso tem menor expectativa em beneficiar de liberdade condicional.

Para além do tratamento estatístico ter evidenciado as sobreditas diferenças, existe um outro aspecto digno de menção e que se prende com o tempo de ausência nos casos de insucesso. Como refere aquele estudo, na totalidade da amostra existem 15 casos de insucesso embora dois deles se reportem a insucessos pretéritos a saídas precárias com sucesso e, portanto, foram contabilizados como sucessos. Feito este reparo, o tempo de ausência ilegítima variou entre o mínimo de 1 dia e o máximo de 2 anos e 7 meses. Esta disparidade de tempo de ausência ilegítima não pode deixar de ser considerada na análise do discurso dos reclusos.

Passando a uma abordagem mais próxima, com base nos 9 casos seleccionados entre os 13 de insucesso, esta evidenciou uma multiplicidade de aspectos, dentro dos quais cumpre destacar, de forma sucinta, alguns.

Uma primeira faceta prende-se com a diversidade de motivos fornecidos pelos reclusos para fundamentar a razão de não terem voltado. A doença do próprio ou de familiares, a saturação do emprisionamento ou a revolta em relação à reclusão, o mero atraso ou o incumprimento motivado pelo abuso de bebidas alcoólicas, o desejar um futuro diferente independentemente das consequências ou o querer prosseguir um sonho, são motivos verbalizados para não voltar, incumprindo o dever de cidadão recluso a quem foi concedida a saída precária.

Questão incontornável neste tema é a de saber até que ponto a decisão de não voltar é reflectida. Aqui os discursos não são claros, torna-se necessário interpretá-los fazendo assim emergir uma disparidade de realidades. Dentro destas realidades, surge como prevalecente a decisão de não voltar deliberada mas não reflectiva ou ponderada e, menos, antecipada. Pelo que será pertinente no contexto prisional a melhor informação dos reclusos em relação às consequências negativas dos seus actos e, sobretudo, como se referiu anteriormente, trabalhar em contexto prisional o processo de decisão.

Até que ponto será o incumprimento previsível pelo sistema e, sobretudo pelo decisor da concessão da saída precária?

Os casos analisados oscilaram entre a forte possibilidade de previsão do insucesso e a imprevisibilidade do mesmo. Se a imprevisibilidade no que tem de inesperado, foge à presciência, ao controlo, todos os outros casos podem ser antecipados, corrigidos e, assim, o sistema diminuiria os insucessos.

De qualquer forma, o melhor conhecimento do recluso, a necessidade de mais informação sobre este e a mais-valia de um acompanhamento de cariz psicológico parecem ser uma constante que beneficiaria o sistema prisional, o sistema judicial, o recluso e, por via deste, a sua família. No limite beneficiaria a sociedade, reduzindo os casos de insucesso e, porventura, potenciaria os casos de sucesso, indicadores de uma reinserção social com êxito.

No termo final do percurso do presente estudo fica a necessidade de aprofundar as hipóteses que nos foram surgindo, questionar algumas ilações que nos pareceram resultar de forma minimamente consistente do material disponível e, sobretudo, a convicção de que importa dar continuidade à investigação neste âmbito do penitenciário. Renovar, aprofundar o estudo parece uma natural necessidade, não fosse este domínio sujeito a uma renovada mutação como tudo de cariz eminentemente humano.

Bibliografia

ADAIR, J. (1992). *A Eficácia na Tomada de Decisão*. Lisboa: Publicações Europa-América

DECOUFLÉ, A. (1997). *A Prospectiva*. Lisboa: Livraria Bertrand.

ELLENBERGER, H. (1979). *Cours de Psychiatrie*. Montréal: Ecole de Criminologie.

GAYANT, J.-P. (2001). *Risque et décision*. Paris: Vuibert.

GODET, M. (1993). *Manual de Prospectiva Estratégica*. Lisboa: Publicações D. Quixote.

KAST, R. (2002).*La théorie de la décision*. Paris: Éditions La Découverte & Syros.

MOREIRA, J. (2001).«Estatísticas Prisionais 2000». *Temas Penitenciários*, II, 6 & 7, 85-104.

ROCHA, J. (1994). *Ir de precária – Estudo sobre a decisão de voltar à prisão*. Lisboa: DGSP.

ROCHA, J., CALDEIRA, B., MIGUEL, A. & TAVARES, P. (2004). «Motivação para o regresso». In J. Rocha (coord.), *Entre a Liberdade e a Reclusão – Estudos Penitenciários*, vol. I, Coimbra: Almedina.

ROCHA, J. & OLIVEIRA, I. (2004). «Reclusões, números e interrogações». In J. Rocha (coord.), *Entre a Liberdade e a Reclusão – Estudos Penitenciários*, vol. I, Coimbra: Almedina.

RAIFFA, R. (1973). *Analyse de la décision*. Paris: Dunod.

SANNA, M. (1990). «Sindromi Reattive alla Carcerazione». In F. Ferracuti, *Trattato di Criminologia, Medicina Criminologica e Psichiatria Forense*, 12, Milano: Giuffré editore.

SFEZ, L. (1992). *Critique de la décision*. Paris: Presses de la Fondation Nationale des Sciences Politiques.

_____ (1994). *La Décision*. Paris: PUF.

DETERMINANTE REDE SOCIAL

João Luís de Moraes Rocha
Juiz Desembargador

Sofia Alexandra Morais Silvério
Psicóloga Clínica

Introdução

Inserido em volume sobre direito penitenciário, o presente estudo impõe uma explicitação prévia, desde logo com o seu título.

Com efeito, o direito não utiliza no seu discurso o conceito "rede social".

Cumpre esclarecer o que se entende por "determinante rede social", enquadrando o conceito na perspectiva do direito penal e, em especial, no domínio penitenciário. Feito esse esclarecimento e enquadramento, posiciona-se a pertinência do estudo da rede social nos objectivos da pena. Este o desiderato da introdução.

Segue-se o "estudo empírico" que insere a metodologia e a apresentação e análise de dados.

No "resultado e discussão" procede-se à análise detalhada das cinco categorias: família, amigos, trabalho, vizinhos e instituições. Essa análise supõe o esclarecimento prévio da compreensão e dos limites de cada uma das categorias e a sua operacionalidade face às narrativas objecto de estudo.

Por fim, a discussão e a conclusão, seguida da bibliografia citada.

Enquadramento teórico

1. *Função da pena*

É possível equacionar de diversas formas as funções ou fins da pena. De um ponto de vista ontológico a pena surge como uma sanção absoluta, na expressão de Kant (1984) ela existe por si e em si. Resulta como sendo equivalência obrigatória e absoluta, ou se preferível, consequência da infracção e por aí se esgota a finalidade da pena. O vínculo natural e indissociável e a correspondência entre o crime e a pena, são alheios a qualquer tipo de finalidade ou funcionalidade que lhes seja exterior.

No extremo dessa concepção absoluta está a pena ao serviço de uma política criminal, definida pelo legislador e concretizada pelos aparelhos policial e judicial.

Dentro desta acepção relativa da função da pena, colocam-se as denominadas funções clássicas da pena, divididas em duas perspectivas distintas, nomeadamente as que visam influenciar ou moldar o corpo social e as que têm por objecto modificar a personalidade do delinquente.

As prioridades ao nível das funções sociais são a neutralização do sujeito, em nome da segurança e da ordem pública da sociedade; a intimidação abstracta ou prevenção geral, que os anglo-saxões denominam de *deterrence*, que aposta no efeito dissuasivo da pena sobre os membros da sociedade e em particular sobre os delinquentes potenciais; e o restabelecimento do equilíbrio social, na medida em que a infracção dá origem a uma rotura na ordem social a qual exige ser restabelecida.

No que concerne às funções individuais, estas visam a intimidação concreta, advindo o efeito dissuasivo da concretização da pena sobre o sujeito; a reeducação, que pode ter um enfoque moral ou ideológico e a medida de defesa social, seja como reinserção, tratamento ou reeducação.

Especificamente sobre a reeducação, nas suas formas mais recentes, nomeadamente a reclassificação social, que além de castigar o delinquente, o ajuda a tomar o seu lugar na sociedade (Pansier, 1994); a readaptação social, que visa formar o condenado para que este se adapte à sociedade (é o condenado que se adapta); a reinserção, que consiste em assegurar um local ao condenado na sociedade (neste caso é a sociedade que se adapta); a resocialização, onde existe um trabalho de remodelação do indivíduo asocial (Merle, 1985); a repersonalização, que implica uma remodelagem ideológica (Ancel, 1981); e a reconciliação do delinquente com a sociedade e da sociedade com o delinquente (Ancel, 1981, 1989).

De todas estas perspectivas, são as melhor aceites na actual sociedade democrática, a resocialização e a reinserção, porquanto respeitam a personalidade do delinquente e, a última, lhe assegura um lugar na sociedade. Ambas pressupõem algum esforço do delinquente. Não basta a mera motivação para se integrar na vida colectiva, nem a mudança ditada pela força ou endoutrinamento, mas liberdade para se assumir socialmente compatível.

2. Perspectiva legal nacional

No que concerne a Portugal, embora não tenha havido o propósito de solucionar por via legislativa a questão dogmática do fim das penas e das reacções criminais, o Código Penal em vigor, no seu artigo 40.º, n.º 1, dispõe:

«A aplicação de penas e medidas de segurança visa a protecção de bens jurídicos e a reintegração do agente na sociedade».

E, neste mesmo diploma substantivo, agora sobre a execução da pena de prisão, consigna-se (artigo 43.º, n.º 1):

«A execução da pena de prisão, servindo a defesa da sociedade e prevenindo a prática de crimes, deve orientar-se no sentido da reintegração social do recluso, preparando-o para conduzir a sua vida de modo socialmente responsável, sem cometer crimes.»

Destes preceitos resulta que a execução das penas está subordinada a duas finalidades principais: a protecção de bens jurídicos e a reintegração do agente na sociedade.

A socialização pretendida não obedece a um modelo ou ideologia terapêutica, antes constitui a oferta ao arguido do «máximo de condições favoráveis ao prosseguimento de uma vida sem praticar crimes, ao seu ingresso numa vida fiel ou conformada com o dever-ser jurídico-penal – visando a prevenção da reincidência através da colaboração voluntária e activa daquele» (Dias, 1983). É denominada inserção social na perspectiva da prevenção especial positiva ou de socialização (Dias, 2001).

O campo da prevenção não se delimita ao indíviduo, alargando-se ao tecido comunitário (Dufour-Gompers, 1992). Com efeito, a Escola de Chicago, já nos anos 20/30 proclamou a importante ligação entre a comunidade e o crime. Desde então a ideia de que a comunidade tem um papel de influência na prevenção da criminalidade é uma constante, sofrendo diversos enfoques de acordo com as doutrinas e as práticas criminológicas (Hughes, 2001).

Retomando a ideia de função social do direito penal, esta é, com efeito, um corolário do Estado de Direito, tendo como concretização última a reintegração social dos delinquentes.

Entre nós a ideia da reintegração social dos delinquentes sofreu uma evolução, ao nível dos textos legislativos, mas também ao nível das práticas instituídas. Esta evolução manifestou-se desde alterações no trabalho prisional, na intervenção preconizada por instituições privadas e públicas de assistência social e no acompanhamento individualizado do delinquente, até à criação do Instituto de Reinserção Social.

Embora esteja delineada essa evolução (Figueiredo, 1983; Lopes, 1993), é praticamente inexistente a avaliação dessa intervenção – avaliar no sentido de conhecer, estudar e ponderar resultados –, que seria do máximo interesse da sociedade e do delinquente, sendo por isso também quase inexistentes dados que reflictam o (in)sucesso da reinserção e que validem o trabalho das instituições intervenientes.

O trabalho de reintegração do indivíduo na sociedade supõe, desde logo, a activação de uma rede social equilibrada na qual este se insira.

Ao sair de precária, esse primeiro e breve contacto com a sociedade após um período de reclusão, o indivíduo poderá ser confrontado com um apoio social mais ou menos estruturado, com a ausência de qualquer tipo de apoio social ou com a subcultura criminal de que porventura foi apartado quando o ingresso na prisão.

De alguma forma, a saída aquando a precária constitui um indicador do futuro (in)êxito na fase ulterior da libertação condicional ou definitiva, ao nível da reinserção do recluso na sociedade. Assim, é possível estudar e ponderar resultados, que permitem a validação ou reformulação do plano de intervenção delineado, aumentando a probabilidade de sucesso da reinserção na fase ulterior de libertação

No presente estudo, de uma forma exploratória pretende saber-se que tipo de rede social encontraram os reclusos ao beneficiar de precária. Conhecer até que ponto a institucionalização pôde romper, comprometer ou, pelo contrário, reactivar ou promover os laços sociais, indagar a força e persistência dos vínculos sociais e a sua importância para o percurso de vida do recluso. Cabem agora algumas linhas sobre rede social, conceito-chave deste estudo.

3. *Rede social*

A não ser em casos muito particulares que constituem verdadeiras excepções, ninguém está sozinho.

O indivíduo desde que nasce, pertence a um contexto relacional e, portanto, a uma determinada rede social. Ele constitui o centro da própria rede, à volta do qual se distribuem aqueles com quem estabelece relações significativas, desde familiares, vizinhos, amigos, simples conhecidos de ocasião, colegas de trabalho, a membros das organizações das quais participa (políticas, religiosas, sociais, culturais, etc.). A rede social corresponde assim à soma das relações e vínculos interpessoais do indivíduo com os outros, num dado momento da sua existência.

Mas tal como o próprio indivíduo, também a rede social está em constante evolução. Começa por ser meramente virtual durante os primeiros meses de vida e só durante a infância, com a incorporação dos amigos da escola, da rua, dos colegas e das actividades extra-escolares, se começa a expandir. Este processo de expansão prossegue até à fase da adolescência, momento em que há uma maior selectividade dos elementos que pertencem à rede (principalmente ao nível dos amigos), mas também um fortalecer dos laços, o que conduz a uma estabilização da rede social.

Com o início da fase adulta e o alargamento da rede social às relações de trabalho, dá-se novo período de expansão, que culmina numa nova estabilização após o casamento e constituição de família. Este período de estabilização mantém-se até à velhice, momento em que se verifica um abrandamento ou extinção da rede social, em parte devido à falta de energia para manter activos os vínculos e à doença ou morte de alguns dos seus membros.

São vários os estudos que indiciam uma relação directa entre a rede social e a saúde do indivíduo. O exemplo de um estudo que demonstra esta relação é o de Durkheim (1897), sobre o suicídio. Neste estudo, Durkheim defendeu haver uma maior probabilidade de suicídio em indivíduos mais isolados socialmente do que naqueles que possuem uma rede social ampla, acessível e integrada.

Uma possível explicação consta de um outro estudo (Sluzki, 1996), onde o autor concluiu que uma rede social estável e activa promove a saúde e bem estar do indivíduo, ao actuar como agente de alerta e apoio e ao contribuir para um estilo de vida saudável, ambos factores protectores contra doenças graves. Ainda de acordo com Sluzki (1996), a doença afecta a rede social, uma vez que diminui a mobilidade, a iniciativa para activar contactos e a motivação para participar ou promover encontros sociais. Ora, tal poderá diminuir a frequência e qualidade das relações com os elementos da rede, diminuindo assim a probabilidade de obtenção de gratificação social (*feedback*) perante as acções do indivíduo. A inexistência deste *feedback*, pode levar à "desesperança aprendida" (Seligman, 1975) e à interiorização da crença de que, por mais que o indivíduo faça, as suas acções não nutrem qualquer efeito. Este factor é uma das causas do isolamento e consequentemente o aumento do risco de suicídio.

Em síntese, poderá afirmar-se que a rede social é, ao mesmo tempo, o sustentáculo vital comunitário e a matriz social de cada indivíduo (Speck & Attneave, 1972). Possibilita cuidados de saúde, alimentação, e higiene, dá sustento emotivo, ajuda material ou de serviços e informações, ao mesmo tempo que satisfaz as necessidades de segurança, estima e afecto (Harlow, 1974). É uma das chaves para a socialização, identidade (hábitos, costumes, crenças e valores), bem-estar, aquisição e treino de competências, bem como para a capacidade de adaptação às mudanças.

No entanto, a análise da rede social não é linear. Ao analisar a rede social de um indivíduo, deve ser tomado em linha de conta uma multiplicidade de vectores e variáveis.

Em primeiro lugar, há que conhecer os membros da rede e saber em que categoria se incluem. Só assim será possível analisar a dimensão da rede, a sua saturação por categorias e a proximidade afectiva, ou grau de intimidade, dos membros ao núcleo, ou seja, ao indivíduo. Após esta análise mais geral, é importante analisar a diversidade dos elementos da rede, ou seja, variáveis como idade, sexo, escolaridade, nível sócio-cultural ou profissão e despistar a existência de quaisquer situações que possam estar a afectar o tamanho da rede (reclusões, migrações e doenças são exemplos de situações que tendem a diminuir o tamanho da rede), ou que expliquem a saturação das categorias. Em seguida, para enriquecer a análise e as conclusões extrapoladas, poderá ser feita uma análise ainda mais detalhada para cada um dos membros da rede (ou pelo menos para os mais salientes e relevantes). Com esta análise pretende-se conhecer aspectos como grau de intimidade, tipo de relacionamento, intensidade da relação, história do relacionamento, influência de cada elemento nas decisões do indivíduo, (as)simetria da relação, variáveis que motivam as relações (companhia, apoio, afecto, aconselhamento, partilha de conhecimentos, controlo social, ajuda material, troca de serviços ou favores, interesses, possibilidade de acesso a novos contactos,....), distância física e emocional a que cada um dos membros se encontra, facilidade e assiduidade de contactos que se estabelecem,...

No caso concreto da reclusão, a análise detalhada de todos os elementos é da máxima importância, pois permite conhecer o enquadramento social do indivíduo e os recursos disponíveis, ao mesmo tempo que permite antecipar dificuldades e insucessos (ainda a tempo de serem corrigidos) e delinear um plano para a sua reinserção na sociedade. Permite ainda decidir que relacionamentos podem, ou devem, ser (re)activados, desactivados ou modificados, de modo a manter o equilíbrio e a saúde do indivíduo, a intervir perante problemas que o afectam e a diminuir a probabilidade de reincidência, após a libertação condicional ou definitiva.

Em suma, a análise da rede social é importante e não deve ser descurada, pois só conhecendo a totalidade das relações é possível compreender o indivíduo, reter ou (re)construir o passado, presente e futuro individual e colectivo, compreender o problema e movimentar forças para o ajudar.

Uma metodologia de avaliação da rede social do indivíduo, de aplicação simples, rápida e eficaz é o mapa da rede social (Sluzki, 1996).

Mas foi longo o caminho a percorrer até chegar à elaboração desta metodologia. Na década de 50, no conturbado período do pós-guerra, começam a surgir os primeiros ecos sobre terapia familiar e os primeiros choques com o modelo psiquiátrico tradicional. O estudo da realidade intrapsíquica e do indivíduo isolado começa a não ser suficiente para responder a questões e dificuldades que alguns clínicos e investigadores sentiam, nomeadamente ao nível da conceptualização e intervenção com esquizofrénicos e delinquentes. Assim, alguns investigadores desenvolvem modelos teóricos, em que indivíduo e meio se tornam quase indissociáveis e onde o alvo de análise são as relações que se estabelecem entre o indivíduo e o meio.

Surge assim a teoria de campo de Kurt Lewin (1952), onde o comportamento deriva da conjugação da totalidade de factos na pessoa e no meio, no momento presente, sendo essa interligação pessoa-meio um campo indecomponível, devido às relações sociais estabelecidas.

Pela mesma altura, também as metodologias de análise existentes se revelaram inadequadas, surgindo a necessidade de criar novas metodologias de avaliação. Surgem assim as técnicas sociométicas (Moreno, 1951), especificamente o sociograma, que consiste na construção de um mapa de relações entre membros de grupos e em comunidades.

Já no início dos anos 70, Speck e Attneave (1973) dão mais um importante passo, ao realizarem as primeiras reuniões terapêuticas com a família e com os elementos da rede informal de relações do indivíduo, criando o que os autores denominaram de terapia de rede.

No desenvolvimento dos trabalhos sobre terapia de rede, Speck (1985) define o conceito de rede social, salientando a importância dos familiares, vizinhos, amigos e outros significantes na vida do indivíduo e enfatizando o seu papel no suporte e ajuda à pessoa ou família em questão. Reutiliza a metáfora da "casca de cebola" proposta por Elkaim (1977) e considera que só pela análise simultânea de todas as camadas, se pode prever o comportamento do indivíduo em toda a sua plenitude.

No início dos anos 80 surgem diversas escolas e modelos de intervenção, destacando-se a escola estrutural de Salvador Minuchin (Minuchin, 1979), que enfatiza a ideia de organização estrutural do sistema familiar.

Uma vez que a evolução dos modelos de rede, segue a par com a dos modelos sistémicos e de terapia familiar e que estes evoluíram a partir dos modelos cibernéticos (Wiener, 1961), com o desenvolvimento dos modelos cibernéticos de segunda ordem, surgiu a necessidade de um novo modelo que tome em linha de conta o facto de os processos de rede terem lugar no espaço interpessoal do indivíduo, sendo por isso determinados por processos macro e micro sociais.

Como forma de resposta a esta necessidade, Sluzki (1996) propõe um metamodelo construccionista, onde as metodologias terapêuticas são centradas em narrativas. O autor propõe que o conhecimento sobre a organização da rede social de um indivíduo e a análise dos sistemas mais relevantes e acessíveis seja feita a partir das descrições do indivíduo. Assim, quando da análise da rede social de um indivíduo, deve-se ter sempre presente que a realidade não existe enquanto tal, antes correspondendo ao conjunto de significados que cada um constrói num espaço e tempo determinado e que os processos de rede decorrem num contexto de relação interpessoal, sendo os comportamentos individuais contingentes a esses mesmos contextos.

O modelo construtivista de Sluzki enforma o presente estudo, onde a análise da rede social dos reclusos foi baseada nas suas narrativas, nomeadamente a partir das respostas a principalmente uma das questões do estudo matriz.

4. Reinserção, resocialização e rede social

Os termos reinserção e resocialização são frequentemente utilizados como sinónimos, sobretudo por quem entenda que a diferença entre ambas é uma mera questão linguística (Genovés & Piñana, 1988). Entre nós o termo reinserção mereceu o favor do legislador e dos estudiosos, tendo prevalecido sobre o termo resocialização, o qual engloba, numa acepção mais ampla.

Neste sentido, Pereira (1987) distingue uma noção comum que vem da década de 80, que entende a reinsersão social como a retoma pelo delinquente de um padrão de vida pautado pelo dever ser jurídico-penal, de uma outra acepção que engloba todo o processo de envolvimento do Estado, da sociedade e do cidadão delinquente, na criação de condições que permitam a este optar livremente por viver em sociedade sem cometer crimes, permitindo simultaneamente a reforma da própria sociedade, no sentido de eliminar os factores criminógenos que contém.

Houve, desta forma, uma evolução de uma perspectiva finalista, em que o desiderato da reinserção era a retoma por parte do delinquente da conformidade jurídico-penal, para uma perspectiva abrangente, que implica no mesmo processo de socialização o delinquente, o Estado e toda a sociedade.

Parte-se actualmente do pressuposto de que todo o trabalho na prisão deverá ter como objectivo último ajudar o recluso a mudar as suas atitudes e comportamentos, para que quando em liberdade esteja dotado da necessária competência social. Poderá assim afirmar-se que o fim da preparação para a reinserção social é treinar as competências sociais do indivíduo que delinquiu (Genovés & Piñana, 1988).

A resocialização – que supõe um trabalho de remodelação do indivíduo asocial – e a reinserção – que lhe assegura um lugar na sociedade – não podem prescindir de uma rede social. A rede social não é apenas o suporte e o modelo da remodelação, como é precisamente ela que facilitará a inserção do indivíduo na sociedade. Tanto o percurso como o destino encontram na rede social o seu arrimo.

Cumpre ter presente as características da rede social anteriormente referidas para aquilatar da sua importância e eficiência em termos de resocialização e de reinserção, isto é, da sua relevância como contributo para o fim último da reclusão.

Uma rede social equilibrada, poderá ser o melhor apoio e, pressupondo um trabalho de acompanhamento, a continuidade de todo um processo de reinserção do recluso, pelo que todo o trabalho realizado deve estar em permanente ligação com a rede social de suporte do recluso ou, pelo menos, atento à rede social (ou falta dela) que imediatamente espera o recluso.

Assim, parece importante analisar, avaliar e intervir na (re)activação e consolidação dos laços afectivos do recluso com os restantes elementos da sua rede, de modo a possibilitar a aprendizagem e treino de comportamentos e competências mais adequados à vida em sociedade.

Estudo empírico

1. *Procedimentos metodológicos*

O presente estudo, na sua componente empírica, é tributário de um outro. Neste aspecto é um estudo bastardo.

Com efeito, o instrumento utilizado, a sua aplicação, a amostra, foram projectados para um estudo de que o presente se pode considerar um dos numerosos enfoques ou aspectos. Esse estudo, sobre a saída precária (Rocha, 2004), tem por objecto a decisão de voltar à prisão.

A saída precária prolongada, hoje designada de saída prolongada, constitui a possibilidade de o recluso em cumprimento de pena efectiva superior a 6 meses de prisão, poder gozar alguns dias de liberdade, concedidos por despacho do juiz de execução das penas. O tempo de precária é, assim, um tempo de liberdade muito reduzido, findo o qual o beneficiário há-de regressar ao estabelecimento prisional para continuar a cumprir a pena que expiava.

Esta "conformação" da liberdade é importante, é uma liberdade de "curto prazo" a qual pode produzir comportamentos e posturas diversas do gozo da liberdade plena.

É neste conspecto específico que a amostra foi recolhida.

Esta advertência impõe-se. É um reparo metodológico significativo, pois, desde Descartes, entre o pensar e a verdade está o método, o qual condiciona, de alguma forma, os resultados obtidos.

Embora não sendo o presente estudo lídimo nos seus pressupostos metodológicos, os resultados não são erróneos ou insignificantes.

O valor dos resultados é garantido e balizado pelo desenho da concreta investigação: ela vale de acordo com os passos que dá, com a direcção que assume, com a dimensão do caminho que foi trilhado e, por fim, com a pertinência e novidade dos resultados alcançados.

O material utilizado no presente estudo advém da recolha documental, sobretudo com vista à identificação e contextualização do entrevistado, e da resposta a uma das perguntas da entrevista do sobredito estudo matriz, a saber: «O que faz quando vai de precária?», devendo esta concretizar questões como «Onde fica?», «Como ocupa o tempo?». Estas perguntas tinham como finalidade averiguar e descrever que tipo de apoio o recluso possuía aquando a saída precária.

A colaboração na recolha de dados foi voluntária e confidencial, tendo sido levada a efeito por uma equipe de psicólogos a qual previamente à entrevista preencheu uma breve grelha documental de contextualização de cada entrevistado, esta com base em elementos escritos existentes nos diversos Estabelecimentos Prisionais.

2. Caracterização da amostra

No que respeita à descrição da amostra, ela é composta por 102 indivíduos reclusos nos seguintes Estabelecimento Prisionais: Alcoentre, Caxias, Funchal, Linhó, Lisboa, Monsanto, Sintra, Vale de Judeus, Hospital Prisional S. João de Deus, Tires, Angra do Heroísmo, Horta, Caldas da Rainha, Montijo, Ponta Delgada, Policia Judiciária de Lisboa. Estes Estabelecimentos compõem a área de competência do Tribunal de Execução das Penas de Lisboa.

Os primeiros oito Estabelecimentos são classificados de Estabelecimentos Prisionais Centrais; S. João de Deus e Tires são Estabelecimentos Prisionais Especiais; e, os restantes seis são Estabelecimentos Prisionais Regionais.

Dos 102 elementos da amostra, 89 referem-se a casos de sucesso após uma saída precária e 13 são de insucesso, ou seja, não regresso atempado ao Estabelecimento Prisional no termo da saída precária.

De uma forma sintética, é possível referir as características mais relevantes no que respeita à amostra:

- quanto ao sexo, a amostra compõe-se de 93 homens e 9 mulheres, seguindo a proporção da concessão de saídas precárias nos dois géneros e, mesmo, a proporção dos géneros na totalidade da população prisional (Rocha, 2000; Semedo, 2001);
- no que respeita à idade, a idade média dos homens é de 37 anos e das mulheres é de 39 anos, sendo superior à média de idades da população prisional que é em 1999/2000 de 36 anos para as mulheres e 33 para os homens (Rocha, 2000; Semedo, 2001);
- o estado civil dos homens é prevalecentemente solteiro, depois casado, divorciado, união de facto e, residualmente, viúvo. Nas mulheres a quase totalidade é solteira, seguida de união de facto e casada;

– quanto às habilitações literárias elas são diversificadas nos homens sendo a maioria com a 4.ª classe mas apresentando um leque da 3.ª classe à licenciatura. Nas mulheres prevalece o analfabetismo e o leque é menor pois não ultrapassa o 9.º ano de escolaridade, valores que, em parte, acompanham os da população prisional total (Semedo, 2001);
– ao nível do emprego existe nos homens uma grande diversidade, sendo possível destacar a construção civil como a profissão da maior percentagem de reclusos. As mulheres são sobretudo domésticas ou vendedoras ambulantes;
– O tipo de crime prevalecente entre os homens é o tráfico de estupefacientes, seguido pelo furto, e com menor expressão o homicídio e o roubo. Nas mulheres na quase totalidade o crime praticado foi o tráfico de estupefacientes. Também aqui a amostra segue os padrões da população prisional total (Rocha, 2000; Semedo, 2001);
– O tempo de pena de prisão é em média de 5 anos para os homens e de 7 anos para as mulheres.

3. Apresentação e análise de dados

Do material recolhido e após a análise foi possível reconduzir as respostas a cinco categorias de rede social distintas: família, amigos, vizinhos, trabalho e instituições. Deverá ser feita a ressalva de que apesar de na teoria que enforma o presente estudo, serem consideradas apenas quatro categorias, a ver família, amizade, colegas de trabalho e relações comunitárias, os autores do presente estudo consideraram poder chegar a conclusões mais precisas se procedessem à sub-divisão das relações comunitárias em duas categorias, nomeadamente vizinhos e instituições.

Nem sempre o entrevistado referia uma só das categorias, a regra é mesmo a de referir diversas. Assim, foi necessário destacar nas respostas a categoria única ou mais relevante. O resultado da resposta prioritária e a da totalidade das respostas é a constante dos quadros 1 e 2.

No quadro 3 apresenta-se o resultado da resposta prioritária nos casos de sucesso e insucesso da saída precária.

Quadro 1 – Primeiras respostas

	Frequência	Percentagem (%)
Família	88	86.28 %
Amigos	7	6.86 %
Trabalho	7	6.86 %
Vizinhos	0	0.00 %
Instituições	0	0.00 %
Total	102	100.00 %

Quadro 2 – Totalidade de respostas

	Frequência	Percentagem (%)
Família	85	47.75 %
Amigos	48	26.97 %
Trabalho	19	10.67 %
Vizinhos	14	7.86 %
Instituições	12	6.75 %
Total	178	100.00 %

Quadro 3 – Cruzamento entre categorias (1ª resposta) e (in)sucessos

	Sucesso		Insucesso	
	Frequência	%	Frequência	%
Amigos	7	7.86 %	0	0 %
Família	77	86.51 %	11	84.61 %
Trabalho	5	5.61 %	2	15.38 %
Total	89	100 %	13	100 %

De acordo com as respostas primeiras (ou única, sendo caso), a família, no sentido das relações familiares, surge como a fonte de apoio onde 86,3% dos reclusos se dirige quando em saída precária. É com a família que, prevalecentemente, se passa os dias de precária. Tanto nos casos de sucesso, em que a família representa 86,51% das respostas, como no caso dos insucessos da saída (por não regresso do beneficiário), em que esta categoria ascende a 84,61%, a família surge de forma destacada em relação às demais categorias.

Ainda nas respostas primeiras, o trabalho e os amigos são as categorias que surgem em segundo lugar, ambas com a mesma expressão percentual, 6,86% da totalidade de respostas. Neste particular, importa fazer uma distinção. Nos reclusos em que houve sucesso na saída precária os amigos estão presentes em 7,86% do total de sucessos, enquanto esta categoria está ausente nos casos de insucesso. Por seu turno, o trabalho está presente em ambos os casos de sucesso e insucesso, com 5,61% nos primeiros e 15,38% nos segundos.

Tanto quanto as entrevistas conseguiram apurar, a preocupação primeira dos reclusos quando saem de precária é a de irem ter com a família (86,28%), de estar com os amigos (6,86%) ou trabalharem (6,86%).

Mas nem sempre as preocupações e a ocupação daquele tempo é exclusiva, no sentido em que apenas uma realidade existe no pensamento e na acção. O comum é coexistirem diversas preocupações e ocupações, sendo assim relevante debruçar-se sobre a totalidade de respostas.

Se na resposta primeira se revela o factor preponderante, na totalidade surge-nos a realidade no seu conjunto, a amálgama de "fazeres" que ocupam o tempo dos beneficiários das saídas precárias.

Também a família ocupa na totalidade das respostas uma posição destacada, com 47,75%. Os amigos são o segundo vínculo com a expressão de 26,97%, seguindo-se, em expressão modesta, o trabalho com 10,67%.

Posteriormente surgem duas categorias que não se verificam na resposta primeira, a saber os vizinhos com 7,86% e as instituições com o peso de 6,75%.

Outras variáveis a merecer análise são, entre cada uma das categorias, o sexo, a idade, o estado civil, o local de residência e a profissão.

Quadro 4 – Cruzamento entre categorias (1ª respostas) e sexo

	MASCULINO		FEMININO	
	Frequência	Percentagem	Frequência	Percentagem
AMIGOS	7	7.53 %	0	0 %
FAMÍLIA	79	84.94 %	9	100 %
TRABALHO	7	7.53 %	0	0 %
TOTAL	93	100 %	9	100 %

Na diferença entre o género feminino e masculino, cumpre salientar desde logo, a inexistência, ao nível das primeiras respostas, no que respeita às mulheres, de outro apoio que não a família. Embora com expressão modesta, 7,53% cada, no sexo masculino, as categorias amigos e trabalho representam a primeira opção aquando em precária, na falta ou preterindo a família.

Quadro 5 – Cruzamento entre categorias (1ª respostas) e idade

	19 A 24		25 A 39		40 A 59		+ 60 ANOS	
	N	Percent.	N	Percent.	N	Percent.	N	Percent.
AMIGOS	1	0.98%	3	2.96%	3	2.96%	0	0%
FAMÍLIA	7	6.86%	58	56.87%	22	21.57%	1	0.98%
TRABALHO	2	1.96%	2	1.96%	3	2.96%	0	0%
TOTAL	10	9.8%	63	61.79%	28	27.49%	1	0.98%

A idade a concentrar a sua maior expressão dos 25 aos 39 ou dos 40 aos 59 anos de idade.

Quadro 6 – Cruzamento entre categorias (1ª respostas) e estado civil

	CASADO		SOLTEIRO		UNIÃO FACTO		DIVORCIADO		VIÚVO	
	N	Percent.	N	Percent.	N	Percent.	N	Percent.	N	Percent.
AMIGOS	3	2.96%	3	2.96%	0	0%	1	0.98%	0	0%
FAMÍLIA	21	20.59%	45	44.11%	2	1.96%	15	14.71%	5	4.9%
TRABALHO	1	0.98%	2	1.96%	1	0.98%	3	2.96%	0	0%
TOTAL	25	24.53%	50	49.03%	3	2.96%	19	18.65%	5	4.9%

O cruzamento das categorias com o estado civil indica a prevalência da família, independentemente do estado civil.

Quadro 7 – Cruzamento entre categorias (1ª respostas) e zona de residência

	LISBOA		GRANDE LISBOA		CENTRO		GRANDE PORTO		ALGARVE		ILHAS	
	N	Percen.	N	Percen.	N	Percen.	N	Percen.	N	Percen.	N	Percen.
AMIGOS	2	1.96%	2	1.96%	2	1.96%	0	0%	1	0.98%	0	0%
FAMÍLIA	26	25.50%	34	33.4%	10	9.81%	4	3.92%	4	3.92%	9	8.84%
TRABALHO	2	1.96%	3	2.96%	1	0.98%	0	0%	0	0%	11	0.98%
TOTAL	30	29.42%	39	38.32%	13	12.75%	4	3.92%	5	4.91%	10	9.82%

A zona de residência a revelar alguma dispersão o que é interessante considerando que a amostra foi recolhida nos estabelecimentos prisionais adstritos ao Tribunal de Execução de Penas de Lisboa.

Quadro 8 – Cruzamento entre categorias (1ª respostas) e profissão antes da reclusão

	Manual		Serviços		Outra	
	N	Percent.	N	Percent.	N	Percent.
AMIGOS	5	4.91%	1	0.98%	1	0.98%
FAMÍLIA	57	55.89%	27	26.48%	3	2.96%
TRABALHO	4	3.92%	3	2.96%	0	0%
TOTAL	66	64.72%	31	30.42%	4	3.94%

No cruzamento com a profissão, ressalta uma maior dispersão entre as categorias no caso de profissão manual, embora a família se mantenha como expressiva de forma nítida.

Importa analisar com algum detalhe estes resultados, destacando cada uma das variáveis, a fim de as esclarecer e dimensionar perante a totalidade das respostas obtidas.

Resultados e discussão

I – Relações familiares

A palavra família, do latim *familia*, foi na sua origem utilizada para denominar os serviçais. Por volta do século XV, o seu significado ampliou-se, englobando todos os membros da casa, tanto os servos como as mulheres cativas e a descendência do chefe de família. O vínculo mais importante dessa família medieval era o acordo tácito de protecção, cooperação e lealdade mútuas. Com o decorrer dos anos, esse acordo recíproco foi progressivamente evoluindo até ao tipo de contrato familiar que hoje se conhece. Com efeito, "certas características actuais têm uma origem muito recente, tal como o conceito de casamento romântico, que data do século XIX, no qual se contraem núpcias por amor e não por conveniência." (Sluzki, 1996, p. 26).

Conceitos como família nuclear (Speck, 1985), correspondendo ao pai, mãe e crianças menores, filhas de sangue ou adoptadas, são ainda mais recentes, impondo-se apenas a partir do século XX.

O grupo que hoje denominamos família, teve como origem razões de subsistência económica, a necessidade de cuidar das crianças, o prazer da convivência e a preservação da sexualidade do casal. A sua importância social e a descrição da sua composição, vem sendo transmitida através das gerações, pelas narrativas e por imperativos de ordem económico-social, o que leva a que a família considerada tradicional, de tipo patriarcal, esteja continuamente em "crise", no sentido em que existe uma construção em processo evolutivo constante, ou seja, é uma "relação em marcha" (Llewellyn, 1971).

Dizia Santo Agostinho (1841):

«A família humana constitui o início e o elemento essencial da sociedade. Qualquer início tende para um fim da mesma natureza, e qualquer elemento tende para a perfeição do conjunto de que esse elemento é parte. É evidente, por isso mesmo, que a paz na sociedade deve depender da paz na família, e que a ordem e a harmonia dos governantes e dos governados brotam directamente da ordem e da harmonia que nascem da direcção criativa e da resposta proporcionada no seio da família».

Ainda hoje se considera a família como a unidade social fundamental na determinação do carácter e da estrutura da sociedade, que sustem todas as instituições e por estas é sustentada (Anshen, 1971). É a célula da organização social, a mais antiga das instituições sociais humanas.

Embora o modelo de família varie de acordo com as culturas e as épocas, a família sempre foi o principal meio de transmissão dos padrões de civilização às "gerações vindouras" (Merton, 1971), ou nas palavras de Anshen (1971), o veículo mais eficaz na conservação dos valores. Ou nas palavras de um dos entrevistados:

«Não é perder valores, porque acho que os valores somos nós próprios. E isso é tudo»

Da amplitude e proliferação do conceito de família na sociedade actual, dá-nos conta a própria lei. Tome-se, por exemplo, o conceito de agregado familiar constante do diploma que confere o rendimento mínimo garantido, hoje denominado rendimento social de inserção (Lei n.º 13/03, de 21 de Maio). De acordo com esta lei, compõe o agregado familiar, para além do titular, e desde que com ele vivam em economia comum, o cônjuge ou a pessoa que viva com aquele em união de facto há mais de um ano; os menores parentes em linha recta até ao segundo grau; os menores parentes em linha colateral até ao segundo grau; os menores adoptados plenamente; os menores adoptados restritamente; os afins menores; os tutelados menores; os menores que lhe sejam confiados por decisão judicial ou dos serviços tutelares de menores; os menores em vias de adopção, desde que o processo legal respectivo tenha sido iniciado; e, ainda, os parentes em linha recta até ao segundo grau; os adaptados plenamente; os adaptados restritivamente; os tutelados.

Cada família enquanto sistema é um todo, mas é também parte de sistemas, de contextos mais vastos nos quais se integra (comunidade, sociedade) e com os quais interage de forma recíproca, equilibrando no seu modo de funcionamento as forças internas que lhe conferem individualidade e as forças externas que lhe possibilitam a aculturação.

Mas também dentro da família existem totalidades mais pequenas, os denominados sub-sistemas, onde a menor é o indivíduo.

De acordo com Relvas (2000), é possível distinguir na família quatro subsistemas, que correspondem a interacções particulares entre os indivíduos envolvidos, os papéis desempenhados e os estatutos ocupados. São esses subsistemas o individual, constituído pelo indivíduo, o parental, na maior parte das vezes constituído pelos pais, que têm a seu cargo a protecção e a educação das gerações mais novas; o conjugal, onde se inclui o casal e o seu relacionamento; e, o fraternal, constituído pelos irmãos, exercendo funções privilegiadas ao nível do treino de competências nas relações entre iguais.

Cada membro do sistema familiar participa em diversos sistemas e subsistemas, onde desempenha em simultâneo uma série de papéis, que se influenciam de um modo interdependente. Por exemplo, ser ao mesmo tempo filho, chefe, irmão, estudante, namorado...

As famílias tendem a organizar-se hierarquicamente, de forma a que os papéis e funções de cada membro sejam definidos em conformidade com a estrutura familiar e as expectativas sociais. Não há duas famílias iguais. Cada família possui crenças sobre como deve funcionar (Schwartzman,1985) e adquire uma forma própria em função da sua organização estrutural. No entanto, todas são família, todas partilham um sentimento de pertença e todas funcionam como tal (Minuchin 1979).

Talvez por estar demasiado presente e por ser uma realidade em ininterrupto processo de desenvolvimento, a família como entidade abstracta apresenta-se fluída, sendo por isso conceptualmente muito complexa de definir.

As definições sugeridas pelos vários teóricos, denotam esta complexidade. Os autores convergem no sentido de considerar a família uma entidade una e particular, mas logo divergem nas definições acerca da sua organização e funções.

Por exemplo, Lidz (1964) enfatiza a função socializadora da família, o seu papel principal de transmitir valores sociais e a noção de normalidade, facilitadora do processo de aculturação por parte do indivíduo. Nas palavras dos entrevistados:

«Talvez eu tenha uma família com raízes. A minha mãe não me batia, dizia, se fizeres mal, sentas-te à minha frente e enquanto não me explicares o porquê, não sais daí.»

«Não é perder valores, porque acho que os valores somos nós próprios, e isso é tudo!»

De um modo mais abrangente, Dobrof & Litwak (1977), definiram a família como sendo constituída por pequenos grupos informais, enquadrados num sistema emocional, produtora de um ambiente de cuidados e suporte aos indivíduos que dela fazem parte.

«Eu tenho a minha família lá fora (...) as pessoas que me podem ajudar, que me dão um abraço se eu precisar»

Tem como funções ensinar a realizar as tarefas quotidianas e os ofícios.

«Eu vinha da escola, da 1ª classe e em vez de ir estudar, ia desmanchar carros com ele.»

E, transmitir normas e valores da sociedade às diferentes gerações (função socializadora da família).

«Fiz muitas asneiras (...) levou-me a pensar que não é a vida que eu queria. Tem que ser uma vida de trabalho-casa, casa-trabalho, passear com a mulher e os filhos, ajudar os meus filhos a crescer e dar-lhes tudo o que puder.»

Há uma hierarquia presente, desempenhando cada indivíduo múltiplos papéis dentro do sistema. Salientam os aludidos autores a idiossincrasia da família, onde cada uma contempla diferentes forças e estratégias para lidar com as situações com que se depara.

«No dia em que regressei à prisão, a minha avó só chorava...»

«Os meus pais não souberam, só a minha irmã que não disse nada»

Para Fontaine (1985), a família realiza duas funções principais, nomeadamente, assegurar a continuidade do ser humano e dinamizar a articulação entre o indivíduo e a sociedade. A família é uma continuidade de vida que nasce, cresce, procria e educa dando origem a outras famílias que nascem, crescem,... Cada geração dá continuidade à anterior, permitindo a mudança e a adaptação a diferentes circunstâncias.

A família assegura ainda a socialização do indivíduo, ou seja, a sua pertença e integração (função de abertura), ao mesmo tempo que assegura a individuação, ou seja, protege a unicidade e a singularidade (função de fecho).

«Ela disse que eu é que sabia, mas que devia vir»

Relvas (2000) analisa o sistema familiar também de um ponto de vista funcionalista. Propõe que se entenda a família como um todo, orientado para a obtenção de objectivos, em que as mudanças e os acontecimentos passados, têm implicações nos acontecimentos futuros. Por exemplo, os papéis parentais são realizados em função das necessidades particulares dos filhos, ao mesmo tempo que procuram actuar de acordo com as expectativas e pressões sociais.

A família tem como principais funções o desenvolvimento e protecção dos seus membros (função interna) e a sua socialização, adequação e transmissão de normas e regras da cultura (função externa).

«Eles (irmãos) que estão lá fora fazem pela minha mulher e filhos o que eu faria se fossem eles a estar aqui»

A família tem como principais funções desenvolver a auto-estima e o sentido de si mesmo em cada um dos seus membros; prepará-los para enfrentar desafios, assumir responsabilidades e compromissos; orientá-los na direcção de uma dimensão produtiva, de realizações e de projectos integrados no meio social; promover o encontro entre gerações, formando uma ponte na direcção do passado (geração dos avós) e outra na direcção do futuro (geração dos filhos), sendo a construção e a comunicação entre as gerações orientada pelo afecto e pelos valores da família.

Os deveres da família, historicamente, consistem em assegurar a sobrevivência dos filhos, o seu crescimento saudável e a sua socialização; fornecer-lhes um clima de afecto e apoio, sem o qual o desenvolvimento psicológico saudável não é possível; fornece-lhes as competências básicas para responderem às exigências necessárias à sua adaptação ao meio; e, tomar decisões quanto à abertura a outros contextos educativos que possam partilhar com a família a tarefa da educação das crianças.

E são talvez a socialização, protecção e transmissão de valores familiares e sociais, as tarefas mais consensuais que a família tem de realizar junto dos elementos que a constituem.

A família é tradicionalmente descrita como a principal categoria da rede social, no apoio às diversas transições vitais que o indivíduo deverá realizar, nomeadamente, busca de parceiro, de trabalho, de morada, de novas relações sociais, de reinserção na sociedade após a reclusão, aposentação, velhice, etc.

«o meu pai tem uma grande propriedade, onde eu sempre trabalhei. Agora construiu na parte de cima uma casa. Está lá a minha companheira a morar e eu quando vou de precária fico lá, a dar um jeito às coisas.»

Se o conceito de família já é por si difícil de definir, partindo-se de uma perspectiva transcultural, será quase impossível alcançar uma definição exaustiva e única do conceito de família.

Speck (1985), salienta as diferenças culturais, nomeadamente entre a cultura Africana e a cultura Ocidental. A primeira inclui as crianças, os pais, os avós, tios, tias, irmãos, irmãs, seus filhos e outros parentes, incluindo os que já faleceram e a segunda é normalmente descrita em termos nucleares (mãe, pai e crianças), sendo a família alargada frequentemente invisível. Na cultura ocidental, o ênfase é colocado na conjugalidade invés de na consanguinidade.

No entanto, a realidade dos entrevistados...

«Tenho 10 filhos. Quando vou de precária fico na minha casa com a minha irmã, os meus filhos e a minha nora»

A grande maioria das teorias criminológicas acentuam o papel da família ao explicar a delinquência (Hirshi, 1969; Hawskin & Weis, 1985). No entanto, a generalidade dos estudos que relacionam a família com o crime procuram a associação de diversos aspectos da família, à delinquência e aos comportamentos anti-sociais (Ferguson, 1952; Wells & Rankin, 1991; Trepanier, 1995; Hirshi, 1995; Reiss et al., 2000; Farrington et al., 2001; Le Banc, 2002; McCord, 2002; Kury & Woessner, 2002). A investigação criminológica tem demonstrado a importância da família na prevenção e na origem da delinquência, quer da "família de origem", aquela onde o indivíduo nasceu, quer da "família de procriação", correspondendo esta ao casal e à sua descendência (Speck, 1985).

Já o papel da família na reinserção social do delinquente tem sido uma vertente negligenciada, pese o relevo que a fase pós reclusão tem no afastamento do comportamento anti-social ou, pelo contrário, na recidiva. Não é sem razão que na apreciação da saída prolongada, a lei (art. 50.º do Decreto Lei n.º 265/79, de 1 de Agosto) indica como factor a ter em conta a situação familiar do recluso. A família tem uma eficácia funcional constante, no indivíduo e na sociedade, pelo que a sua importância é primordial.

Esta importância da família na antecipação da libertação poderá não ter o mesmo impacto na libertação definitiva. Com efeito, correspondem a dois tempos diferentes, onde as exigências de suporte, apoio e acompanhamento são distintas, exigindo um dispêndio de tempo e energia e um cometimento completamente distintos. Algumas famílias não têm condições físicas, económicas ou estabilidade emocional, outras nem desejam a permanência do ex-recluso com caracter definitivo no seu seio.

Pelo que atrás foi dito, será de supor que é nas famílias mais destruturadas, com laços culturais e familiares precários, onde o papel tradicional de família (protecção e suporte aos seus membros), não é desempenhado, que o risco de reincidência, ou seja insucesso na reinserção, é potenciado.

Uma vez que a categoria família é por demais abrangente, optou-se por dividi-la em duas sub-categorias, nomeadamente família de procriação ou constituída e família de proveniência ou de origem, de modo a facilitar a análise e a extrapolação de conclusões mais pormenorizadas.

Por família de procriação ou constituída, entenda-se as uniões matrimoniais e uniões de facto, as quais não se diferenciam do casamento desde que ocorram em condições análogas às dos cônjuges unidos por matrimónio e havendo subjacente uma entre ajuda e partilha de recursos. Não se diferencia entre casamento e co-habitação ou união de facto, pois a tal nos consigna a própria lei e estudos realizados (Duck, 1991), que não evidenciam diferenças entre casais unidos por união de facto ou casamento, quer ao nível perceptivo, quer nas tarefas realizadas por cada um dos elementos do casal.

Tal é o caso do recluso que afirma:

«passo a vida a arranjar a casa, pois a minha namorada já lá está a viver neste momento».

Nesta subcategoria é também incluída a descendência do indivíduo, podendo esta ser fruto de uma relação conjugal ou por via de adopção, juridicamente válida ou meramente de facto, sendo este o caso do recluso que verbaliza:

«não tenho filhos mas comecei a criar uma criança desde um ano».

Aqui a revelar a importância da estrutura emocional da família, um dos factores mais importantes da sua eficácia funcional (Benedek, 1971).

Ou, ainda, a entrada de enteados para a família por intermédio da/o companheira/o actual:

«a minha actual companheira tem duas filhas para acabar de criar e eu faço questão de as ajudar a criar».

Família de proveniência ou de origem, a que correspondem os ascendentes directos do indivíduo (pais, avós, tios,...) e os seus irmãos/ /irmãs, não obrigatoriamente residindo na mesma habitação, podendo estar dispersos por várias moradas ou locais.

«Não pude ir a Lisboa onde está a mulher, fui a casa dos meus velhos cá na ilha e ainda tive tempo para ir ver a minha irmã e a minha afilhada que é lá no Pico.»

Neste passo também se refere uma realidade que está interligada à família, a da habitação ou casa morada de família, local onde se foi criado, cresceu e sempre se volta (Abrams & Dean, 1971).

Os membros da família estão normalmente envolvidos com outros parentes, tomem-se como exemplo dois casos distintos, o primeiro refere que ao sair de precária:

«só saio com o meu filho e a minha mulher».

E, o segundo:

«estive todo o dia com a minha filha e a minha esposa, estive com os meus pais, os meus sogros, os padrinhos da minha esposa, os meus padrinhos também, estive na casa da minha irmã, com a minha afilhada...».

Veja-se que neste último caso o entrevistado se refere a um suporte familiar mais alargado, comparativamente ao primeiro, que apenas referiu elementos pertencentes à subcategoria família de procriação ou constituída.

A família no seu conjunto começa por ser um elemento de referência social, que, no mais das vezes, é considerado como positivo.

«Não é para me gabar, mas a minha família é muito querida ali...»

Depois o factor de permanência, o estar, o conviver,...

«Ficar em casa (...) ler um bocadinho (...), ouvir música...»

«Vou à feira popular, dar uma volta com os meus filhos»

«Fui com os miúdos à praia»

Seja em visitas a outros familiares e amigos.

«Fui a casa de um amigo meu com a minha mulher, fomos a casa da minha mãe, fomos a casa da mãe dela, fomos jantar com a minha irmã e o meu cunhado.»

Simples almoços de convívio,...

«há uma churrascada, estamos todos juntos. É uma alegria porque estamos todos juntos. Venho-me embora e fica lá tudo a chorar e eu venho também»

Ou, até mesmo, visitas a Estabelecimentos Prisionais onde outros membros da sua família se encontram em reclusão, como é o caso do recluso que quando sai de precária, diz

«Vou ver a minha mulher a Tires. Ela ainda não está a usufruir de precárias.»

Analisando mais detalhadamente as razões por detrás dos sucessos, para uma grande percentagem de indivíduos, um dos principais factores que os leva a regressar à cadeia após a saída precária, além da sensação de dever cumprido (valor que lhe terá sido transmitido pela sua família de origem), é o apoio familiar. Aqui, importa realçar o papel positivo da variável família na determinação da conduta do recluso.

«Voltei por causa do meu filho e da minha família, claro.»

Este apoio é, teoricamente, tanto mais sentido quanto maior a família (considera-se além da família nuclear a família alargada) e sobretudo, a força dos laços familiares.

«eu não podia desiludir os meus velhos, devo-lhes tudo.»

Apoio transmitido pelo próprio local de residência da família, que potencia o sentimento de pertença e que fortalece os laços vinculativos.

«Poder chegar a casa e ligar a televisão, poder abrir o frigorífico e fechar...»

Os membros da família nuclear estão normalmente envolvidos em ligações com outros parentes, fornecendo apoio físico e financeiro mútuo; suporte em períodos de crise; ajuda com as crianças e nas tarefas de casa (arranjos, mudanças, limpezas,...), ..., recorrendo os indivíduos primeiro a outros familiares, antes de procurarem agências especializadas na prestação desse tipo de serviços (Litwak,1959; Sussman, 1959).

«estive a pintar o quarto da minha irmã»

«os meus filhos ficam com uma enteada minha que eu tenho mais velha»

Tem-se referido o papel da família nos casos de sucesso da saída precária. De alguma forma, ela parece ser um elemento importante, contribuindo para o percurso positivo do recluso. O apoio e reforço que a família concede neste preciso conspecto da saída precária, parece ser elemento adjuvante da reinserção social desse seu elemento, referido pela quase totalidade dos indivíduos, independentemente do sexo, idade, meio social ou qualquer outra variável que se tome para análise. Existem mesmo casos em que o único apoio referido é o familiar.

«...eu não queria que ninguém matasse ninguém na minha família e também nunca tinha pensado que ia chegar a fazer aquilo que fiz. Influência dos amigos. Agora, também, não tenho amigos. Estou melhor, os meus amigos são a minha família e mais ninguém»

A família revela-se, na maioria dos casos, como um dos factores de apoio mais importante do recluso, tanto pela sua expressão em percentagem, como pelo facto de ser determinante em muitos aspectos da conduta do indivíduo e, ainda, de ser com ela que o recluso está quando da sua libertação precária. Conforme já se referiu, representa 86,28% da totalidade, se considerarmos a resposta prevalecente e 47,75% se forem consideradas a totalidade das respostas dadas por cada indivíduo. Considerando esta categoria no sexo feminino ela representa, ao nível da primeira resposta, os 100%, sendo que no sexo masculino a sua expressão é mitigada pelas categorias amigos e trabalho, cada uma com expressão de 6,86%. O estado civil parece não ser relevante para a importância da família nesta fase do percurso do recluso pois, independentemente do estado civil, a família é o principal arrimo aquando o gozo da saída precária.

Mas a família também pode ser um factor gerador de preocupação...

«a minha filha mais nova está num colégio, tenho um filho que está preso, tenho outro que era toxicodependente e que está na REMAR»

... ou motivador de insucesso da saída precária...

«Cheguei lá fora, vi a família... que está a passar mal. Tenho 3 filhos, a minha mulher não trabalha e é a minha mãe e meus irmãos que ajudam. Eu vi aquilo e quis ficar e ajudar, trabalhar para ajudar a família. E depois digo sinceramente que isto também satura... estava saturado da cadeia.»

De acordo com as respostas dadas pelos indivíduos com insucesso, a família é, em 84,61% dos casos, o "local" de abrigo, a sua referência aquando a saída da prisão. Assim, com expressão percentual ligeiramente diversa (86,51% contra 84.61%), não há dúvidas quanto à importância da família neste segmento de reclusos.

Importará, no entanto, averiguar a que elementos da família se reportam os reclusos e ao papel que esta representa no seu agir.

São várias as hipóteses encontradas, embora se reconduzam a dois grandes blocos.

Para uns a família, concretamente a família de proveniência porque só esta existia, surge como uma realidade aparentemente irrelevante para as suas decisões.

«Foi quando eu pensei: amanhã às x horas eu tenho que entrar no EPL e então aí agarrei no blusão e fui-me embora. A minha irmã quando me viu a mexer no armário e a vestir o blusão disse: mano, não vistas isso!... Mas já estava, fechei o blusão, meti o gorro e fui-me embora. A minha irmã começou a chorar e mais tarde disse que já sabia que eu não ia voltar!... Peguei na moto e fui correr Portugal!... (...) Estava eu a beber uns copos e pensei: depois eu vou lá cumprir, pode ser que saia um perdão!»

«Fui para casa dos meus pais e no último dia era para voltar e não voltei... eram 4 da manhã, estava tudo a dormir (...) fui-me embora... eles não sabiam de nada.»

Um outro caso, a mesma irrelevância da família de origem:

«Eu não tenho nada contra os meus pais, não tenho nada contra Portugal. Gostava era de viver na América (...) surf de manhã, à tarde discotecas, roupas à cowboy, aquelas coisas todas... é fascinante. (...) Fui à procura de um sonho.»

Além da irrelevância da família, verbaliza-se o facto de a evitar ou enganar aquando da decisão do desvio:

«Disse ao meu irmão que vinha para cá e... andei de um lado para o outro... depois fui para casa de um amigo.»

Já noutros casos, a família, agora a família de procriação, desempenha um papel fundamental na decisão do recluso, mas no sentido do desvio, do insucesso.

«... no momento exacto em que me vinha embora, os meus filhos começaram a chorar e a dizer: o pai não se vá. Depois também a minha mulher não fez força nenhuma, não disse: vamos embora! E eu sozinho fui abaixo!»

«...Depois? Pronto! Eu disse à minha mulher: o que está feito está feito, se não fui ontem para baixo, já não vou, mas também fugir não fujo. Durante o tempo que estive fora, mantive-me sempre em casa, sempre em casa.»

A mesma motivação num outro caso, embora com cambiantes...

«Pensei em não voltar à prisão depois de me ter atrasado. Não tinha intenção de não voltar! Os meus filhos estavam a passar necessidades e a sofrer muito porque a mãe deles não tinha condições. Eu estava a sentir-me culpado e preferi arriscar. Tentei dar-lhes apoio e fazê-los conhecer melhor o pai que tinham. Eles estavam há 3 anos na companhia da mãe. Dois eram pequeninos e dois nasceram depois de estar preso. O mais importante foi os meus filhos!»

Ou no caso de uma mãe de família,

«No dia em que vinha para me entregar, a minha irmã vinha-me cá trazer e o meu filho mais velho, que é o que consome drogas, diz, mãe, não vá que a gente morre.»

Outro ainda:

«Tenho dois filhos. O meu filho teve uma meningite, não anda, não fala, não mexe o corpo. (...) A minha mulher estava de baixa porque tinha tido a criança há 23 dias, eu não tinha meios nenhuns para dar de comer aos meus filhos (...) passei um cheque (...) para comprar única e exclusivamente comida (...) falsifiquei a assinatura (...)
Como acabei de dizer fui com muita alegria para poder estar com a minha esposa e com os meus filhos. Quando chego a casa apercebo-me do estado de saúde em que se encontra o meu filho. Porque o meu filho vinha aqui, estava aqui sempre uma hora ao colo da mãe, dava-lhe um beijinho, a minha esposa dizia sempre "Não pegues no menino porque está a dormir.", Deixa estar o menino." Para que eu não me apercebesse do estado dele e não sofresse mais. Eu sabia que o miúdo estava doente, mas nunca me pôs a par.

Cheguei a casa e vejo o meu filho naquele estado! Saio daqui no dia 15, no dia 16 de manhã pego no meu filho e vou com ele à médica, disse-lhe "Preciso de saber o que se passa em concreto com o meu filho!", ela contou-me tudo e passou-me os relatórios para o meu poder e eu pergunto "O que posso fazer?" "Muita coisa. O menino precisa de ser acompanhado no Hospital de Coimbra, ou corre o risco de não poder andar."
O meu filho tem dois anos e dois meses. O meu filho tem problemas de desenvolvimento, não tem reacção no corpo, nas perninhas também não consegue, sentar não senta, comida só se for papas... Ajudar o meu filho! Porque a minha esposa não pode acompanhá-lo sempre ao hospital. Para estar a trabalhar e pagar a renda de casa não pode faltar ao trabalho para andar com o meu filho. Eu no dia 18 de manhã pego no meu filho e levo-o ao Hospital de Coimbra, o meu filho é visto pela equipa de neurocirurgia do Hospital de Coimbra, põem-me mais uma vez a par de tudo... não tive forças de voltar, não tive, nesse momento decidi não voltar, não pude.
Dezoito dias... A PJ bate-me à porta, eu abri, dois senhores extremamente educados perguntaram-me "É o Sr. L.?" (...) Pu-los a par de tudo. "Vamos ter de o levar mesmo, mas vamos telefonar para o juiz". Telefonaram (...).
Com toda a honestidade, o que eu fiz, não estou arrependido, é o que qualquer pai ou mãe que ame os seus filhos faria, não fui roubar nem nada, estava a ver por todos os meios, quais as condições que podia dar ao meu filho.
Senti que algo de mal iria acontecer à minha pessoa, mas primeiro os meus filhos, se eu tivesse que morrer por eles, não tinha problemas. Nunca andei escondido, eu andava com o meu filho para todo o lado, nunca tive medo. Ia à farmácia, ia buscar a minha filha mais velha à escola, nunca tive medo, porque tinha a consciência do que tinha feito, mas tinha a consciência que tinha feito por algo que não devia ser punido.»

São assim duas as hipóteses do papel (ir)relevante da família nos casos de (in)sucesso: ou a família estando presente é irrelevante para a decisão do recluso voltar ou não voltar; ou, pelo contrário, a presença da família é determinante – no sentido do sucesso ou, então, do insucesso – para a decisão. Cumpre registar que os casos de irrelevância da família são, todos eles, da parte da família de origem; e, todos os casos de relevância da família no não voltar, são da família de procriação.

II – Amigos

O indivíduo apreende o mundo que o rodeia através da interacção, exploração do meio e de diálogos com outros, que validam, reconhecem, contextualizam e rotulam o que vai descobrindo (Sluzki, 1996).

As relações que se estabelecem com os outros, são de grande importância para o bem estar e felicidade de cada um. A relação estabelecida pode ser voluntária ou imposta por laços familiares, relações de trabalho ou de vizinhança, conhecendo diversos graus de proximidade ou vinculação. Nas relações interindividuais voluntárias, talvez um dos vínculos mais importantes é a amizade.

A amizade é um sentimento que pressupõe a reciprocidade de afecto entre pelos menos duas pessoas. No entanto, além de afecto, a amizade pode significar atracção, mera estima, dedicação, benevolência, simpatia, divertimento ou apenas mero relacionamento social.

Esta plurissemia do termo dificulta a sua apreensão precisa, sobretudo porque estão em causa diversos graus e vários registos de proximidade dentro do mesmo conceito.

Embora o vocábulo possa equivaler a amor, não será este o sentido que é, neste contexto, utilizado. A união que o termo amigo neste estudo evoca é, apenas, de afeição, dedicação e estima.

«Conhecidos tenho muitos, amigos vou fazer quando sair daqui»

Importa distinguir entre amizade e relacionamento amoroso, considerando que a primeira envolve habitualmente comportamentos de auto-revelação, mas raramente envolve sexo, enquanto que a segunda, envolve também a revelação do próprio ao outro, mas também envolvimento sexual, podendo evoluir para casamento ou co-habitação. Só algumas das relações amorosas evoluem para casamento ou co-habitação, sendo essa probabilidade tanto maior quanto mais semelhantes as atitudes das duas pessoas (Montgomery,1986; Byrne, 1971).

A habilidade para fazer amigos não será instintiva ou programada geneticamente. É uma competência que se adquire, aprende e pratica principalmente durante a infância e adolescência (Sprinthall & Collins, 1994), a partir das experiências sociais, da observação e da interacção com os outros.

Há no entanto, alguns indivíduos que no seu processo de desenvolvimento não tiveram a oportunidade de observar, experimentar ou praticar as competências de interacção subjacentes à amizade, pelo que não apresentam igual facilidade em estabelecer ou manter amizades.

Para muitos indivíduos tal poderá ser um problema, uma vez que na cultura hodierna o número de amigos é, frequentemente, tido como uma boa medida do sucesso pessoal e social de cada um. Alguém com uma vasta rede de amigos é usualmente visto pelos outros como sendo uma pessoa feliz e bem sucedida (Duck, 1991). Tal pode levar alguém a exagerar, relativamente ao número de "amigos" que efectivamente possui, procurando assim criar uma imagem de si mais positiva e a aceitação por parte dos outros.

«Todos me quiseram cumprimentar»

É interessante que ao nível da primeira resposta, a categoria amigos apenas surge para o sexo masculino, nas mulheres ela é, simplesmente, omissa.

Além da quantidade de amigos, também a sua qualidade ou/e grau de proximidade afectiva é muito importante e, ainda aí, existem diferenças interpessoais. Há quem prefira amizades próximas, fechadas e intensas, enquanto outros consideram que "quanto mais amigos melhor", independentemente da intensidade do vínculo.

Cumpre recordar que ao nível das primeiras respostas a categoria amigos não surge entre os reclusos residentes nas zonas mais afastadas dos respectivos estabelecimentos prisionais, o que pode indicar que a distância geográfica condicionará esta categoria.

No entanto, existe algo de comum... todos procuram alguém com quem se identifiquem, que partilhem os mesmos gostos e interesses, que aceitem suas qualidades e defeitos e que sejam semelhantes à imagem que cada um tem de si próprio (Duck, 1991).

Verifica-se assim uma tendência em procurar alguém da mesma religião, nível sócio-económico, história educacional e com os mesmos interesses, gostos, estilo, origem racial, orientação sexual, ..., o que leva a que por vezes se desenvolva no grupo de amigos uma sub-cultura, com interesses e problemas comuns, com estilos de vida próprios, regras similares e até mesmo uma linguagem e rituais idiossincráticos.

Na amostra analisada, o cruzamento da categoria com o tipo de profissão revelou que aquela se situa sobretudo nas profissões do tipo manual, sendo quase irrelevante nos serviços.

Os amigos são âncoras de opiniões, barómetros emocionais e críticos de comportamento. Eles podem ajudar a corrigir e guiar atitudes e comportamentos, não só pelas oportunidades de comunicação que facilitam, mas também pela modelagem de comportamentos e pela relação de confiança e entreajuda subjacente.

De acordo com Davis & Todd (1985), a amizade obedece a regras e possui algumas características que a definem. Para estes autores, os amigos devem saber evitar criticar o outro publicamente; manter segredos; dar suporte emocional; ser verdadeiro e de confiança e respeitar a privacidade, ao mesmo tempo que devem ser honestos, abertos, leais, afectuosos, confidentes e de confiança. Os amigos devem estar disponíveis, dar prioridade aos interesses do outro, partilhar o tempo e as actividades em conjunto, respeitar, valorizar e esclarecer os mal entendidos.

O estabelecimento de uma relação de amizade apoiante e calorosa envolve auto-estima (Harter, 1999); justiça, cooperação, intimidade e auto-revelações (Duck, 1991); habilidade para usar e compreender o comportamento não verbal (Fachada, 1991); actividades de acordo com o nível e tipo de relacionamento; confiança, reciprocidade (Cheal, 1986).

Se preferirmos usar a definição de Wright (1984), poderemos afirmar que existe uma "interdependência voluntária na amizade".

Este especial conteúdo da amizade poderá justificar a sua autonomia, verificada na amostra, em relação ao estado civil. Com efeito, a categoria amigos está representada em número igual entre os casados e os solteiros.

Weiss (1974), considera existir, associado ao conceito de amigo, um sentimento de pertença, de aliança, de confiança, de que está ali alguém sempre que é preciso, o que ilustra a ideia várias vezes referida pelos entrevistados de que "os amigos conhecem-se é nos momentos difíceis".

Estes vínculos persistem mesmo em reclusão. Referidas como o primeiro arrimo em 6,86% e em 26,97% do conspecto geral das respostas, os amigos são uma realidade na rede de apoio social dos reclusos. São o segundo patamar após a família, embora desta substancialmente afastada.

Quando o recluso sai em precária, há um grupo de indivíduos – não necessariamente unidos por relações de parentesco ou relacionamento sexual, mas que mantêm entre si um vínculo amistoso, de companheirismo e/ou de camaradagem – com quem refere passar algum do seu tempo, principalmente quando vai «tomar uns copos» ou «sair à noite».

«... depois da família tive de arranjar tempo para ir ver os amigos... e depois fui ver as tias idosas...»

«...para curtir, fui à noite com os amigos...»

Em relação ao tipo de actividades realizadas em conjunto, os mais novos – entre os 23 e os 26 anos de idade – verbalizam a importância dos bares e das discotecas, enquanto que o índice etário superior prefere a conversa no café.

«conversar com os amigos no café»

«curtir nas discotecas»

Recorde-se que a nível etário a expressão da categoria amigos se coloca nos patamares intermédios, isto é, entre os 25/39 e 40/45 anos de idade.

Quando vai de precária, o indivíduo procura os amigos para com eles aliviar o seu stresse, ou então, simplesmente, "matar as saudades".

«...sair à noite, ouvir música, ver caras bonitas e por aí fora.»

«ir ao futebol»

ou no caso de dois ilhéus

«ir ver o mar, respirar fundo»

«ir à praia».

Por vezes, é referida «uma amiga especial», a qual também se inclui nesta categoria, recorde-se a distinção referida supra, como sendo uma forma especial de amizade, uma vez que é apenas uma dimensão diferente da amizade, caracterizada pela existência de um relacionamento do tipo sexual.

«à noite ia ter com a namorada... isto é uma amiga... mas mais pelo prazer»

Outros buscam esta satisfação reprimida pela reclusão junto de outro tipo de "amigas", de contornos social e moralmente duvidosos

«ir às meninas»

«fazer sexo»

ou como dizia um entrevistado que após estar com a mãe durante o dia,

«na noite vagueei».

Já num contexto diferente, são frequentes as situações em que o entrevistado se refere à sua ex-mulher/ex-marido:

«...é uma amiga e além de uma amiga, é a mãe do meu filho».

Os amigos, ao nível da totalidade de respostas são referidos por 26,97%, e principalmente por aqueles com menos de 45 anos, bem como por aqueles que não têm, ou não referem, família de procriação, independentemente do meio onde estão inseridos. Parece que, de alguma forma, os amigos compensam a "falta" de família.

Os amigos fornecem apoio emocional, acompanham no tempo livre, ajudam a divertir quando a precária, e podem mesmo ser responsáveis pelos seus pertences.

«Tenho um amigo que toma conta das minhas coisas (...) Pedi-lhe para ir viver para minha casa».

Poucos se referem a amizades criadas na prisão ou a amizades antigas com os co-réus ou com elementos do grupo a que pertenciam no momento em que foram presos ou cometeram o crime.

«Eu com esses não quero conversas. Eles falam-me, eu digo 'olá tudo bem' e sigo caminho».

Quando há referência a amizades estabelecidas na prisão, os laços criados parecem ser muito fortes.

«...o padrinho da minha filha, que é um antigo companheiro que conheci aqui na cadeia».

De uma perspectiva diferente da que vimos analisando, existe um papel que pode ser designado de patológico da variável amigos. Verifica-se quando a influência dos amigos tem um sentido associal ou, mesmo, delinquente.

«... aquilo que fiz. Influência dos amigos. Agora, também, não tenho amigos. Estou melhor, os meus amigos são a minha família e mais ninguém»

Aqui, o voltar ao grupo de amigos, ao contrário de facilitar a reinserção, dificulta-a. A permanência em grupo delinquente só pode levar o indivíduo à reincidência.

As relações de amizade possibilitam o treino de competências sociais, a interiorização de regras e o ajuste do comportamento de acordo com o *feedback* do grupo, o qual muitas vezes decorre no sentido disruptivo.

«... tanto que a polícia me apanhou com 10 contos no soutien, que era dinheiro que o meu co-réu me deu! (...) O meu co-réu é toxicodependente, que apoio é que ele me podia dar? Dá-me a casa, pronto, o que ele comia, também me dava a mim, mas pronto...(...) Estive por lá um tempo, depois chateei-me ... comecei a ver muita gente a ir por lá, a polícia também andava lá em cima daquilo... Pego e fui morar para uma pensão, para o centro do Porto, foi quando comecei a andar aí outra vez na vida...»

A influência dos amigos no sentido associal é, maioria das vezes, explicada por características pessoais, nomeadamente, uma baixa auto-estima, predomínio de atribuições externas, crenças irracionais sobre o valor do próprio como pessoa e sobre a relação de amizade, imaturidade, experiências e acontecimentos de vida anteriores, déficit de competências e regras sociais...

«Não, não fugi, eu fui influenciado por amigos ...»

No entanto, importa recordar que nos insucessos, ao nível das primeiras respostas não existe a categoria amigos. Este facto parece contrariar a ideia corrente de que os amigos podem ter uma influência negativa, no sentido asocial. Cumpre, face as demais respostas, "temperar" o aludido resultado avesso à ideia corrente da importância dos amigos.

III – Vizinhança

Defendia Aristóteles que a cidade havia de ser suficientemente grande para se bastar a si própria mas não tão grande que os seus elementos perdessem o contacto uns com os outros. Esta preocupação de Aristóteles pelo relacionamento das pessoas que integram uma comunidade constitui uma preocupação da urbanística hodierna (Merino, 1978).

Com efeito, o relacionamento interpessoal é o verdadeiro fundamento da vida social e, como tal, deve constituir o elemento base de qualquer comunidade.

A comunidade constituí o sistema ou grupo social de raiz local, diferenciável no seio da sociedade e base de características e interesses partilhados pelos seus membros e subsistemas: localidade geográfica, interdependência e interacção psicossocial estável, sentido de pertença, identificação com símbolos e instituições.

Na literatura, a comunidade é definida como uma localidade compartilhada num determinado espaço físico, estável no tempo, onde co-existem um conjunto de instalações, serviços, recursos materiais e sistemas sociais, acessíveis a todos os membros dessa comunidade. Existe uma interdependência e interacção psicossocial entre os membros que estão unidos entre si por laços comuns, estando subjacente uma componente psicológica de carácter identificativo entre os membros e com os símbolos e instituições da comunidade.

Cada indivíduo sente que faz parte de uma rede de relações de apoio mútuo em quem pode confiar, o que o impede de experimentar um sentimento permanente de solidão, que o poderia levar à ansiedade, à angustia e a adoptar um estilo de vida potencialmente destrutivo.

As principais funções da comunidade são a produção, distribuição e consumo de bens, a socialização entre os seus membros, o controlo e participação social e o apoio mútuo entre estes.

Ao sair de precária, a maioria dos reclusos regressa a casa (seja à sua própria casa, dos pais ou de outros familiares), ao local onde habitavam. Na rua, no bairro ou na aldeia onde moravam, cruzam-se nas ruas com outras pessoas que os conhecem e a quem não se referem como amigos, mas como vizinhos.

Os vizinhos podem não ser elementos de um grupo voluntário, pois a possibilidade de escolha livre dessa relação é nula e, em rigor, nem sequer grupo informal e não estruturado, pois não existe entre eles partilha de actividades.

Para certos autores (Meister, 1961), a vizinhança é um grupo de facto primário, na medida em que se impõe ao indivíduo e impõe uma interdependência e um suporte relacional.

No entanto, o grupo é, hoje, electivo: a vontade de escolher e permanecer no grupo é uma característica da vida de relação do homem hodierno.

Independentemente de ser ou não considerado como um grupo – num sentido estrito ou, amplo – a vizinhança pode influir na actividade dos seus membros individuais, originando um processo de funções e oposições condicionantes do comportamento individual.

O que se entende então por vizinhança como unidade social?

A unidade de vizinhança constitui uma das unidades de vida social, em termos de estrutura colocada entre o grupo residencial e o bairro (Théry, 1978). O grupo residencial típico anglo-saxónico, varia entre algumas dezenas e algumas centenas de famílias, tendo grande importância para as relações imediatas de vizinhança e para o estabelecimento de uma vida social. O bairro, na aludida tradição, corresponde habitualmente à unidade paroquial, possuindo igreja, mercado, zona comercial e equipamentos sócio-culturais. Para os urbanistas anglo-saxões a unidade de vizinhança constitui o quadro ideal da comunidade em meio urbano. Ela integra um milhar de famílias em torno de um complexo escolar, um conjunto de centros de comércio, um mesmo polo sócio-cultural e sanitário.

Os vizinhos são também elementos da rede social de apoio de qualquer pessoa, principalmente pela proximidade física e pelas relações quase diárias e inevitáveis que se podem estabelecer. É conhecida a importância das relações de vizinhança nos bairros de operários, substituindo-se, por vezes, às relações familiares (Vieille, 1954).

A vizinhança, integrada na perspectiva da comunidade (*community resources*) é um elemento de prevenção (Dufour-Gompers, 1992).

Mas a vizinhança, tal como o grupo residencial ou bairro, assume, na consciência de cada qual, uma importância e dimensão diferente. Aqui, as determinantes etárias, culturais e sociológicas são subjectivamente relevantes.

A juventude tende a estabelecer relações de proximidade que a idade adulta rejeita. A cultura, se aproxima certo tipo de indivíduos, pode ser noutros casos um factor segregador. Num bairro ou numa aldeia, tende a haver mais coesão social do que numa cidade, dado a proximidade física dos seus elementos. Os modernos condomínios fechados podem facilitar e promover as tradicionais relações de vizinhança, mas também as discórdias devido à pouca privacidade e competitividade associadas.

Os vizinhos apoiam ou dificultam a reintegração do indivíduo na sociedade e, do mesmo passo, permitem testar a reintegração daquele na sociedade e, a partir da reacção destes que o conhecem, antecipar possíveis reacções da comunidade mais alargada.

Talvez por esta importância indirecta, os vizinhos não são referidos pelos reclusos entrevistados como sendo um elo prioritário de apoio aquando a sua saída precária, antes surgem como um complemento a outras variáveis.

É elucidativo o facto de esta variável não ser sequer referida ao nível da primeira resposta do recluso. Assim, apenas na totalidade das respostas obtidas, as relações de vizinhança são uma realidade presente no tempo de precária com a expressão modesta de 7,86%.

Em que se traduz essa presença do vizinho na saída precária do recluso? Importa descodificar esta variável.

Embora dependa muito do tipo de crime cometido, da fama ou conceito social do infractor e do próprio eco social, quando o recluso sai de precária e volta a passear pelas ruas do seu bairro, os vizinhos tendem a cumprimentá-lo e a abordá-lo. Assim o caso de um recluso ao regressar à sua pequena povoação:

«Toda a gente me cumprimentou»

Aqui o vizinho é impessoal, são os vizinhos, tal como o caso em que referem ter sido muito bem recebidos pelos vizinhos:

«o bairro inteiro, fizeram uma festa quando me viram»

ou «todos me queriam ajudar, dar dinheiro, não me deixavam pagar nada».

Também aqui dois casos de ilhéu açoriano.

«Todos me quiseram ver... outros perguntavam como é que eu estava»

«Foi uma festa, fiquei tocado»

E, registam ainda, agora no continente, que não foram recriminados, verbalizando de forma clara a sua aceitação por este segmento social:

«não tive uma única pessoa que me recriminasse, foi como se eu tivesse voltado de uma viagem, que estava no estrangeiro emigrado».

No entanto, outros referem não ter sido tão bem recebidos:

«as pessoas olhavam para mim na rua e afastavam-se».

Os entrevistados que referem a vizinhança são sobretudo reclusos ligados a pequenas povoações, ou bairros antigos da cidade, talvez pelas idiossincrasias desses locais.

Cumpre referir que os reclusos provêm, no caso dos reclusos do continente, com maior frequência, da zona da Grande Lisboa (Amadora, Vialonga,...) ou de bairros no interior da própria cidade (Chelas, Bairro Alto,...), atende-se que a presente investigação apenas abrange a área do Tribunal de Execução de Penas de Lisboa.

Nas ilhas, sobretudo nos Açores, os vizinhos são elementos muito influentes quer no sentido de ajudar o indivíduo na sua reintegração social, ou de, pelo contrário, dificultando a reintegração do recluso, ao exercer uma forte censura e oposição, resultante do tipo de crime praticado pelo recluso e o alarde social que provocou naquela comunidade.

«Não podia lá voltar, os irmãos e a família dela dominam o lugar... toda a gente lhes obedece....»

Não se verifica um padrão ao nível da idade dos reclusos que fazem referência aos vizinhos, o que parece ser indicador de que o factor etário não é determinante nesta variável. Será possível que ao nível etário mais baixo a relação com o vizinho seja verbalizada como relacionamento com amigo mas não se pode fazer mais do que uma suposição, importaria aprofundar o estudo neste particular.

No entanto, esta categoria, no seu conspecto geral, surge hoje como pouco expressiva, pois a grande maioria da amostra não faz referência alguma aos vizinhos.

IV – Trabalho

O trabalho constitui um elemento importante quando em reclusão pois além de ser considerado como uma actividade que facilita a reinserção social do recluso, é um factor de disciplina, conserva a aptidão para a actividade laboral e constitui uma possibilidade de adquirir formação profissional. Formação profissional que permitirá que os reclusos, no reingresso à vida activa, estejam apetrechados ao mercado de trabalho.

Assim nos diz, por exemplo, o diploma hoje em vigor sobre a execução das medidas privativas de liberdade (Decreto- Lei n.º 265/79, de 1 de Agosto), nos seus arts. 63.º e seguintes.

Aliás, o trabalho prisional constitui uma constante da legislação nacional desde o Decreto de 2 de Março de 1843 que aprova o Regulamento Provisório da Polícia das Cadeias.

Embora historicamente o trabalho quando foi introduzido nas prisões tenha sido considerado como um castigo e seguidamente como uma fonte de lucro, hoje estas facetas estão ultrapassadas, sendo o trabalho na prisão uma aproximação do trabalho na vida normal. E, como aproximação à vida normal, o recluso deve trabalhar.

Em muitas legislações penitenciárias (Espanha, Alemanha, Bélgica, Inglaterra, entre outras), o dever de trabalhar em reclusão é considerado um elemento fundamental ao "tratamento" do recluso.

Como retoma do emprego, ocupação remunerada ou gratuita, como labor em coisa sua ou mero «biscate», a ocupação laboral é uma forma de alguns dos reclusos passarem o tempo das precárias.

O trabalho executado no tempo das precárias tem uma função de socialização antecipatória, representa uma confirmação das potencialidades de reinserção do recluso, na medida em que prenuncia a actividade a desenvolver uma vez em liberdade.

Referido como preocupação prioritária em 6,86% das primeiras respostas, ele ascende à expressão de 10,67% no acervo da totalidade das respostas múltiplas.

Que "tempos" são referidos nesta variável? Importa ilustrar.

Uns trabalharam como pintores, outros nas hortas ou no campo, na construção civil, outros, ainda, em pequenas empresas...

«Tenho um atelier. Faço roupa para eles (sobrinhos)»

«Trato das hortas, ajudo a minha irmã no amanho da terra, depende de quando é a precária...»

E a motivação, esta não é unívoca.

Há os que referem ir trabalhar porque têm negócio próprio ou de família

«vou ajudar o meu pai lá na padaria»

ou «tenho os camiões parados (...) o meu irmão é que me está a ajudar com o negócio»

Outros porque têm terrenos agrícolas

«trabalhei na minha horta»

ou «trabalho no campo... tem de ser...»

«fui até lá (aos Açores) ver como estavam as coisas e tratar dos negócios»

Ou porque precisam do dinheiro e por isso vão trabalhar (na grande maioria para a construção civil).

«aproveitei e trabalhei... sou pintor...»

Ou para "compensar" os pais pela sua ausência, aproveitando para passar algum tempo com eles ao mesmo tempo que os ajudam

«ajudei o meu pai na pastelaria»

Principalmente os reclusos acima 30 anos, aludem ao facto de irem trabalhar durante as precárias sendo que a maior incidência de respostas nesta categoria corresponde a indivíduos com idades compreendidas entre os 43 e os 56 anos. Parece que o mais elevado índice etário estará ligado à aquisição tardia de hábitos de trabalho na população objecto de estudo ou, então, a opção está ligada a uma maturação tardia ou, finalmente, ela está ausente no segmento recluso mais jovem.

Importa referir que ao nível da primeira resposta o trabalho surge, para alguns casos, como prioritário na saída precária, assumindo efectiva relevância no tempo de liberdade. Já ao nível das respostas totais não é conhecida a importância do trabalho na economia do tempo de precária, sabemos que é uma realidade presente nesse importante tempo de liberdade mas não se conhece o seu *quantum*, podendo, por exemplo ser uma ocupação meramente simbólica.

De qualquer forma, a verbalização do trabalho já é, por si só, relevante dado mostrar que nas preocupações do recluso esta variável está presente. Tal indiciará que a reinserção poderá ser facilitada quando há interesse e oportunidade de trabalhar.

Mas o trabalho está ainda presente de uma outra forma. São as manifestações de solidariedade resultantes dos vínculos laborais. Alguns dos entrevistados referem o tempo que passaram com "os colegas de trabalho", sublinhando a importância de manterem este tipo de vínculos.

«Tive de estar uma tarde com os meus colegas lá do trabalho, eles sempre me apoiaram e perceberam o que eu fiz... São para mim importantes...»

Estes colegas funcionam como grupo de pares e, tal como referido anteriormente, após a família, o grupo de pares desempenha uma importância vital no processo de socialização. Assim foi verbalizado pelos reclusos corroborando os estudos sobre rede social anteriormente citados.

V – Instituições

O termo instituição é aqui empregue num sentido abrangente, significando uma organização, fundação ou qualquer estabelecimento de ordem pública.

Após a reclusão ou durante as saídas que precedem a libertação do recluso, seria de esperar um apoio institucional. Apoio que até ao século XIX as Confrarias e as Misericórdias asseguravam (Pereira, 2000). Este apoio constituiria o garante ou o reforço de todo o esforço de socialização antecipatória (anticipatory socialization) do delinquente. Aliás, de acordo com certa perspectiva mais tutelar, é porventura da própria instituição penitenciária que eventualmente seria de esperar esse apoio, na medida em que o recluso dela não está desvinculado. Entre nós, no entanto, não existe esta prática. E, não existe, entre outras razões, porque o propósito desta medida é conferir liberdade ao recluso. Com efeito, um acompanhamento não desejado iria tolher a liberdade que é o cerne da saída precária.

O apoio institucional foi historicamente muito importante, seja na fase da execução da pena, seja na fase posterior da libertação. Essa função de apoio foi inicialmente dada por instituições religiosas e particulares e, posteriormente, de forma progressiva substituídas pelo Estado. No entanto, nunca o Estado avocou a si a totalidade desse apoio, antes incentivando e criando espaço à demais intervenção.

Mas o resultado da investigação revelou uma importância meramente residual das instituições, privadas ou públicas, nesta fase crucial da reinserção social do recluso. Entre as primeiras respostas, esta variável não está referida e, no acervo da multiplicidade de respostas, ela surge como a expressão mais baixa de todas as variáveis, 6,75%. Em termos concretos, foram 12, de entre os 102 reclusos entrevistados, que aludiram e de forma residual a esta variável.

A que tipo de instituições se referiam os reclusos?

Curiosamente as poucas instituições referidas são principalmente as recreativas, de bairro ou desportivas em que não existe propriamente um apoio no sentido de acompanhamento ou, sequer, arrimo para a conduta, mas sim um local de lazer, onde se vai passar o tempo.

«Dar um pezinho de dança nos Alunos de Apolo»

Mais do que instituições seria então possível referir grupos, mais precisamente agrupamentos voluntários (Gurvitch, 1963).

Mas se esta espécie de grupos tende a desenvolver-se a ritmo acelerado como produto da civilização urbana, não será particularmente relevante esse tipo de "inserção" no caso de reclusos aquando em precária.

Foi, no entanto, possível constatar em alguns reclusos com carências sócio económicas, o apoio efectivo e de ordem logística e/ou económica de diversas instituições, como por exemplo colégios de internamento temporário, paróquias locais e câmaras municipais. São, no entanto, casos pontuais e sem continuidade, meros actos isolados.

«Fui receber a chave da casa que a Câmara me deu»

Já num outro tipo de apoio, outros utilizam o tempo da precária para reiterarem a sua "fé em Deus" (sic.) e vão até à Igreja, mas sem que lhes seja prestado qualquer tipo de apoio além do espiritual.

Os reclusos que referem este tipo de "apoio" são maioritariamente do meio rural e de idade superior a 30 anos.

É, ainda, uma categoria principalmente referida pelas mulheres, que tendem a salientar o apoio familiar e as instituições que normalmente apoiam os seus filhos, por exemplo, o Colégio de Internamento de Apoio Temporário de Tercena, onde a reclusa também fica quando vai de precária.

Em alguns dos casos o apoio das instituições, sendo efectivo, é feito ao nível familiar e não apenas individual, o que se justifica por carências sócio-económicas e desajustamentos familiares que condicionam o recluso.

Embora seja certo que o investimento destas instituições deva ser selectivo por carência de meios para as muitas solicitações, a sua intervenção, nesta fase de reaproximação do recluso à sociedade poderá ser determinante e porventura deveria ser potenciado.

Pese o facto, já aludido, referente à incompatibilidade, ao nível dos princípios e do apoio institucional na pendência do tempo de precária, não se vê que exista qualquer obstáculo legal a esse tipo de acompanhamento desde que justificado – do ponto de vista institucional – e desejado – por parte do recluso beneficiário.

Contrariamente ao que seria de esperar, não foi mencionado qualquer tipo de apoio ou, sequer, relação de ajuda ou acompanhamento aquando em gozo de precária, seja do sistema penitenciário, do Instituto de Reinserção Social ou de outro tipo de instituição de cariz público ou privado vocacionadas para a reinserção do recluso na sociedade. Tal não nos permite afirmar que não existe esse apoio mas certamente autoriza a afirmação de que a existir é pouco expressivo, uma vez que não é sequer verbalizado pelos reclusos.

Reclusos que, pelo contrário, se insurgem com a falta de apoio:

«... na prisão são umas condições... eu tenho a minha perna que, como pode ver, nem a posso mexer, queixava-me de dores nas costas, e o médico nunca me ligou. Até que um dia sou retirado da minha cela, pelos bombeiros voluntários, e sou levado para o Hospital S. Francisco Xavier, onde me é detectado 5 hérnias discais, em último grau com lesão do tendão. Tenho uma carta do hospital a dizer que a todo o momento vou ficar sem andar e vou ficar numa

cadeira de rodas. Foi levantado imediatamente um processo contra o estabelecimento, pela Procuradoria Geral da República... isto a nível médico e de assistência social, não há nenhuma, não há apoio nenhum, nunca perguntaram "É preciso mandar alguma coisa para a tua esposa? Ajudar nos transportes?" porque eu não tenho visitas uma vez por mês, a minha esposa não pode deslocar a criança, nem sempre tenho visitas e quanto ao nível das instalações, superlotadas! Não é só desta cadeia. A nível de funcionários, podíamos ser mais bem atendidos pelos funcionários de educação. São escassos e tratam-nos com muita arrogância, principalmente da parte de um educador.
... os serviços de educação, a Sra. Directora, os serviços de assistência social, esconderam-me o estado em que se encontrava o meu filho e eu saí daqui com muita alegria...
Lá fora a mesma coisa, nada, ajuda nenhuma...»

Não deveriam as instituições ser o primeiro "porto de abrigo" do recluso durante e após a reclusão, serem o fio condutor promotor do sucesso da almejada reinserção?

A insuficiência de apoio institucional nesta fase do percurso do recluso poderá ser uma falha do sistema.

As instituições são uma fonte de apoio e segurança muito importante ao permitirem ao recluso, com uma margem de certeza, aceder a bens necessários à sua sobrevivência, podendo ser óptimas fontes de relacionamento social e ajuda.

Talvez se trate de uma questão de cultura social ou falta desta, uma nova filosofia de intervenção poderá permitir melhores resultados no tratamento penitenciário, reduzindo a taxa de reincidência.

Conclusão

a) Enquadramento

A rede social, no sentido da soma das relações e vínculos interpessoais do indivíduo com os outros, informa e conforma o sujeito.

Como matriz social de cada um dos seus elementos, ela é o sustentáculo comunitário, a chave para a socialização. Socialização que é o propósito da reinserção do recluso.

A sociedade requer que o liberto seja com ela compatível, razão pela qual a lei penal estabelece que a pena de prisão deve preparar o indivíduo para conduzir a sua vida de modo socialmente responsável, sem cometer crimes.

O desiderato legal é, no entanto, paradoxal: como pode a ausência de liberdade preparar a liberdade?

Este paradoxo poderá surgir mais perceptível colocando o mesmo princípio num outro tipo de situação: como poderá a criança aprender a andar senão andando?

A reclusão como forma hodierna de castigo do semelhante não deixa de ser um acto social lamentável. Talvez, em certos casos, necessário mas, por si só, carente de racionalidade.

O simples encarceramento apenas serve finalidades preventivas. Os modernos princípios humanitários não toleram uma situação linear de prevenção, o respeito pelo indivíduo, o Ser Humano na sua individualidade impõe uma nova postura por parte do Estado e da comunidade.

A reclusão, na perspectiva do visado, é um período crítico, salvo excepções de contornos patológicos.

A sociedade vê esse período de diferentes e porventura ambíguas perspectivas. Para os mais críticos, a prisão desumaniza e diminui as capacidades de inserção social e assim, contribui para gerar mais crime. No termo oposto, concebe-se a reclusão como o "ponto de viragem" de um percurso delinquente. Para o transgressor e para a sociedade a prisão é algo que surge como um obstáculo à prática do crime, ou pelo menos, faz as pessoas pensar aquando se lhes coloca a situação de o cometer.

Será possível afirmar que se têm vindo a elaborar estudos sobre o delinquente, sobretudo após Lombroso (1876), mais recentemente sobre a prisão (Foucault,1961, 1975; Clemmer, 1940; Sykes,1958; Goffman, 1961, 1961a). Mas além de muito mais se poder estudar nestes domínios, outros temas existem que estão praticamente virgens à investigação.

E, curiosamente, estes domínios desconhecidos, entre os quais se situa o estudo da rede social dos reclusos, são absolutamente determinantes da compreensão e do agir do delinquente bem como ferramentas de intervenção para promover o possível êxito do suposto "trabalho prisional".

Neste "trabalho prisional", cumpre não olvidar que a realidade não é uma soma de componentes estanques. Cada fragmento está, de forma mais ou menos necessária, ligado aos restantes. Assim, dentro do que é possível compreender dos outros e da realidade conforme nos surge, a visão atomística revela-se pobre, parcial e incompleta.

Acrescentar um elemento ao "puzzle" é contribuir para a sua melhor compreensão; estudar a determinante rede social a propósito da reclusão é lançar luz sobre o estudo da própria reclusão, é contribuir para compreender o ser humano, o delinquente e o encarcerado.

Além de contribuir para esclarecer as sobreditas realidades, o estudo da rede social vem contribuir decisivamente para uma melhor compreensão do reingresso à vida livre.

O regresso à liberdade após o encarceramento, de acordo com estudos recentes (Love & Kuzma, 1997; Uggen, 2000; Clear & Cole, 2000; Bradley et al., 2001; Western, Kling & Weiman, 2001; Ripley, 2002; Travis, 2002; Bushway & Reuter, 2002; Holzer, Raphael & Stoll, 2002; Petersilia, 2003), constitui um patamar particularmente penosos no percurso do recém-liberto. A disrupção operada na vida de um indivíduo com a reclusão pode produzir alterações profundas no seu percurso social, comprometendo de forma definitiva a sua efectiva reinserção no tecido social.

Assim, a concessão de saídas precárias surge como uma medida adequada a reduzir os malefícios da reclusão, nomeadamente o afastamento do indivíduo da sociedade ou seja da sua rede social. Parece, assim, que estas medidas devem ser potenciadas.

Ora, a rede social interage e acolhe (ou não) o indivíduo que dela se apartou, determinando de forma mais ou menos explícita o leque de hipóteses que, no seu seio, o indivíduo pode acolher como suas.

Interessante será constatar que muitos dos reclusos libertos voltam a delinquir e, portanto, ou a prisão não foi eficaz ou, então, o leque de hipóteses que a sociedade lhes ofereceu no reingresso à vida livre não constituíram motivo suficiente para os decidir apartar das práticas criminais.

Sendo a rede social o sustentáculo comunitário do indivíduo, parece ser relevante o seu conhecimento por parte do sistema judiciário e penitenciário.

A adequação das práticas destes sistemas de justiça ao seu objectivo, impõe o conhecimento do indivíduo que lhes é entregue e, ainda, da rede social em que este está inserido. Esse conhecimento será por um lado a revelação de uma identidade que requer atenção por parte do sistema e, por outro, um indicador da possível reinserção social do recluso.

Saber de onde vem e para onde vai o recluso, em termos do seu destino social, é possuir informação que, no mínimo, complementa o conhecimento directo do indivíduo e, do mesmo passo, impõe a articulação do trabalho intra e extra muros da prisão.

Só essa articulação poderá conferir sentido a um trabalho com continuidade, assegurado pela potenciação das virtualidades da rede social, seja no apoio aquando em reclusão, seja na socialização após a libertação.

O estudo empírico revelou um papel destacado da família no apoio social ao recluso. A expressão percentual é elevada, tanto no âmbito da primeira resposta (86,28%), como na totalidade das respostas (47,75%). Conclui-se, assim, que a família surge como principal apoio do recluso na sua saída precária.

Importa recordar que se trata da liberdade resultante de saída precária, isto é, apenas alguns dias de liberdade para novo reingresso na reclusão. Esta realidade restringe o alcance da constatação da primazia da família no apoio no regresso definitivo ou, mesmo, nos períodos de liberdade por força da liberdade condicional.

Também o espectro geográfico da amostra poderá condicionar as conclusões, as quais poderiam ser diferentes, por exemplo, no TEP de Évora, Porto ou Coimbra.

Feitos estes reparos, importa averiguar de que tipo de família se trata e qual a qualidade de apoio dado.

Constatou-se que a família surge com múltiplos enfoques. No entanto, será possível afirmar que ela é uma presença constante no imaginário do recluso, no seu discurso e, por fim, uma realidade de facto. A família surge, antes de mais, como um todo, constituído pelo grupo de pessoas – ascendentes, cônjuge, descendentes, irmãos, ... – mas também evoca o próprio ambiente e local resultante e ocupado por essas pessoas. A família é, do mesmo passo, uma idealização e uma realidade.

A sua existência é motivo de regozijo e de segurança para o recluso. O simples facto de existir a família, surge, para a generalidade dos entrevistados, como o apoio esperado e efectivo, por ventura o único, que possuem no exterior.

A família, se é um factor compensador na generalidade dos casos, pode constituir, em situações especiais, um motivo de preocupação e angústia para quem privado de liberdade. Esse sofrimento pode ser potenciado aquando a licença de precária, pela constatação *in locu* de uma situação que o recluso não pode suprir ou, sequer, minorar.

Existem diferenças, nas preocupações e apoios, entre a família de origem e a família de procriação, esta, em regra, é mais geradora de preocupações do que a primeira, mas também parece ser mais estruturante, nesta fase da vida do recluso, do que a família de origem.

Verifica-se que o suporte familiar pode ser mais estrito – por exemplo, a mulher e a filha – ou, então, alargado. A dimensão parece, no entanto, não ser determinante do efectivo vínculo recluso/família. Vínculo que pode ser determinante do comportamento do recluso, seja no sentido da sociabilização, o que em regra sucede, seja no sentido do desvio social ou, simplesmente, da não conformação às normas estabelecidas.

Uma outra variável, os amigos, representa 6,86% do apoio, levando em conta as primeiras respostas dos reclusos; e, 26,97% desse mesmo apoio, tendo agora como base a totalidade das respostas.

Constitui, assim, esta variável, a segunda mais relevante, em grandeza percentual, embora em termos numéricos efectivos apreciavelmente afastada da família.

De acordo com os entrevistados as amizades "verdadeiras" não se alteram ou perdem com a reclusão, antes persistem. Excepção feita aos "amigos do infortúnio" e dos "maus caminhos", dos quais referem preferir o afastamento. Recorde-se que a amostra é constituída por indivíduos com bom prognóstico de reinserção social, só assim se justifica a concessão da precária.

A saída precária constitui uma oportunidade para se estar com os amigos, estes constituem apoio para o convívio social, suporte emocional, ajuda física e emocional,...

Particularmente relevante parece ser esta variável no caso dos reclusos sem apoio familiar, aqui tende a colmatar a falta daquele apoio, por substituição.

É possível verificar a maior incidência desta variável em indivíduos com menos de 59 anos e com mais de 25 anos de idade.

Que dizer do vínculo, no sentido da força e da influência, entre esta variável e o agir do recluso.

Será possível afirmar que a relação afectiva ou emocional estabelecida entre o(s) amigo(s) e o recluso, não é uniforme; pelo contrário, o vínculo e o significado desta variável é extremamente divergente entre cada entrevistado. Depois, a importância conferida por cada um é, também ela, muito relativa.

O que pode resultar como pacífico será a existência desta variável como o segundo elemento, após a família, no apoio ao recluso e que a sua influência neste, surge, por vezes, determinante no sentido pró--social ou, então, na persistência asocial do recluso.

Será interessante registar a ausência do apoio de amigos no caso de insucesso da saída precária, a contrariar a ideia corrente da influência nefasta dos amigos.

Uma outra constatação é a de inexistência desta variável, ao nível da primeira resposta, para o sexo feminino. Esta constatação justificaria nova análise, com aumento da população feminina e maior profundidade, neste particular, ao nível da entrevista.

Uma outra variável, o trabalho – como ocupação do tempo da saída precária –, surge em segundo lugar, a par da variável amigos, ao nível da primeira resposta, e em terceira posição, considerando a totalidade das respostas.

São de diverso tipo os trabalhos executados e diversa é, igualmente, a motivação que lhes preside. No entanto, será possível afirmar que a prevalência vai para o tipo de trabalho manual e a motivação oscila entre a ajuda ao familiar, na qual o aspecto económico não é referido, e o trabalho procurado e remunerado.

A verificação desta variável aquando o tempo de saída precária é importante porquanto parece indicar uma socialização – por via do trabalho – antecipatória. Desta forma, revela uma capacidade positiva de reinserção.

No entanto, os resultados ao nível de apoio principal são modestos – apenas 7 dos 102 reclusos – e, o maior peso ao nível da totalidade das respostas há-de ser mitigado porquanto como motivo adjuvante não permite concluir pelo real "peso" desta ocupação na economia do tempo de precária e no alento do recluso.

Um aspecto a sublinhar é o mais elevado índice etário da população que ocupa o tempo de precária com trabalho, a demonstrar a aquisição tardia de hábitos de trabalho nesta população ou, em alternativa ou cumulativamente, uma maturação tardia deste segmento recluso. De qualquer forma, é um dado a abonar a tese de que a maturação social se dá aos 40 anos de idade (Pinatel, 1972).

Justificaria aprofundar o estudo das condições de verificação desta variável, por exemplo, fazendo a ligação entre esta e a ocupação laboral no estabelecimento prisional ou, então, importaria melhor conhecer as motivações da opção pela variável e articular estes dados com a rede social envolvente. Também as variáveis sexo e idade justificavam maior reflexão.

Sem qualquer expressão no quadro das primeiras respostas, a variável vizinhos surge verbalizada na totalidade das respostas 14 vezes, correspondendo a 6,86% do acervo global.

Como suporte relacional a vizinhança parece, dentro de certas condicionantes, ter o poder de impôr uma interdependência sobretudo ao nível da comunidade mais pequena, fora da mancha urbana e suburbana. E, se referida às zonas urbana e suburbana, restrita a determinado grupo ou sector.

Embora não sendo um elo prioritário de apoio aquando da saída precária, a vizinhança tem um papel de suporte ou, então, de rejeição do recluso que não pode ser negligenciado, sendo relevante atentar neste segmento da rede social para efeito de reintegração do indivíduo.

Não figura entre as primeiras respostas dos reclusos referência alguma a instituições onde estes recorram no seu tempo de liberdade mercê da saída precária, ou de onde recebam algum tipo de apoio.

No entanto, 12 dos 102 reclusos aludem, como suporte recebido no tempo de precária, as instituições.

Das variáveis estudadas, esta é a de menor expressão percentual, apenas 6,75%.

As poucas instituições referidas são, sobretudo, recreativas, sendo que o recurso a estas é ditada por razões de lazer. Surgem, ainda, as instituições de carácter humanitário e/ou social, quando há necessidade de suprir carências económicas. Neste particular, será de assinalar o maior peso do sexo feminino no recurso a este tipo de ajuda. Por fim, a instituição religiosa, por motivos de fé.

A não referência de apoio ao recluso por parte de instituições vocacionadas para a reinserção na sociedade merece alguma reflexão. Não nos parece que seja incompatível com a liberdade a intervenção destas instituições aquando o tempo de precária. Se necessária pelo contexto de carência do beneficiário, a intervenção é, no mínimo, justificada como forma indispensável para o êxito desta medida de reaproximação à sociedade.

Ponderando o crescimento da reincidência, sabendo que o encarceramento mais rigoroso produz maior taxa de recidiva, não seria de potenciar as saídas precárias como forma de apostar na diminuição daquela taxa, incumbindo às sobreditas instituições um papel mais activo no acompanhamento do reingresso? Seria uma nova "postura" destas instituições, requerida por imposição da realidade dos números da reincidência e pela necessidade de eficácia do sistema prisional e de justiça. Claro que esta nova "postura" passaria pelo Estado potenciar a capacidade de resposta destas instituições.

Em jeito de balanço, será possível afirmar:

A rede social surge ou pode surgir como apoio e garante de sucesso do arguido em precária, daí a importância do seu conhecimento pelo sistema penitenciário e judicial. Este dado é novo na estratégia de abordagem da pós-reclusão que se vem centrando exclusivamente nas estratégias pessoais dos reclusos (Gonçalves, 2000). Parece que importa reequacionar a estratégia pessoal com o enquadramento social, neste particular assumindo a rede social o maior relevo.

A rede social é, assim, um possível indicador das potencialidades de reinserção social do recluso, não se devendo descurar a ligação entre ambas.

A rede social pode surgir como complemento do trabalho dos técnicos penitenciários, daí a necessidade de articulação do trabalho dentro de muros e fora destes, a continuidade é muitas vezes o garante do êxito.

Conhecer a rede social aonde se insere o recluso como complemento do conhecimento individual desse recluso, parece ser uma necessidade elementar para formular qualquer juízo sobre o futuro daquele e, desta forma, adequar a acção. Por outras palavras, importa trabalhar na rede social como forma de potenciar as possibilidades de socialização do recluso, isto é, cumpre preparar o "terreno" para o apoio em liberdade, ou, simplesmente, para a liberdade.

b) Resultados

Que resultados se podem retirar da investigação empírica.

Importa, desde logo, fazer uma interpretação cautelosa das conclusões pois a indagação da rede social foi feita aquando das saídas precárias e não uma vez em liberdade, mesmo sem ser em liberdade condicional o que restringe qualquer tipo de ilações. Poderá ser possível que a disponibilidade da família, dos amigos e dos vizinhos seja diferente consoante o recluso esteja em liberdade por quatro ou oito dias findos os quais regressa ao Estabelecimento Prisional ou, então, esteja em liberdade definitiva e desvinculado do sistema prisional e da justiça.

Também a amostra apenas corresponde às características dos reclusos beneficiários de saídas precárias e não à totalidade da população reclusa. Será possível afirmar que a amostra contempla aqueles reclusos de que o sistema espera reinserção social. Importaria assim, não restringir o próximo estudo a um certo tipo ou franja de reclusos, a um determinado espaço geográfico, mas sim à população prisional total.

Depois, este estudo exploratório sugere a necessidade de estudos no domínio da reinserção social e da rede social de apoio dos reclusos. Urge encetar o estudo desta realidade de forma sistemática, não descurando a sua componente empírica, não se pode teorizar sobre uma realidade que não se conhece.

Conhecer a rede social de apoio de um indivíduo e avaliar as suas oscilações, desde o momento em que entra na cadeia até ao momento em que é posto em liberdade, constitui um percurso a ensaiar previamente ou em concomitância com a intervenção de ajuda.

A família surge inquestionavelmente como o primeiro e principal apoio do recluso aquando a saída do estabelecimento prisional, mercê da saída precária.

Essa primazia é válida tanto nos casos de sucesso como nos de insucesso, tanto nas mulheres como nos homens, independentemente da idade, estrato social ou profissional.

Parece haver diferenças relevantes entre o papel desempenhado pela família de origem e o da família de procriação.

A família de origem é, sobretudo, fonte de apoio para o recluso, mas a família de procriação, além de ser fonte de apoio surge, por vezes, como motivo de preocupação e angústia.

Assim, a família de procriação ao "exigir" mais do indivíduo recluso, também desempenha um papel mais activo no comportamento deste, tanto no sentido da conformação com as normas sociais, como no sentido desviante.

Surge interessante e a justificar investigação ulterior, o resultado alcançado de que na decisão de não voltar ao estabelecimento prisional, no termo da saída precária, a família de origem é irrelevante, por contraposição com a família de procriação que, neste particular, pode condicionar a decisão de não voltar.

Em percentagem acentuadamente mais modesta, os amigos e o trabalho surgem como ocupações do tempo da precária. Ocupações prioritárias para alguns dos reclusos, mas apenas do sexo masculino, já que as mulheres, na sua totalidade, têm a família como suporte prioritário no tempo em liberdade.

Os amigos são o preenchimento da falta ou a alternativa à família. Neste último caso corresponde à possibilidade/necessidade de diversão do recluso.

O recurso à categoria amigos surge, sobretudo, ligada à falta de família de procriação. Esta variável pode desempenhar um papel de conformação com as normas sociais ou, pelo contrário, ser um factor de desvio. No entanto, curiosamente, em nenhum dos casos de insucesso foi referido a categoria amigos ao nível das primeiras respostas.

Os que indicaram o trabalho como primeira ocupação do seu tempo em liberdade são reclusos do sexo masculino, sobretudo no escalão etário entre os 34 e os 56 anos de idade.

A motivação para esta ocupação do tempo não é uniforme, umas vezes para "tratar" do que é seu, outras para ganhar dinheiro, outras, simplesmente, para ajudar. O trabalho, nestas condições de saída precária pode assumir uma função de socialização e, como tal, merece ser incentivado. Através dele propicia-se a inserção na rede social.

As restantes categorias, vizinhos e instituições, não têm qualquer expressão ao nível das primeiras respostas, isto é, não constituem em caso algum a principal e/ou primeira ocupação do tempo de precária.

Os vizinhos, elo relevante da rede social, surgem presente na realidade dos reclusos que se deslocam a pequenas povoações, a bairros antigos da cidade ou no caso dos ilhéus açorianos. A vizinhança, nestes casos, tanto parece desempenhar um papel de acolhimento e, assim, de inserção social, como pode assumir uma postura hostil ao recluso e, desta forma, Dificultar ou impedir que este se (re)estabeleça no seu ambiente social.

Embora em casos específicos, que assumem grande importância para o recluso, esta categoria é um segmento da rede social difícil de trabalhar. Entre ela e o recluso não existe um vínculo que justifique, na perspectiva social prevalecente, uma relação suficientemente estreita que permita uma responsabilização recíproca, daí que uma intervenção neste segmento seja de legitimação duvidosa. Os vizinhos constituem aquela franja que, afastando-se do núcleo de relacionamento mais estreito do recluso, estão aquém da amálgama social envolvente.

As instituições têm um papel particular na determinante rede social, elas congregam os elementos dessa rede através de uma motivação específica, seja recreativa, de beneficência, cultural, religiosa, ...

No caso particular de apoio aos reclusos, é possível distinguir as instituições vocacionadas para esse apoio das restantes. Ao contrário do que seria suposto esperar, na amostra analisada prevalecem as instituições não vocacionadas para o apoio ao recluso. Esta perplexidade, aliada à diminuta e secundária expressão do apoio institucional, permite questionar a "bondade" desta ausência.

É certo que a precária é um tempo de liberdade e, numa certa acepção desta realidade, como tal, sem qualquer tipo de apoio e controlo. Esta concepção de "tudo ou nada", tão característica da mentalidade portuguesa, poderá não ser a mais avisada para o fim que se tem em vista com o tempo de precária.

Como primeira fase do processo de libertação do recluso, a saída prolongada pode demandar o apoio específico por parte do sistema. Se o sistema opta por não conceder esse apoio, poderá não ser concedida a saída precária para não haver riscos de insucesso ou então desinteressar-se do resultado. A primeira solução, a mais plausível, reduz o número de saídas precárias, o que redunda num mau serviço para o sistema, uma vez que a saída precária é uma medida importante na reinserção social do recluso. A segunda solução é inadmissível, porquanto traduz a falência e irresponsabilidade do sistema.

Em suma, a categoria instituição, actualmente pouco presente nesta fase de reinserção social, requer uma nova filosofia de acção que inspire uma maior participação, o que demanda um reforçado investimento do estado e da sociedade em geral neste segmento da realidade social.

Quanto ao trabalho na rede social.

Primeira questão é a de saber se existe para aquele recluso uma rede social na qual este se insira. O trabalho pode ser encetado por, precisamente, inserir o recluso numa rede social. Partindo do pressuposto que a rede social aparta o indivíduo de prosseguir uma carreira criminal...

Agir sobre uma rede social criminógena impõe um redobrado esforço e preocupações específicas que extravasam o âmbito deste estudo...

A reclusão pode quebrar muitos laços da rede social, o que leva a uma sobrecarga dos membros cujos laços se mantêm. Tal pode conduzir a uma rotura da rede, uma vez que a necessidade de apoio ao recluso é grande, ele, por seu turno, vai exigir muito e pode dar pouco em troca, o que pode levar a um desgaste da rede e a um esgotamento dos recursos dessa rede. Impõe-se, assim, um trabalho de equilíbrio e revitalização da rede.

Também na reclusão se estabelecem laços e se introduzem novos membros na rede social existente. Nem sempre estas novas aquisições constituem suporte credível, de novo se impõe um trabalho de equilíbrio.

Equilíbrio que passa por suprir disfunções que possam existir em certos núcleos da rede social, nomeadamente a família que já se viu ser a que mais relevo parece desempenhar na orientação do recluso.

O apoio ao recluso deve garantir a sua subsistência e não dependência da rede quando sai em liberdade (importa adequar formação profissional às ofertas e necessidades da zona de residência do recluso), uma vez que os recursos da rede facilmente se esgotam quando absorvidos de uma forma desordenada.

Preparar a rede social para receber o recluso é uma outra tarefa que nem sempre se revela fácil, principalmente quando os regressos não são desejados. Gerir ou mediar esses conflitos surge então como uma tarefa necessária.

Para minorar estas contrariedades e complementar o árduo trabalho dos técnicos de reinserção social, deverá ser feita uma análise caso a caso, com recurso, por exemplo, a uma metodologia simples, rápida e bastante informativa como é o mapa da rede social.

Estas algumas considerações elementares no domínio da intervenção.

A história recente da política criminal revela um conflito latente entre duas ideologias: a opção securitária e a opção de inserção. Embora coexistam na prática, a escolha prevalecente indica o sentido das leis e, assim, o da justiça.

Em Portugal a opção pela ideologia da inserção surge de forma inequívoca nos textos legais, revelando, desta forma, a inspiração política. Esta ideologia que advém das escolas neo-clássica e da nova defesa social, conduz a política criminal a escolher como ponto chave a defesa das liberdades e a adaptação da solução preventiva ou repressiva à situação do actor do acto desviante. Tal supõe a participação de todos os cidadãos na reinserção social do delinquente e não apenas das organizações oficiais de controlo. Esta perspectiva defende que a segurança só pode resultar da conjugação da prevenção, da sanção e da inserção.

É, assim, uma política criminal participativa, fazendo apelo à solidariedade do cidadão. E, essa solidariedade remete toda a problemática da reinserção social para o binómio indivíduo/sociedade, de permeio a rede social...

Rede social que desempenha um papel chave em qualquer política criminal participativa, tanto na reinserção como na própria prevenção. A participação dos cidadãos na política criminal vem sendo mais do que uma opção ideológica, constitui uma razão pragmática. O Estado por si só é impotente para garantir a segurança do cidadão. A segurança é um assunto que diz respeito a todos e não apenas às instâncias oficiais de controlo; no entanto, estas não se devem alhear do sentido e dinâmica das outras forças sociais.

Nesta medida, as instâncias oficiais devem trabalhar e potenciar a capacidade dos segmentos sociais que desempenhem uma função relevante nos diversos patamares da prevenção e contenção criminal. Um desses segmentos é, indubitavelmente, a rede social na qual o actor do acto desviante se insere.

Bibliografia

ABRAMS, C. & DEAN, J. (1971). "A habitação e a família". In R. ANSHEN, *A Família: sua função e destino*. Lisboa: Meridiano.
ANCEL, M. (1981). *La défense social nouvelle*. Paris : Cujas.
_____ (1989). *La defense social*. Paris: PUF.
ANSHEN, R. (1971). *A Família: sua função e destino*. Lisboa: Meridiano.
BATESON, G. (1972). *Steps to an Ecology of Mind*. New York: Ballantine Books.
BENEDEK, T. (1971). "A estrutura emocional da família". In R. ANSHEN, *A Família: sua função e destino*. Lisboa: Meridiano.
BERTALANFFY, L. von (1972). *Théorie Général des Systèmes*. Paris: Dunod. Edição original, 1968.
BRADLEY, K.; OLIVER, R.; RICHARDSON, N. & SLAYTER, E. (2001). *No place like home: housing and the ex-prisioner*. Boston: Community resources for justice.
BOTT, E. (1976). *Família e rede social: papéis, normas e relacionamentos externos em famílias urbanas comuns*. Rio de Janeiro: Livraria Francisco Alves.
BOWEN, M. (1972). *On the Differntiation of Self in Oreis own Family. Family Interaction: A Dialogue Betwwen Family Research and Family Therapists*. New York: Springer.
BRONFENBRENNER, U. (1979) *The ecology of Human Development: Experiments by Nature ad Design*. Cambridge. Harvard University Press.
BURNS, R. (1982). *Self concept development and education*. London: Holt, Rinehart and Winston
BUSHWAY, S. & REUTER, P. (2002). "Labor markets and crime." In *Crime: Public publicies for crime control*, J. Wilson & J. Petersilia, 191-224. São Francisco: ICS Press.
BYRNE, B. M. (1996). *Measuring self concept across the life span: Issues and instrumentation*. Washington: American Psychological Association.
BYRNE, B. M. & SHAVELSON, R. J. (1996). On the structure of social self-concept for pre-, early-, and late adolescentes: A test of the Shavelson et. Al. (1976) model. *Journal of Personality and Social Psychology*.
BYRNE, D. (1971). *The Attraction Paradigm*. New York: Academic Press.
CHEAL, D. J. (1986). The Social Dimensions of Gift Behaviour. *Journal of Social and Personal Relationships*. (3), 423-439.
CLEAR, T. & COLE, G. (2000). *American corrections*. California: Wadsworth.
CLEMER, D. (1940). The prison community. Boston: The Christopher Publishing House.
DAVIS, K. E. & TODD, M. (1985). *Assessing Friendship: Prototypes, Paradigm Cases and Relationships Description. Understanding Personal Relationships*. London: Sage.
DE WAELHENS, A. (1975). *Psychose*. Louvain: Nauwlaerts.

DIAS, F. (1983). Para uma reforma global do Processo Penal Português. In AAVV, *Para uma nova Justiça Penal.* Coimbra: Almedina
_____ (2001). *Temas Básicos da Doutrina Penal.* Coimbra: Coimbra Editora.
DOBROF, R. & LITWAK, E. (1977). Maintenance of Family Ties of Long-Term Care Patients: Theory and Guide to Practice. *US Department of Health, Education and Welfare Publication.* ADM, 77-400. Washington, D.C: U.S. Government Printing Office.
DUCK, S. (1991). *Friends for Life: The Psychology of Personal Relationships.* London: Havester Weatsheaf.
DUFOUR-GOMPERS, R. (1992). *Dictionnaire de la Violence et du Crime.* Toulouse : Erès.
DURKEIN, E. (1897). *Le Suicide (Etude de Sociologie).* Paris : Félix Alcan
ELKAIM, M. (1985). From General Laws to Singularities. *Family Process.* Vol. 24, No 2, 151-164
FACHADA, M. O. (1991). *Psicologia das relações interpessoais.* Lisboa: Edições Rumo.
FARRINGTON, D., JOLLIFE, D., LOEBER, R., STOUTHAMER-LOEBER & KALB, L. (2001).«The concentration of offenders in families and family criminality in the prediction of boys delinquency». *Journal of Adolescence,* 24, 576-596.
FERGUSON, T. (1952). *The young delinquent in is social setting.* London: Oxford University Press.
FIGUEIREDO, J. (1983). «Antecedentes Legislativos da Reiserção Social». In AAVV, *Cidadão Delinquente: Reinserção Social?* Lisboa: Instituto de Reinserção Social.
FONTAINE, A. M. (1985). «Familles Saines 1. Esquisse conceptuelle générale». *Thérapie Familiale,* 6, 267-282.
FONTAINE, A. M. (1991). Desenvolvimento do conceito de si próprio e realização escolar na adolescência. *Psychologica,* 5, 13-31.
FORMAN, S. (1993). *Coping Skills Interventions for Children and Adolescents.* San Francisco: Jossey-Bass Publishers.
FOUCAULT, M. (1961). *Histoire de la folie à l' âge classique.* Paris: Plon.
_____ (1975) . *Surveiller et punir: naissance de la prison.* Paris: Gallimard.
GAMEIRO, J. (1992). *Voando sobre a Psiquiatria.* Porto: Edições Afrontamento.
GENOVÉS, V. & PIÑANA, A. (1998). *Diccionario de Criminología.* Valencia: Tirant lo Blanch.
GOFFMAN, E. (1961). *Asyliums: Essay on the Social Situation of Mental Patients and Other Inmates.* New York: Anchor Books.
_____ (1961a) . «On the caracteristics of total institutions: the inmate world. In D. Cressey (Ed.), *The Prison Studies in Institucional Organization and Change.* New York: Hold, Rinehart and Winstoon, Inc.
GONÇALVES, A. (2000). Pós-reclusão: punição a tempo indeterminado? *Temas Penitenciários,* II, 5, 39-43.

GURVITCH, G. (1963). *La Vocation Actuelle de la Sociologie*. I. Paris: P.U.F.
HARBIN, H. (1985). The Family and the Psychiatric Hospital. *Families and Other Systems*. New York: The Guilford Press.
HARTER, S. (1999) *The Construction of the Self: A Developmental Perspective*. New York. The Guilford Press.
HAWSKIN, J. & WEIS, J. (1985). "The social development model: an integrated approach to delinquency prevention". *Journal of Primary Prevention*, 6, 73-97.
HIRSHI, T. (1969). *Causes of delinquency*. Berckley, CA: University of California Press.
_____ . (1995). "The family". In J.Wilson & J. Petersilia, *Crime*. S. Francisco: Institute for Contenporary Studies.
HOLZER, H.; RAPHAEL, S. & STOLL, M. (2002). "Can employers play a more positive role in prisioner reentry?" *Paper Urban Institute's Reentry roundtable*. Washington.
HUGHES, G. (2001). "Community Crime Prevention". In E. McLaughlin & J. Muncie, *The Sage Dictionary of Criminology*. London: SAGE.
KANT, E. (1984). *Crítica da Razão Prática* (trad. A. Mourão). Lisboa: Ed. 70.
KURY, H. & WOESSNER, G. (2002). "A família e os comportamentos desviantes dos jovens". In A. Fonseca (Ed.), *Comportamento Anti-Social e Família*. Coimbra: Almedina.
LAZERGES, C. (2000). *Introduction a la Politique Criminelle*. Paris: L' Harmattan.
LE BLANC, M. (2002). «Regulação familiar da conduta delinquente em adolescentes». In A. Fonseca (Ed.), *Comportamento Anti-Social e Família*. Coimbra: Almedina.
LEECH, M. & CHENEY, D. (2002). *The Prisons Handbook*. London: Waterside Press.
LEWIN, K. (1952). *Field Theory in Social Science*. London: Tavistock Publications.
LIDZ, U. (1964) *The Family and Human Adaptation: three lectures*. London.
LITWAK, E. (1959). "The Use of Extended Family in the Achievment of Social Goals: Some social Implications". *Social Problems*. (7), 177-187.
LLEWELLYN, K. (1971). "A educação e a família". In R. ANSHEN, *A Família: sua função e destino*. Lisboa: Meridiano.
LOMBROSO, C. (1876). *L'uomo delinquente studiato in rapporto alla antropologia, alla medicina legale ed alle discipline carcerarie*. Milan: Hoepli.
LOPES, J. (1993). "Achegas para a história do direito penitenciário português". *Boletim do Ministério da Justiça*, 430, 5-173.
LOURENÇO, O. (1997) *Psicologia do desenvolvimento cognitivo – teorias, dados e implicações*. Coimbra: Livraria Almedina.
LOVE, M. & KUZMA, S. (1997). *Civil disabilities of convicted felons: A state-by-state survey, October 1996*. Washington: Department of Justice.
MBAZOULOU, P. (2000). *La réinsertion sociale des détenus*. Paris : L'Harmattan.

MCCORD, J. (2002). «Forjar criminosos na família». In A. Fonseca (Ed.), *Comportamento Anti-Social e Família*. Coimbra: Almedina.
MEISTER, A. (1961). "Participation organizée et participacion spountanée". L'Année Sociologique. Paris: P.U.F.
MERINO, A. (1978). *Las nuevas ciudades residenciales*. Madrid: Dossat, S.A.
MERLE, R. (1985). *La pénitence et la peine*. Paris: Cujas.
MERTON, R. (1971). " Estrutura social e anomia: Revisão e ampliações". In R. ANSHEN, *A Família: sua função e destino*. Lisboa: Meridiano.
MINUCHIN, S. (1979). *Familias y Terapia Familiar*. Barcelona: Gedisa.
MONTGOMERY, B.M. (1986) Behavioral Characteristics Predicting Self and Peer Perception of Open Communication. *Communication Quarterly*. (32), 233-240.
MOREIRA, J. (2001). "Estatísticas Prisionais 2000". *Temas Penitenciários*, II, 6/7.
MORENO, J. L. (1951) *Sociometry, Experimental Method and the Science of Society*. New York: Beacon House.
OPPENHEIMER, L. (1990) *The Self-Concept – European Perspectives on its Developmental. Aspects and Applications*. Heidelberg: Springer-Verlag.
PANSIER, F.-J. (1994). *La Peine et le Droit*. Paris : PUF.
PEREIRA, L. (1987). "Reinserção Social". *Polis*, V. Lisboa: Verbo.
_____ (2000). As Misericórdias e os Presos: Renovação ou Esquecimento. *Revista Portuguesa de Ciência Criminal*. 10-3, 389-417.
PETERSILIA, J. (2003). *When prisioners come home*. Oxford: University Press.
PINA PRATA, F.X. (1981). "Formatos de Terapia Familiar e Comunitária". *Terapia Familiar e Comunitária. Patologia Organizacional, Patologia Familiar e Sistémica Inter-Relacional*. Lisboa: Associação Portuguesa de Terapia Familiar e Comunitária .
PINATEL, J. (1972) . «O que é um criminoso?» In AAVV, *Delinquência mal sem remédio?* Lisboa: Publicações Dom Quixote.
REISS, D., NEIDERHISER, J., HETHERINGTON, E. & PLOMIN, R. (2000). *The relationship code: deciphering genetic and social influences on adolescent development*. London: Harvard University Press.
RELVAS, A. P. (2000). *O Ciclo Vital da Família. Perspectiva Sistémica*. Porto: Edições Afrontamento.
RIPLEY, A. (2002) "Outside the gates". *Time* 21 January, 58-62.
ROCHA, J. (2000). "Crimes, penas e reclusão em Portugal: uma síntese". *Sub Judice*, 19, 101-110.
_____ (2001). *Reclusos Estrangeiros: Um Estudo Exploratório*. Coimbra: Almedina.
_____ (2004). *Ir de Precária – Estudo sobre a decisão de voltar à prisão*. Lisboa: DGSP.
SAMPAIO, D. (1993). *Vozes e Ruídos. Diálogos com adolescentes*. Lisboa: Caminho.
SANTO AGOSTINHO (1841). *Confessiones*. Parisiis.

SCHWARTZMAN, H. & KNEIFEL, A. (1985). Familiar institutions: How the Child Care System Replicates Family Patterns. *Families and Other Systems.* New York: The Guilford Press.

SLUZKI, C. E. (1996). *La Red social: Frontera de la Practica Sistemica.* Barcelona: Editorial Gedisa.

SPECK, R. V. (1985). Social Networks and Family Therapy. *Families and Other Systems.* New York: The Guilford Press.

SPECK, R. V. & ATTNEAVE, C.L. (1973). *Family Networks.* New York: Pantheon Books.

SPRINTHALL, N. A. & COLLINS, W. A. (1994) *Psicologia do adolescente – Uma abordagem desenvolvimentista.* Lisboa: Serviços de Educação – Fundação Calouste Gulbenkian.

SUSSMAN, M. B. (1959). The Isolated Nuclear Family: Fact or Fiction? *Social Problems.* (6), 333-340.

SYKES, G. (1958). *The society of catives.* New Jersey: Princeton University Press.

THÉRY, H. (1978). *Les Grupes Sociaux: Forces Vives?* Paris: Éditions du Centurion.

TRAVIS, J. (2002). "Invisible punishment: An instrument of social exclusion." In *Invisible punishment: the collateral consequences of mass imprisonment*, M. Mauer & M. Chesney-Lind, 15-36. Washington: New Press.

TREPANIER, J.(1995). Les jeunes délinquants et leurs familles. *Révue de Droit Pénal et de Criminologie,* 75 (2), 119-142.

UGGEN, C. (2000). "Work as a turning point in the life course of criminals: A duration model of age, employment and recidivism." *American Sociological Review,* 65: 529-546.

WALSH, F. (1985) Social Change, Disequilibrium and Adaptations in Developing Countries: A Moroccan Example. *Families and Other Systems.* New York: The Guilford Press.

WELLS, L. & RANKIN, J. (1991).«Families and Delinquency: A Meta-analysis of the Impact of Broken Homes». *Social Problems,* 38, 71-93.

WEISS, R. S. (1974). The Provisions of Social Relationship. Doing Into Others. Englewood Cliffs: Prentice-Hall.

WESTERN, B.; KLING, J. & WEIMAN, D. (2001). "The labor market consequences of incarceration." *Crime & Delinquency,* 47, n° 3:410-28

WIENER, N. (1961). *Cybernetics: or Control and Communication in the Animal and the Machine.* Cambridge: The M.I.T. Press.

VALA, J. & MONTEIRO, M.B. (1997) *Psicologia Social.* Lisboa: Serviços de Educação da Fundação Calouste Gulbenkian.

VAZ SERRA, A. (1988). O auto- conceito. *Análise Psicológica,* 2 (V), p. 101-110.

VIEILLE, A (1954).«Relations parentales et relations de voisinage chez les ménages ouvriers de la Seine». *Cahiers Internationaux de Sociologie,* XVII.

ÍNDICE

Prefácio 5

Algumas Notas sobre Direito Penitenciário 9
Introdução 9
Capítulo I – Enquadramento Geral 11
    Bibliografia 19
Capítulo II – Princípios informadores do direito penitenciário 21
    Princípio da legalidade 21
    Princípio da reintegração social 22
    Princípio da humanidade 25
    Princípio de presunção de inocência 26
    Bibliografia 27
Capítulo III – Saída Precária Prolongada 29
    Regime legal 29
    A concessão das saídas precárias prolongadas 33
    Projectos de alteração da lei 36
    Bibliografia 40
Capítulo IV – Liberdade Condicional 41
    Noção 41
    Pressupostos 42
        a) Cumprimento efectivo de tempo mínimo absoluto 42
        b) Cumprimento efectivo de percentagem de tempo em relação à pena ... 43
        c) Tempo máximo de liberdade condicional 45
        d) Consentimento do condenado 46
        e) Prognose favorável 47
        f) Compatibilidade com a defesa da ordem e da paz social 47
        g) Caso específico dos reclusos estrangeiros 48
    Natureza jurídica 49
    Procedimento de concessão 51
    Revogação da liberdade condicional 53
    Renovação da instância 54
    Reflexão final 54
    Bibliografia 57
Capítulo V – Inimputáveis Perigosos 59
    Bibliografia 64

Reclusões, Números e Interrogações 67
Nota Prévia 67
A saída precária prolongada 68
Análise estatística das entrevistas aos reclusos que beneficiaram de licença precária 72
   1. A amostra analisada e comparabilidade com a população prisional geral 72
   2. Caracterização sócio demográfica da amostra 75
      Idade 75
      Residência 76
      Profissão e escolaridade 77
      Família: estado civil e filhos 79
      Grupo étnico 81
   3. Situação jurídico-penal e prisional 81
      Crimes 82
      Pena atribuída 83
      Condenações, Prisões anteriores e Processos Pendentes 84
      Opiniões sobre a pena atribuída 87
      Expectativas sobre o momento da saída definitiva 88
   4. Saídas Precárias Prolongadas 89
      Gozo de saídas precárias anteriores e pedidos efectuados 92
      Outras questões sobre as licenças precárias: factores que determinaram
      o regresso e ocupação do tempo 94
Considerações finais 96
Bibliografia 98

Motivação para o regresso 101
Enquadramento 101
   I – Aspecto jurídico 101
   II – Aspecto psicológico 108
Metodologia 113
Análise de dados 116
   I – Família 116
   II – Projecto de vida 123
   III – Consequências jurídicas 127
   IV – Tempo de pena 133
   V – Apoio institucional 139
   VI – Noção de dever 142
Resultados 149
Discussão 150
Conclusões 153
Bibliografia 155

Não voltar... 159
Introdução 159
Algumas considerações sobre o processo de tomada de decisão 161

Índice

Caso A	163
O percurso delinquente	164
A reclusão	171
A saída precária	171
Os outros reclusos	176
A prisão	176
Comentário	177
Percurso delinquente	177
A saída precária	178
Os outros	179
A reclusão	180
Síntese	180
Caso B	182
Percurso delinquente	182
A reclusão	182
A prisão	184
A saída precária	184
Comentário	185
Caso C	187
Antecedentes criminais	187
A justiça	187
A pena	188
A precária	188
A família	192
A prisão	193
A droga	194
Comentário	194
Caso D	197
Percurso Prisional	197
A Reclusão	197
O Tempo	198
A Prisão	198
A Precária	199
A Captura	201
Comentário	201
Caso E	202
O percurso criminal	203
A prisão e a precária	204
Comentário	206
Caso F	207
Percurso prisional	207
Crimes e pena	208

A prisão	209
A precária	209
Comentário	218
Caso G	219
O crime	219
A prisão	220
A precária	220
A prisão (de novo)	223
Comentário	224
Caso H	225
Pena	225
Prisão	226
Tempo	227
Saída precária	227
Comentário	230
Caso I	231
Comentário	237
Considerações finais	239
Bibliografia	241
Determinante Rede Social	243
Introdução	243
Enquadramento teórico	243
1. Função da pena	243
2. Perspectiva legal nacional	245
3. Rede social	246
4. Reinserção, resocialização e rede social	250
Estudo empírico	252
1. Procedimentos metodológicos	252
2. Caracterização da amostra	253
3. Apresentação e análise de dados	254
Resultados e discussão	259
I – Relações familiares	259
II – Amigos	272
III – Vizinhança	277
IV – Trabalho	281
V – Instituições	283
Conclusão	286
a) Enquadramento	286
b) Resultados	293
Bibliografia	298